对外经济贸易大学中央高校基本科研业务费专项资金资助

"一带一路"研究系列著作项目（批准号TS4-15）

博士生导师学术文库

A Library of Academics by
Ph.D.Supervisors

东盟和东北亚
国家税收政策及税务风险研究

王素荣　许甲强　著

光明日报出版社

图书在版编目（CIP）数据

东盟和东北亚国家税收政策及税务风险研究 / 王素荣，许甲强著 . -- 北京：光明日报出版社，2022.11

ISBN 978 - 7 - 5194 - 6899 - 6

Ⅰ.①东… Ⅱ.①王…②许… Ⅲ.①国家税收—税收政策—研究—东南亚国家联盟②国家税收—税收管理—风险管理—研究—东南亚国家联盟③东北亚经济圈—国家税收—税收政策—研究④东北亚经济圈—国家税收—税收管理—风险管理—研究 Ⅳ.①F813.303.2②F813.103.2

中国版本图书馆 CIP 数据核字（2022）第 212748 号

东盟和东北亚国家税收政策及税务风险研究

DONGMENG HE DONGBEIYA GUOJIA SHUISHOU ZHENGCE JI SHUIWU FENGXIAN YANJIU

著　者：王素荣　许甲强	
责任编辑：梁永春	责任校对：李　兵
封面设计：一站出版网	责任印制：曹　净

出版发行：光明日报出版社

地　　址：北京市西城区永安路 106 号，100050

电　　话：010-63169890（咨询），010-63131930（邮购）

传　　真：010 - 63131930

网　　址：http://book.gmw.cn

E - mail：gmrbcbs@gmw.cn

法律顾问：北京市兰台律师事务所龚柳方律师

印　　刷：三河市华东印刷有限公司

装　　订：三河市华东印刷有限公司

本书如有破损、缺页、装订错误，请与本社联系调换，电话：010 - 63131930

开　本：170mm×240mm			
字　数：277 千字		印　张：17.5	
版　次：2023 年 3 月第 1 版		印　次：2023 年 3 月第 1 次印刷	
书　号：ISBN 978 - 7 - 5194 - 6899 - 6			

定　价：95.00 元

前　言

本研究是对外经济贸易大学"一带一路"研究系列著作项目（批准号TS4-15）的成果。三部专著成果：《中东欧国家的税收政策及税务风险研究》《东盟和东北亚国家税收政策及税务风险研究》《独联体国家的税收政策及税务风险研究》，其学术价值体现在：

第一，系统地介绍和分析了中东欧16个国家，东盟和东北亚15个国家，独联体9个国家，共计40个"一带一路"沿线国家的流转税政策，所得税政策，其他税收政策和涉外税收政策，填补了国内这方面中文资料的空白。

第二，研究了每一个国家的税收征管制度和反避税制度，进而指出各国的税务风险点及应对税务风险的管理措施，为中国企业管控海外投资税务风险提供理论指导。

三部专著的应用价值在于指导海外投资的中国企业防范税务风险，注重税务筹划，为海外投资的企业防范税务风险提供参考。

东盟是中国的近邻，东盟凭借其优势成为中国"一带一路"倡议合作的优先地区。中国与东盟国家经贸合作源远流长，中国—东盟自贸区成为世界上经济总量最大的发展中国家自由贸易区。2019年，东盟成为中国第二大贸易伙伴，中国是东盟的第一大贸易伙伴，东盟则是中国的第三大出口市场和第一大进口来源地。同时，中国与东盟互为重要的投资来源国和目的地。近年来，双方不断推进"一带一路"倡议和东盟地区发展战略的深入对接，中国—东盟命运共同体的建设，确立了中国—东盟战略伙伴关系2030年愿景。

东北亚是当今世界上经济增长最快速的地区之一，特别是中日韩三国经济总量已经与欧盟和美国相当，中国的经济高速发展也是得益于周边良好的国际环境。中日韩三国之间的经济产业分工可以实现有利互补关系。虽然东北亚地区存在着朝核问题、领土纠纷和历史问题，但整体来看东北亚地区的政治经济环境还是相对稳定的，广阔的市场、先进的技术以及丰富的人才，为东北亚地区的长期发展奠定了基础。因此，研究东盟和东北亚国家的税收政策和税务风险，具有重要意义。

第一章，概述。内容包括东南亚国家联盟及其与中国关系，东北亚国家及其与中国关系，中国企业投资东盟现状，中国企业投资东北亚现状等。

第二章，BEPS 行动计划及其带来的税务风险。内容包括 BEPS 行动计划，BEPS 行动计划带来的税务风险、税务风险防范等。

第三章，东盟成员国的税收政策。内容包括印度尼西亚、新加坡、泰国、菲律宾、马来西亚、文莱、越南、老挝、缅甸和柬埔寨等 10 国的税收政策。

第四章，投资东盟成员国的税务风险及防范。内容包括东盟成员国的税务风险，投资东盟成员国的税务风险防范等。

第五章，东北亚国家的税收政策。内容包括俄罗斯、日本、韩国、朝鲜和蒙古等 5 国的税收政策等。

第六章，投资东北亚国家的税务风险及防范。内容包括投资东北亚国家的税务风险，投资东北亚国家的税务风险防范。

第七章，税务风险及其防范案例。重点分析了境外所得汇回境内的所得税汇算问题及境外境内的税务风险问题。

2018 年和 2019 年，我国企业境外投资流量分别为 1430.4 亿美元和 1369.1 亿美元，同期中国企业海外纳税分别为 594 亿美元和 560 亿美元，海外纳税占投资流量的比例分别为 41.5% 和 40.1%，如果中国企业了解受资国税收政策，进一步规避税务风险，加强税务筹划，降低海外税负一个百分点，就是约 14 亿美元，折合人民币近 100 亿元，若降低税负 10%，则约为人民币 1000 亿元。这将是很大的社会效益。

期望这本专著能为投资东盟和东北亚的中国企业带来经济效益和社会效益。

王素荣　许甲强

2022 年 8 月 31 日

目　录
CONTENTS

第一章

概　述

东南亚国家、东北亚国家与中国的关系比较好，这些周边国家是中国企业海外投资的重点区域。近些年，中国企业对东南亚国家和东北亚国家的投资存量稳定增长。

第一节　东南亚国家联盟及其与中国的关系

1967 年 8 月 7 日，印度尼西亚、新加坡、菲律宾、泰国和马来西亚这 5 国发表的《曼谷宣言》标志着东南亚国家联盟（ASEAN）的正式成立。20 世纪 80 年代后期，文莱、越南、老挝、缅甸和柬埔寨先后加入东盟，东盟成员国发展为 10 个。东盟是亚太区域中心，与全球其他地区拥有强大的经贸关系，是全球最受欢迎的投资目的地之一。东盟作为"一带一路"倡议的重要组成部分，是中国海外投资的重点。随着中国"内外双循环"发展格局的推进，《区域全面经济伙伴关系协定》将成为中国经济"外循环"的重要推进力量。

东盟投资环境优越，人口超过 6.6 亿，市场潜力巨大；2018 年和 2019 年，东盟 GDP 增长率均超过 6.8%，2019 年 GDP 总额高达 31731 亿美元，经济总量居世界第 6 位。2019 年，东盟人均 GDP 达到 4803 美元，人均 GDP 均超过 1 万美元的有新加坡（65233 美元）、文莱（31087 美元）和马来西亚（11415 美元）。2019 年东盟对外贸易总额为 2.82 万亿美元，出口额为 1.42 万亿美元，进口额为 1.39 万亿美元，东盟前 5 大贸易伙伴为中国、欧盟、美国、日本和韩国。东盟对外贸易发达，东盟多数国家的对外贸易额占 GDP 比重超过 50%，新加坡和越南的货物贸易额是其 GDP 的 2 倍左右。东盟自然资源和矿产资源丰富，劳动力价格低廉。从制造业到生物科技领域，东盟各国有着不同的优势和竞争力。近年来，东盟区域经济一体化程度不断提高，基础设施逐步完善，营商环境不断改善，根据世界经济论坛发布的《2019 年全球竞争力报告》，在 141 个主要经济体中，东盟有 7 个国家位列前 100 名，新加坡位列全球第一，马来西亚位列 27，泰国位列 40，印度尼西亚位列 50，文莱位列 56，菲律宾位列 64，越南位列 67。世界银行公布的《2020 年营商环境报告》中，东盟有 7 国位列前 100 名，新加坡位列第二名，马来西亚位列 12，泰国位列 21，文莱位列 66，越南位列 70，印度尼西亚位列 73，菲律宾从 2019 年排名 124 名跃居为 2020 年的 95 名，其营商环境得到显著改善。

东盟是中国的近邻，东盟凭借优越的地理位置、稳定的政治经济环境、较开放的市场条件、丰富的资源、廉价的劳动力、需求庞大的基础设施等，成为中国"一带一路"倡议合作的优先地区。中国与东盟国家经贸合作源远流长，2002 年中国与东盟建设自贸区以来，中国与东盟在货物贸易、服务贸易、双向投资和经济技术合作等领域的合作得到了全方位的发展和提高。

中国—东盟自贸区成为世界上经济总量最大的发展中国家自由贸易区。中国自 2009 年以来连续 11 年保持东盟第一大贸易伙伴，东盟自 2011 年以来则连续 8 年成为中国第三大贸易伙伴，并在 2019 年成为中国第二大贸易伙伴。2019 年，中国是东盟的第一大贸易伙伴，东盟则是中国的第三大出口市场和第一大进口来源地。2019 年，中国与东盟贸易总额达 6414 亿美元，增长率为 9.2%；2020 年，贸易总额为 6846 亿美元，同比增长 6.7%。中国与东盟互为重要的投资来源国和目的地，中国是东盟的第三大外资来源地，新加坡是中国的第一大外资来源国；中国与东盟双向投资累计达 2369 亿美元。近年来，双方不断推进"一带一路"倡议和东盟地区发展战略的深入对接，中国—东盟命运共同体的建设，确立《中国—东盟战略伙伴关系 2030 年愿景》。2020 年 11 月 25 日，东盟 10 国、中国、日本、澳大利亚、新西兰共同签署了《区域全面经济伙伴关系协定》（以下简称 RCEP）；RCEP 是全球最大的自贸协定，涵盖地区经济规模约 25.6 万亿美元，约占全球经济总量的 29.3%；区域内贸易额高达 10.4 万亿美元，约占全球贸易总额的 27.4%；辐射人口约 22.6 亿人,约占世界人口的 30%。RCEP 的核心在于增强区域贸易、投资和人员流动市场的开放,突破关税壁垒,逐步实现零关税。RCEP 的签订有助于推动亚太一体化发展、促进区域经贸繁荣、构筑区域内供应链和价值链,进一步促进亚洲经济成为带动世界经济发展的新引擎。

2020 年的前三季度,中国与东盟的贸易额高达 4848.1 亿美元,同比增长 5%,东盟历史性地成为中国第一大货物贸易伙伴,中国对东盟的投资同比增长 76.6%。2020 年还是中国与东盟的数字经济合作年,双方在电子商务、人工智能、5G 等领域展开了广泛合作。在新冠肺炎疫情发生后,中国与东盟共同合作,携手抗击疫情并致力复苏经济,有力地维护了多边主义和自由贸易。未来,中国与东盟经贸的关系将更加密切,将迎来更多的发展机遇和更广阔的合作空间,为打造亚太一体化和中国—东盟共同体发挥着更加积极的作用。

第二节 东北亚国家及其与中国的关系

东北亚指亚洲的东北部地区,即整个环亚太平洋地区,包括俄罗斯联邦的东部地区,中国的东北、华北地区,日本的北部与西北部,韩国,朝鲜和蒙古。

东北亚各国的经济发展程度参差不齐,2019 年的世界银行统计数据显示:日本、韩国是高收入水平国家,中国、俄罗斯为中高等收入水平国家,蒙古为中低等收入水平国家,朝鲜为低收入水平国家。2019 年,东北亚国家(除朝鲜无法获取数据外)GDP 总量达 227807.85 亿美元,占世界经济总量的 25.96%;中国和日本 GDP 分列世界第 2、3 位,俄罗斯和韩国分别位居第 11、12 位,蒙古经济发展较慢,位居第 125 位①。日本是世界第三大经济体,2019 年对外贸易出口总额约为 154 万亿日元;2019 年,韩国外贸总额达 1.05 万亿美元,中国、美国和日本是韩国的前三大贸易伙伴;2019 年,蒙古

---

① 数据来源:世界银行公开数据,网址:https://data.worldbank.org.cn,访问日期 2020 年 12 月 18 日。

的对外贸易总额为 137 亿美元，主要贸易对象为中国、俄罗斯、欧盟、加拿大、美国、日本、韩国等。东北亚国家经济体量巨大，自贸区一旦建成，既能推动中国与缔约方的经贸往来，也能提升整个东北亚地区的市场活力。东北亚国家的矿产等自然资源分布不均衡，韩国、日本、朝鲜的矿产资源比较匮乏，但蒙古和俄罗斯的矿产资源丰富。蒙古的煤炭、铜、金矿等储量居世界前列。俄罗斯的天然气占世界储量的 21%，居世界第一位；石油、铁矿石、铝等储量分别居世界第二位，钾、磷灰石、镍、锡等储量也极为丰富。

东北亚各国之间的经济依存程度较高，新冠肺炎疫情的发生、逆全球化思潮的蔓延、经济发展的不确定性、复杂的政治经济环境等问题阻碍了东北亚经济一体化进程。中日韩合作、亚太经合组织、RCEP 等组织的建立和"一带一路"倡议的提出，有助于推进中日韩自贸区、中俄蒙经济走廊和东北亚经济一体化进程。

中国东北部与日本和韩国相邻，中日韩经贸关系密切，并且中国与韩国已经实施了自贸协定。贸易额之大展现了地缘政治的经济优势。2019 年中国是韩国、俄罗斯、蒙古、朝鲜的第一大进出口合作伙伴，日本的第二大出口贸易伙伴和第一大进口贸易伙伴。2019 年中国与东北亚 5 国贸易额合计达 7213.48 亿美元，其中，中日贸易额为 3150.33 亿美元，中韩贸易额为 2845.76 亿美元，中俄贸易额为 1107.57 亿美元，中蒙贸易额为 81.56 亿美元，中朝贸易额为 27.89 亿美元①。东北亚是中国对外直接投资的主要目的地之一，截至 2019 年年末，中国在东北亚各国投资存量达 274.68 亿美元，投资流量为 9.84 亿美元。

朝鲜由于政治经济体制特殊，未真正融入东北亚经济中。蒙古是最早与中国建立外交关系的国家之一，2020 年新冠肺炎疫情发生后，两国共同携手抗击疫情，中蒙关系更加密切。中蒙经济互补性较强，在矿产资源、基础设施和金融合作方面有着较深的合作，并且中国的"一带一路"倡议与蒙古国的"发展之路"战略相融合，为两国经济发展提供了新机遇。2019 年，中俄建立全面战略伙伴合作关系，双边贸易额达 1107.57 亿美元，中国连续 10 年

---

① 数据来源：中国海关总署进出口统计数据，网址：http://www.customs.gov.cn/customs/，访问日期 2020 年 7 月 18 日。

成为俄罗斯的第一大贸易伙伴国，俄罗斯在中国贸易伙伴中排名第 11 位。东北亚是当今世界上经济增长最快速的地区之一，特别是中、日、韩三国的经济总量已经与欧盟和美国相当，中国经济的高速发展也得益于周边良好的国际环境。中、日、韩三国之间的经济产业分工可以实现有利互补，从产业链和价值链来看，日本处于顶端，韩国处于中高端，中国处于中低端。[①] 虽然东北亚地区存在着朝核问题、领土纠纷和历史问题，但整体来看东北亚地区的政治经济环境还是相对稳定的，广阔的市场、先进的技术以及丰富的人才，为东北亚地区的长期发展奠定了基础。

自 2008 年起，中国对外直接投资增长迅速，特别是"一带一路"倡议实施后，中国海外投资迎来增长高峰，2015 年对外直接投资流量首次攀升至世界第二位。2012 年以来，中国连续 8 年位列全球对外直接投资流量前三，对世界经济的贡献日益凸显。2017 年起，中国对外直接投资速度虽然下降，但中国对于对外投资更趋于理性，越来越注重投资质量和效益。2019 年中国对外直接投资流量上升至 1369.1 亿美元，位居全球第二位；投资存量达 21988.8 亿美元，位居全球第三位。2020 年新冠肺炎疫情的发生，对全球经济产生极大的影响，中国企业克服困难，砥砺前行。2020 年中国对外直接投资 1329.4 亿美元，对外承包工程完成营业额 1559.4 亿美元。中国企业取得显著经济效益和社会效益，与东道国实现互利共赢、共同发展，为高质量共建"一带一路"做出了积极贡献。

第三节　中国企业投资东盟现状

根据商务部统计，中国是东盟第三大外资来源国，新加坡是中国的第一大外资来源国。截至 2019 年年末，中国在东盟累计投资总额为 1123 亿美元，东盟在华累计投资总额为 1246 亿美元，中国与东盟双向投资总额累计达 2369 亿美元。截至 2019 年年末，中国对东盟投资总额连续 5 年超过东盟对

---

① 关权. 中国经济发展与东北亚经济合作的意义［J］. 人民论坛·学术前沿，2020（18）：82-89.

华投资总额。在 2019 年中国对外直接投资流量前 20 位的经济体中，东盟占 6 个，分别为新加坡、印度尼西亚、马来西亚、老挝、越南和柬埔寨，除柬埔寨外，中国对其他 5 国的投资流量均超过 10 亿美元。

2002 年中国与东盟建立自贸区以来，中国对东盟的投资迅速增长。2003—2019 年，中国对东盟的直接投资流量呈上升趋势，由 1.2 亿美元增至 130.24 亿美元，增长了 108 倍。2019 年中国对东盟的直接投资流量为 130.24 亿美元，是东盟的第二大投资国（仅次于美国），占对亚洲投资流量的 11.8%；年末存量为 1098.91 亿美元，占对亚洲投资存量的 7.5%。截至 2019 年年末，中国在东盟设立的直接投资企业超过 5600 家，雇用东道国员工近 50 万人。

为了进一步阐述中国企业投资东盟的现状，现将 2010—2019 年中国对东盟直接投资流量和净增长量列示于图 1-1。

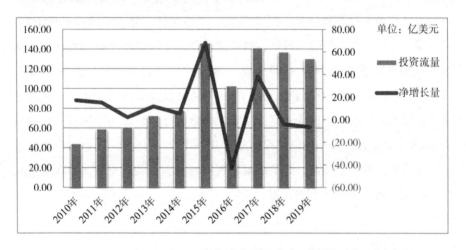

图 1-1　2010—2019 年中国对东盟直接投资流量 & 净增长量

2010—2019 年，中国对东盟直接投资存量呈上升趋势。2010 年投资存量仅为 143.05 亿美元，而 2019 年增长为 1098.91 亿美元，10 年内增长了 7.7 倍，如图 1-2 所示。

从 2019 年的直接投资流向来看（如图 1-3、表 1-1 所示），新加坡位居首位，流量达 48.26 亿美元，占对东盟投资流量的 37.05%；其次为印度尼西亚，流量达 22.23 亿美元，占对东盟投资流量的 17.07%；越南位列第三，流量达 16.49 亿美元，占比为 12.66%；其余东盟成员国占比为 33.22%。如图

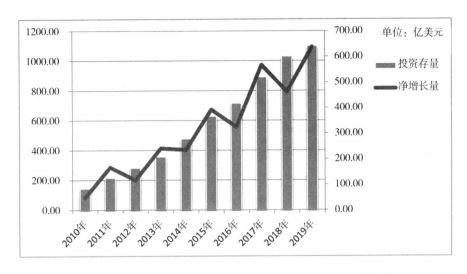

图1-2　2010—2019年中国对东盟直接投资存量 & 净增长量

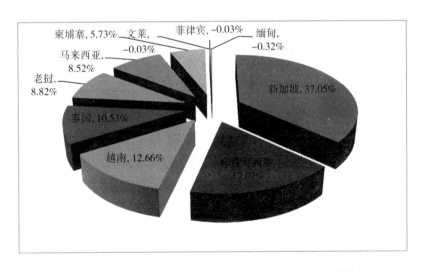

图1-3　2019年中国对东盟直接投资流量在各国的占比情况

1-4、表1-2所示，截至2019年年末，中国对东盟的直接投资存量前3位依次为新加坡、印度尼西亚、老挝，分别占对东盟投资存量的47.90%、13.77%和7.51%，新加坡是中国对外直接投资的首选目的地，投资存量达526.37亿美元。2019年年末，中国对"一带一路"沿线国家直接投资存量为1794.7亿美元，在排名前10位的国家中，东盟占7位，新加坡、印度尼西亚、老挝、马来西亚、泰国、越南和柬埔寨，分别位列 1、2、4、5、8、9和 10。

表 1-1　2010—2019 年中国对东盟各国直接投资流量

单位：亿美元

年度	2010	2011	2012	2013	2014	2015	2016	2017	2018	2019
印度尼西亚	2.01	5.92	13.61	15.63	12.72	14.51	14.61	16.82	18.65	22.23
马来西亚	1.64	0.95	1.99	6.16	5.21	4.89	18.30	17.22	16.63	11.10
菲律宾	2.44	2.67	0.75	0.54	2.25	-0.28	0.32	1.09	0.59	-0.04
新加坡	11.19	32.69	15.19	20.33	28.14	104.52	31.72	63.20	64.11	48.26
泰国	7.00	2.30	4.79	7.55	8.39	4.07	11.22	10.58	7.37	13.72
文莱	0.17	0.20	0.01	0.09	-0.03	0.04	1.42	0.71	-0.15	-0.04
越南	3.05	1.89	3.49	4.81	3.33	5.60	12.79	7.64	11.51	16.49
老挝	3.14	4.59	8.09	7.81	10.27	5.17	3.28	12.20	12.42	11.49
缅甸	8.76	2.18	7.49	4.75	3.43	3.32	2.88	4.28	-1.97	-0.42
柬埔寨	4.67	5.66	5.60	4.99	4.38	4.20	6.26	7.44	7.78	7.46
合计	44.07	59.05	61.01	72.67	78.09	146.04	102.80	141.18	136.94	130.25

表 1-2　2010—2019 年中国对东盟各国直接投资存量

单位：亿美元

年度	2010	2011	2012	2013	2014	2015	2016	2017	2018	2019
印度尼西亚	11.50	16.88	30.98	46.57	67.94	81.25	95.46	105.39	128.11	151.33
马来西亚	7.09	7.98	10.26	16.68	17.86	22.31	36.34	49.15	83.87	79.24
菲律宾	3.87	4.94	5.93	6.92	7.60	7.11	7.19	8.20	8.30	6.64
新加坡	60.69	106.03	123.83	147.51	206.40	319.85	334.46	445.68	500.94	526.37
泰国	10.80	13.07	21.27	24.72	30.79	34.40	45.33	53.58	59.47	71.86
文莱	0.46	0.66	0.66	0.72	0.70	0.74	2.04	2.21	2.20	4.27
越南	9.87	12.91	16.04	21.67	28.66	33.74	49.84	49.65	56.05	70.74
老挝	8.46	12.76	19.28	27.71	44.91	48.42	55.00	66.55	83.10	82.50
缅甸	19.47	21.82	30.94	35.70	39.26	42.59	46.20	55.25	46.80	41.34
柬埔寨	11.30	17.57	23.18	28.49	32.22	36.76	43.69	54.49	59.74	64.64
合计	143.51	214.62	282.37	356.69	476.34	627.17	715.55	890.15	1028.58	1098.93

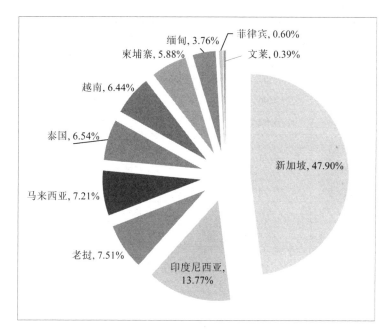

图 1-4 2019 年末中国对东盟直接投资存量在各国的占比情况

截至 2019 年，从中国在东盟直接投资存量的主要行业来看，投向制造业 265.99 亿美元，占 24.2%；租赁和商务服务业 188.52 亿美元，占 17.2%；批发和零售业 178.11 亿美元，占 16.2%；电力、热力、燃气及水的生产和供应业 94.99 亿美元，占 8.6%；建筑业 79.08 亿美元，占 7.2%；采矿业 77.04 亿美元，占 7%；金融业 68.85 亿美元，占 6.3%；交通运输、仓储和邮政业 37.89 亿美元，占 3.5%；房地产业 16.08 亿美元，占 1.5%；科学研究和技术服务业 12.22 亿美元，占 1.1%，等等；如表 1-3 所示。

表 1-3 2019 年中国对东盟直接投资的主要行业分布

行业	流量（亿美元）	比重（%）	存量（亿美元）	比重（%）
制造业	56.71	43.54	265.99	24.20
租赁和商务服务业	11.89	9.13	188.52	17.15
批发和零售业	22.69	17.42	178.11	16.21
电力、热力、燃气及水的生产和供应业	8.98	6.90	94.99	8.64

行业	流量（亿美元）	比重（%）	存量（亿美元）	比重（%）
建筑业	4.74	3.64	79.08	7.20
采矿业	0.53	0.41	77.04	7.01
金融业	7.96	6.11	68.85	6.27
农、林、牧、渔业	5.64	4.33	53.61	4.88
交通运输、仓储和邮政业	4.21	3.23	37.89	3.45
房地产业	0.24	0.18	16.08	1.46
科学研究和技术服务业	2.13	1.64	12.22	1.11
信息传输、软件和信息技术服务业	1.83	1.40	11.89	1.08
居民服务、修理和其他服务业	1.44	1.10	4.90	0.45
教育	0.07	0.05	2.59	0.24
卫生和社会工作	0.47	0.36	2.26	0.21
其他行业	1.78	1.37	4.89	0.44
合计	131.31	100.00	1098.91	100.00

第四节 中国企业投资东北亚现状

东北亚各国之间的经济依存程度较高，但新冠肺炎疫情的发生、逆全球化思潮的蔓延、经济发展的不确定性和复杂的政治经济环境等问题，阻碍了东北亚经济一体化的进程。随着"一带一路"建设的不断加深，RCEP 的签署，东北亚区域合作机制建设逐渐建立，东北亚国家携手抗击疫情、朝鲜半岛局势趋于稳定、东北老工业基地振兴、经贸往来日益繁荣等，为东北亚区域经济一体化提供了契机。

如图 1-5 所示，2010—2012 年，中国对东北亚直接投资流量呈上升趋

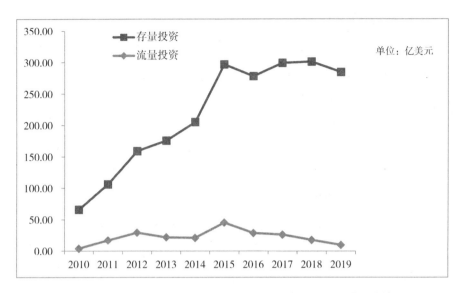

图1-5 2010—2019年中国对东北亚5国投资存量和流量变动情况

势,在2015年达到最大(45.44亿美元),2016—2019年的直接投资流量呈下降趋势。从投资存量来看,中国对东北亚5国投资存量在2010—2015年间持续显著增长,2016年出现小幅回落,2016年比2015年降低了0.88%,2017年和2018年又继续上升。投资流量具有波动性,2015年投资流量最大(45.44亿美元);2016—2019年投资流量出现一定回落。

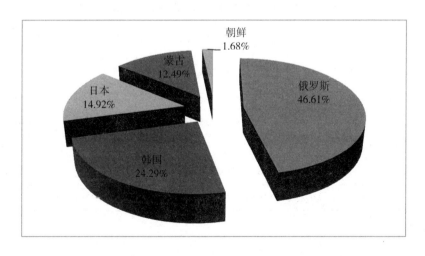

图1-6 2019年年末中国对东北亚直接投资存量在各国的占比情况

从 2019 年的直接投资流向来看（表 1-4 所示），总流量为 9.84 亿美元。其中，日本位居首位，投资流量达 6.74 亿美元；其次为韩国和蒙古，投资流量分别为 5.62 亿美元和 1.28 亿美元；对俄罗斯的投资流量最少，为 -3.79 亿美元。如图 1-6、表 1-5 所示，截至 2019 年年末，中国对东北亚的直接投资存量，俄罗斯排名第一，为 128.04 亿美元，占对东北亚投资存量的 46.61%；韩国位列第二，为 66.73 亿美元，占比 24.29%；日本位列第三，40.98 亿美元，占比 14.92%；蒙古 34.31 亿美元，占比 12.49%；朝鲜仅为 4.62 亿美元，占比 1.68%。

表 1-4　2010—2019 年中国对东北亚各国直接投资流量

单位：亿美元

年度	2010	2011	2012	2013	2014	2015	2016	2017	2018	2019
朝鲜	0.12	0.56	1.09	0.86	0.52	0.41	0.28	0.01	0.0028	0.00
韩国	-7.22	3.42	9.42	2.69	5.49	13.25	11.48	6.61	10.34	5.62
日本	3.38	1.49	2.11	4.34	3.94	2.40	3.44	4.44	4.68	6.74
俄罗斯	0.58	7.16	7.85	10.22	6.34	29.61	12.93	15.48	7.25	-3.79
蒙古	1.94	4.51	9.04	3.89	5.03	-0.23	0.79	-0.28	-4.57	1.28
合计	-1.20	17.14	29.51	22.00	21.32	45.44	28.92	26.26	17.70	9.85

表 1-5　2010—2019 年中国对东北亚各国直接投资存量

单位：亿美元

年度	2010	2011	2012	2013	2014	2015	2016	2017	2018	2019
朝鲜	2.40	3.13	4.22	5.86	6.12	6.25	6.79	6.07	5.66	4.62
韩国	6.37	15.83	30.82	19.63	27.72	36.98	42.37	59.83	67.10	66.73
日本	11.06	13.66	16.20	18.98	25.47	30.38	31.84	31.97	34.91	40.98
俄罗斯	27.88	37.64	48.88	75.82	86.95	140.20	129.80	138.72	142.08	128.04
蒙古	14.36	18.87	29.54	33.54	37.62	37.60	38.39	36.23	33.65	34.31
合计	62.07	89.13	129.66	153.83	183.88	251.41	249.19	272.82	283.40	274.68

第二章

BEPS 行动计划及其带来的税务风险

税基侵蚀和利润转移（Base Erosion and Profit Shifting，以下简称 BEPS）行动计划在各国的实行，给跨国经营企业带来了较大的税务风险。如何防范这些税务风险，是跨国经营企业面临的新课题。

第一节　BEPS 行动计划

BEPS 行动计划是当期在经济全球化背景下最热门的税务议题之一。2012 年 6 月，由二十国集团（以下简称 G20）共同委托经济合作与发展组织（以下简称 OECD）开展研究；2013 年 6 月，OECD 正式发布《BEPS 行动计划》并在同年 9 月得到各国的一致通过。BEPS 的目标是打击跨国公司避税行为，跨国公司利用不同的税收征管辖区的税制差异和漏洞，以达到最大限度降低其全球税负的目的，跨国公司的避税行为损害了各国的税收权益。2015 年 10 月 5 日，OECD 发布了 BEPS 行动计划的最终报告，其中包括 15 项行动计划报告和一份解释性声明，这标志着国际税收征管将进入新时代。如表 2-1 所示，在 BEPS 15 项行动计划中，除 BEPS 1 是针对增值税问题提出解决方案外，其余 14 项行动计划主要涉及所得税。由于跨国公司避税导致的全球每年的税收损失超过 2400 亿美元，截至 2022 年 2 月，已有 141 个国家和地区已经开始实施 BEPS 行动计划，其中，99 个国家和地区签署了 BEPS 行动计划书。

表 2-1 BEPS 15 项行动计划

	项目	内容简介
BEPS 1	应对数字经济税收挑战	根据数字经济下的商业模式特点，重新审视现行税制、税收协定和转让定价规则存在的问题，并就国内立法和国际规则的调整提出建议。
BEPS 2	消除混合错配安排的影响	针对利用两国或多国间税制差异，获取双重或多重不征税结果的税收筹划模式，就国内立法和国际规则的调整提出建议。
BEPS 3	制定有效受控外国公司规则	就如何强化受控外国公司税收规则、防止利润滞留或转移境外提出政策建议。
BEPS 4	利用利息扣除和其他款项支付实现的税基侵蚀予以限制	针对利用利息支出和金融工具交易避税的问题，就国内立法和国际规则的调整提出建议。此项工作将与混合错配和受控外国公司规则的两项行动计划相协调。
BEPS 5	考虑透明度和实质性因素，有效打击有害税收实践	审议 OECD 成员国和非成员国的优惠税制，推动各国改变或废除"有害"所得税优惠制度，并提出解决有害税收竞争问题的建议。
BEPS 6	防止税收协定优惠不当授予	针对各种滥用协定待遇的现象，对税收协定进行修补和明确，同时辅以必要的国内法修订，防止税收协定的滥用。
BEPS 7	防止人为规避构成常设机构	修订税收协定的常设机构定义，应对规避常设机构构成的行为。
BEPS 8~10	无形资产转让定价指南	制定规则，应对集团内部和关联企业间通过无形资产、风险和人为资本分配将利润转移至低税地区的避税行为。
BEPS 11	衡量和监控 BEPS	构建针对 BEPS 行为的数据收集体系和分析指标体系，设计监控及预警指标，开展分析研究以估算 BEPS 行为的规模和经济影响。
BEPS 12	强制披露规则	帮助各国设计税收筹划方案披露机制，加强税务机关对税收风险的监管和防控。
BEPS 13	转让定价文档和国别报告	在考虑其余遵从成本的基础上，制定转让定价同期资料通用模板，提高税收透明度并减轻纳税人的负担。

项目		内容简介
BEPS 14	使争议解决机制更有效	目前大部分双边税收协定还不包括仲裁条款，还有部分国家对纳税人申请互相协商程序有限定性规定，针对这种情况，该行动计划旨在建立更加安全、有效的争端解决机制，切实为跨境投资者避免双重征税。
BEPS 15	修订双边税收协定的多边协议	为快速落实行动计划成果，研究制定多边"硬法"，对现行协定条款进行修订和完善。

BEPS 15 项行动计划根据约束性强弱分为 3 个标准：最低标准（Agreed minimum standards）、强化标准（Reinforced international standards）和最佳实践（Best practices）。

最低标准的行动约束力最强，OECD 及 G20 成员一致承诺落实的行动计划包括 BEPS 6、BEPS 13 和 BEPS 14 行动计划。针对由于某些国家对税基侵蚀和利润转移问题的治理不力，可能侵害其他国家利益，参与国协商制定了最低标准，并就择协避税、争议解决和有害税收实践标准的应用及国别报告等最低标准接受针对性监督。

强化标准包括 BEPS 7、BEPS 8、BEPS 9、BEPS 10 行动计划，但参与国对上述行动计划未达成统一标准，各国可有选择地执行。

最佳实践包括 BEPS 2、BEPS 3、BEPS 4 和 BEPS 12 行动计划，参与国可自由评估各项行动计划中最适合本国当期税制和税务竞争力战略的实施措施，并从中做出选择。最佳实践仅作为推荐使用，约束力相对较低。但随着各国实施措施逐步趋同，OECD 考虑将最佳实践逐步列入最低标准中。

2018 年 12 月，德国和法国在 OECD 框架下联合发布了推广全球低税提案的声明，针对解决 BEPS 挑战、美国税改中全球无形资产低课税等问题，随之，全球反税基侵蚀（Global Anti-Base Erosion Proposal，以下简称 GloBE）方案被提出。GloBE 方案主要包括所得纳入规则、转换规则、征税不足支付规则和应予课税规则等 4 项规则。虽然各国在最低税率测试、税基确定、混合方式选择、规则间协调与简化、门槛设置等方面达成部分一致协议，但由于 GloBE 方案规则繁杂、具有政治抉择性，并可能威胁到数字经济化的发展，因此，GloBE 方案具有较大争议性、不稳定性。目前，是否执行 GloBE 方案，各国争论不一，落地时间仍不确定。

第二节　BEPS 行动计划带来的税务风险

目前，各参与国已进入后 BEPS 时期，中国海外投资企业在税收协定优惠安排及实施等方面面临着新的风险和挑战；其影响主要集中在税务领域，但同时也会对企业的内部组织结构、商业模式和业务经营方式有较大的影响。

一、纳税人面临更多的税收法规和税收环境变化

中国海外投资企业的全球税务管理水平面临着更严格的合规性要求和税收环境变化的挑战。BEPS 行动计划对全球税务体系有着广泛的影响，随着经济全球化的不断加深，监管环境的变化迅速，各国税务机关对税务风险的关注日益增加。中国企业对外直接投资可能目前仍符合当下的税法规定，但还是需要不断紧密关注税务环境变化和合规性要求，及时了解相关变化带来的税务风险。企业需要更多的资源来管理税务风险与税收争议，合规性成本难免提高。

BEPS 行动计划给现有税收征管体系和双边税收协定带来了深刻、广泛的影响。在 BEPS 15 项行动计划中，BEPS 2、BEPS 6、BEPS 7、BEPS 14 和 BEPS 15 这 5 项行动计划均与税收协定有关。此外，BEPS 3、BEPS 4、BEPS 5、BEPS 6 要求企业重点关注并购或项目实施的后续管理情况，以确保其具有商业实质。BEPS 14 的两个国际税务争议解决机制包括：相互协商程序和预约定价安排；主要致力于提升税务争议解决机制的效力和效率，以此减少不确定性和双重征税的风险，通过改善税务争议解决机制，为跨国公司的税收争议处理提供便利。鉴于 BEPS 行动计划正不断地更新、完善与补充，国际税收环境和税收法规也在不断地变化，中国海外投资企业面临着更多的税收风险。

二、信息披露要求提高，税收环境更为严格

BEPS 12 建议各国引入强制披露规则，BEPS 13 提出了更严格的信息透明化要求及申报要求。基于 BEPS 行动计划的建议，各国将提高信息披露的要求：中国海外投资企业将在规定的时间内完成信息搜集和文档准备；各国通过税收情报交换机制，境外子公司所在地的税务机关可通过情报交换获得企业的完整信息。另外，纳税人需要提供更多的信息，知识产权相关的交易将受到更为详细和严格的审查。

2016 年 6 月，中国作为最早响应 BEPS 13 的国家（地区）之一，发布了《关于完善关联申报和同期资料管理有关事项》（国家税务总局公告 2016 年第 42 号），引入了"国别报告/主体文档/本地文档"的转让定价同期资料三层文档结构，并要求企业在规定时间内准备完毕。美国、英国、日本、韩国等世界主要经济体均已将 BEPS 13 转化为国内税收法律，中国海外投资企业需根据东道国的要求准备文档；依据税收情报机制，中国海外投资企业还要确保文档内容在全球范围内保持一致性，避免因信息不一致受到处罚。各国对信息披露的要求日渐严格，若企业未履行信息披露义务，将面临罚款、监禁的处罚。新的信息披露要求使税收环境更为严格，进一步增加企业"走出去"的合规性成本。

三、税收协定网络更加完善，追求"双重不征税"的税务风险增大

跨国企业往往利用双边税收协定来达到"双重不征税"的目的。税收协定在分配税权时，采取限制来源国征税权的做法。在此情况下，居民国有可能获取独家征税权，但居民国可能对跨国企业的某些收入不征税，从而导致该收入在居民国和来源国均不征税。另外，双边税收协定可能规定居民国采取免税法来避免双重征税，即居民纳税人收入从来源国取得收入后，在居民国免税；如果该收入在收入来源国不征税，也会导致双重不征税问题。

随着国际税收合作的进一步深化，双边税收协定网络更加完善，利用"居民身份认定"这一漏洞，追求"双重不征税"的税务风险增大。跨国企业经常利用双边税收协定的经济主体身份认定、双重居民身份认定等漏洞，

规避纳税，实现"双重不征税"的目的。《实施税收协定相关措施以防止税基侵蚀和利润转移（BEPS）的多边公约》（以下简称《多边公约》）中的第6条，赋予了双边税收协定一个新目的——防止"双重不征税"，该条款的核心是落实 BEPS 6 的主要内容。截至 2020 年 5 月，已有 94 个国家和地区签署了《多边公约》，《多边公约》已于 2019 年年初在大部分国家正式生效。截至 2020 年 4 月，中国已对外正式签署 107 个避免"双重不征税"的协定，其中，有 101 个协定已经正式生效，不仅和香港、澳门两个特别行政区签署了税收安排，还与台湾地区签署了税收协议（尚未生效）。税收协定、安排或协议覆盖范围广，《多边公约》更新了现有的税收协定网络，能有效弥补税收协定漏洞，减少"双重不征税"现象。

《多边公约》约定，经济主体的认定以居民国为准，居民国认定为实体的，在收入来源国也应认定为实体；如果居民国认定为税收透明体的，收入来源国也应遵从其认定，以此来防止"双重不征税"。同时，为防止双重征税，如果收入来源国对所得不征税，居民国也不应征税；如果收入来源国对所得部分征税或允许税前抵扣，居民国可相应抵免；如果来源国对部分所得免税，居民国也应计算抵免额度。

BEPS 采取以上措施，有效对税收透明实体、双重居民实体和使用免税法以消除双重征税有关的税收协定问题加以约束，使跨国企业的追求"双重不征税"的空间变小；跨国企业在追求避税时，必须在税务风险和收益之间权衡。税收协定或安排的适用性将被设定更多的限制，避税交易受到更为严格的监管，通过税收协定漏洞进行避税的风险进一步加大。

四、税务筹划面临更大的税务风险

BEPS 4 旨在限制境外融资费用的税前抵扣、BEPS 5 提出了打击有害税收实践行动、BEPS 12 建议引入强制披露规则、BEPS 7 降低了判定构成常设机构的门槛，BEPS 行动计划中的一系列新规，使得税务筹划空间减小，中国海外投资企业面临的税务筹划风险增大。

BEPS 4 在防止利用利息支出和金融工具交易避税方面提出了政策建议，以限制集团内融资利息的不当扣除。BEPS 4 提出了"固定扣除率""集团扣除率规则"以及"特殊扣除规则"。BEPS 4 建议具有通用性，各国很可能会引入国内法规，从而对集团公司的利息费用税前扣除产生影响，英国和德国已经率先制定了相关法规。BEPS 5 识别出了 6 类可能导致税基侵蚀和利润转移的裁定，并要求与相关国家进行税收情报交换，进一步提升各国税务机关之间的信息透明度，对跨国企业利用信息不对称进行激进的税务筹划形成了较大威慑。BEPS 12 建议各国引入强制性披露规则，要求纳税人和税务筹划代理的人向税务机关披露其潜在的税务筹划安排，税务机关可在重大税收流失之前引入相应的法规以填补漏洞。BEPS 12 属于最佳的实践范畴，不强制要求各国实行，但美国、英国、巴西、加拿大、爱尔兰、澳大利亚和南非等国家与地区已经引入了强制性披露规则，还有不少国家表示，它们将把强制披露规则纳入立法进程。BEPS 7 对常设机构的定义进行了修改，以更好地反映商业实质，防止人为规避常设机构原则进行避税。境外经济活动构成常设机构判定标准提升了，中国海外投资企业在东道国构成常设机构的风险将增加。此外，《多边公约》还加入了有关反功能拆分和反合同拆分的条款，防止外国企业通过对其整体业务的拆分以规避构成常设机构的行为。

五、数字经济背景下的税务风险

数字经济下产生的"无国籍收入"，以及选择在低税率国家或地区注册公司规避或递延纳税的行为，在 BEPS 行动计划下，将逐渐减少或杜绝。

在数字经济下，由于应税收入与产生该应税收入的业务活动在征税上产生脱节，或在增值层面，向免税业务或从事免税业务的跨国公司提供远程数字服务，会造成不缴或缴少量的增值税，都会产生 BEPS 的问题。数字经济及其商业模式的特殊性会加剧 BEPS 行动计划产生的风险，为应对以上风险，BEPS 1 应运而生。此外，BEPS 行动计划中的转让定价、常设机构等规定都可以处理因数字经济引起的 BEPS 的问题。转让定价及相关税收争议日趋复杂化，BEPS 8、BEPS 9、BEPS 10 对转让定价进行了明确的定义，在无形资产、风险和高风险交易这三大领域提出进一步完善"独立交易原则"。基于BEPS 8、BEPS 9、BEPS 10 的建议，各国对转让定价合规监管将更为严格，中国海外投资企业可能会面临着双重征税或多重征税的风险。

部分中国海外投资企业选择在境外低税率地区注册，以达到递延或规避纳税的目的。BEPS 3 对受控的外国企业规则地进行了进一步的强化，从构成要素、所得认定、境外税收抵免等方面提出建议，防止纳税人通过利用利润转移至低税率地区的方式规避纳税义务。中国采取了行动计划中的部分最佳实践建议，对受控外国企业的规定进行了修订，通过一系列测试（如控制测试、实际税负测试、安全港测试、利润性质测试）以判定境外子公司是否属于受控外国企业，被认定为受控外国企业的企业，需将属于中国母公司的利润计入当期收入缴纳中国企业所得税。在新的受控外国企业规定下，纳税人被要求自行评估其受控外国企业风险并进行纳税。

第三节　税务风险防范

一、持续关注 BEPS 行动计划实施，评估自身潜在的税务风险

BEPS 行动计划正不断地进行更新和补充，中国海外投资企业应持续关注各国 BEPS 行动计划的实施，做好对自身整体税务管理的评估，评估其潜在的税务风险，提升企业自身税务管理能力。

中国海外投资企业应充分掌握东道国的税制、优惠政策以及 BEPS 行动计划的实施动态，综合比较东道国与我国的税制差别，充分了解东道国的税务合规性要求；针对潜在税务风险点，做好税收风险防控，将税收成本降至最低。通过对自身整体税务管理的评估，"走出去"的企业能够发现增强合规性管理的空间，提高企业的税务管理能力。企业在进行相关交易前，应持续关注 BEPS 行动计划的更新和实施动态，再结合东道国的投资环境、税制变化，进行税务风险评估；对自身交易进行重新的规划，在达到降低税务风险的同时，降低企业税负。

二、结合 BEPS 行动计划新变化，做好跨境税收筹划工作

后 BEPS 时代，面对 BEPS 行动计划带来的税收环境的变化，跨国企业

为追求利润最大化，依然会通过合理的税务筹划，尽全力降低总体税收成本；而税务主管部门将根据 BEPS 行动计划，不断地弥补避税漏洞；跨国企业和税务主管部门之间的博弈不可避免。G20 针对现行国际税收规则的缺陷，进行持续和系统的修订、弥补和完善，不同国家和地区在落实 BEPS 行动计划的程度和范围也参差不齐。在此环境下，中国海外投资企业的跨境税务筹划，应结合 BEPS 行动计划的新变化，充分利用常设机构、无形资产、转让定价、资本弱化等规定，合法、合理地开展税务筹划工作。

BEPS 行动计划和《多边公约》的签订，有效地弥补了税收漏洞，减少了跨国企业的避税空间，这使得税务筹划风险进一步增加。因此，中国企业应充分熟悉 BEPS 行动计划和双地税收协定的内容及变化，依法合规地开展税务筹划。中国海外投资企业还需要防范过度的税务筹划引起的避税调查风险，中国海外投资企业应适度地进行税务筹划，不能因一味地追求低税负而进行盲目避税。

三、建立海外税务团队，强化海外税收风险应对能力

基于 BEPS 行动计划带来的全球反避税的新变化，中国海外投资企业应强化全员税务风险意识，提升海外税务风险应对能力。企业可选取拥有不同税务专业背景的人才组成专业的海外税务团队，团队应具备熟知跨国税务知识、良好语言沟通能力、持续关注 BEPS 行动计划和东道国税务发展变化的情况；培养海外投资企业具备良好的自身税务管理评估能力和税务风险应对能力。依托专业的海外税务团队，可对企业员工进行整体培训，提升企业全体员工的税务风险意识；扩大企业合规性管理的空间，提前做好税务风险应对措施，减少海外涉税风险。

中国企业应尽快招募和培养内部的海外税务管理团队，这将有利于企业在海外税务管理中处于主动的位置。

四、提升集团税务管理水平，合法、合规地履行纳税义务

中国"走出去"的企业可以从加强税务管理的工作流程和集团成员管理两方面建立全面的税务管理体系。集团内部各部门应建立涉税风险联动机

制，提升企业内部涉税信息的沟通效率，提高同一集团在不同东道国、不同业务、不同发展阶段的综合税务管理水平。集团企业还应完善内部控制制度与税务风险管控体系，将税务风险降到最低。在后 BEPS 时代，可根据中国与所投资国的政治商业环境，从内部的战略、运营、管控角度，结合外部的法律、经济以及产业环境，选择其适用的税务管理模式，以实现合法、合规地履行纳税义务。在中国"走出去"的企业建立健全的税务管理工作模式后，还可以进一步着手借鉴先进跨国公司的经验建立全球纳税管理信息申报体系。

五、与东道国的税务部门保持良好沟通，降低海外税务风险

BEPS 行动计划实施后，不同东道国的实施阶段和范围参差不齐，特别是很多发展中国家，它们的税制及相关税法规定不健全、不完善、不透明，当地税务机关有很大的自由裁量权，存在随意执法现象，增加了中国海外投资企业的税务风险。中国海外投资企业应主动加强与东道国税务部门的沟通，及时了解涉税事项的相关规定及征管程序。在理解东道国的税制及法规时，中国海外投资企业应提高税收法规语言翻译的专业准确度，避免因翻译不准确导致理解偏差而引起的税务风险。为了解和求证税收法规的真正意图，企业要积极与东道国制定税务政策，与正规的权威机构沟通和求证。为避免企业与税务机关产生税务争议，企业可在适当条件下积极申请预约定价机制、事先裁定机制，加强税收风险控制；企业还应提前研究法院对税务争议案件的判例，更准确地把握当地的税收法规是如何具体执行，以降低海外税务风险。

第三章

东盟成员国的税收政策

东盟成员国是世界经济重要的一部分，也是中国企业重要的贸易伙伴，了解东盟成员国各国的税收政策，有助于中国海外投资企业与东盟成员国各国的贸易往来和双向投资。

第一节　印度尼西亚的税收政策

印度尼西亚（Indonesia）的税种主要有增值税、消费税、公司所得税、个人所得税、印花税、不动产税、不动产取得税、不动产转移税、社会保障税等。印度尼西亚允许外国公司在境内设立有限责任公司或代表处，除建筑业、油气行业和银行外，印度尼西亚一般不允许设立外国公司的分支机构。印度尼西亚对归还贷款本金，汇回股利、利息、特许权使用费均没有外汇管制，但若出现外汇贷款，则必须向印度尼西亚央行报告，以加强其外汇监管。

一、印度尼西亚的流转税政策

关于印度尼西亚的流转税政策，这里主要介绍印度尼西亚的增值税政策、消费税政策和关税政策。

（一）印度尼西亚的增值税政策

印度尼西亚对境内销售商品或提供劳务，进口商品或接受境外劳务征收增值税。除符合小微企业资格的纳税人外，从事以上应税业务的实体和个人，均为增值税的纳税人。

在印度尼西亚没有豁免增值税纳税登记的规定，符合登记条件的纳税人必须依法进行登记。年度销售收入低于48亿印尼盾的小微企业，无须进行增值税税务登记；但小微企业的购买方可能需要增值税发票来抵扣进项税。因此，小微企业可自愿申请增值税税务登记，以获得开具增值税发票的资质。

印度尼西亚的集团公司不允许合并登记，集团的成员公司必须分别单独进行增值税登记。未在印度尼西亚建立机构的法人实体不允许申请税务登记，只有拥有常设机构的纳税人才被允许进行税务登记。

印度尼西亚的税法没有对税务代理人制度做出专门的规定。但是，应纳税人可以委托税务代理人代为处理增值税退税或税务审计等事项。

反向征税制度是指境外机构向印度尼西亚境内的购买方提供应税劳务或应税无形商品的，应由接受劳务或购买无形商品的境内纳税人履行代扣代缴增值税义务。以下为纳税义务发生时间：①购买方宣布销售的成交价格为应付账款时；②销售方拥有提供劳务或销售无形商品的收款权时；③购买方部分或全部支付劳务或无形商品价款时。购买方可根据接受的劳务或无形商品的情形，代扣代缴增值税并申请抵扣进项税。

印度尼西亚政府于2019年12月25日发布了2019/80号（GR-80）电子商务交易法规。该法规规定，运营电子交易系统（PMSE）和通过电子交易系统进行海外交易的实体，被视为在印度尼西亚拥有常设机构并将进行永久的经营活动，需完成税务登记和纳税义务。从2020年1月30日起，通过网上商城或电商平台购入的每批货物若商品价值不超过3美元的商品，则免征关税。

纳税登记，可选择税务登记机关：①纳税人居住地、营业活动所在地或公司所在地的主管税务机关；②依据税收法规指定的主管税务机关。如果纳税人同时符合以上两种情况的，由税务总局（以下简称DGT）指定纳税人税务登记机关。纳税人按规定格式申请税务登记，税务机关在5个工作日内完成审核和分配纳税登记号。

DGT有权根据税法规定或纳税人的申请注销增值税税务登记号：①纳税

人将经营地址变更到另一个主管税务机关的管辖范围内；②纳税人一个会计纳税年度的总股本价值或总收入低于48亿印尼盾；③纳税人将增值税集中纳税地点更改到其他地点；④纳税人滥用税务登记号。纳税人被注销增值税税务登记号后，经税务机关审核后存在的增值税纳税义务仍不得免除。

1. 增值税的税率

印度尼西亚的增值税税率有10%、0两种。其中，标准税率为10%，适用于一般的销售商品或提供劳务。出口商品或劳务的增值税税率为零，适用于零税率的出口劳务业务，主要包括：①为海外客户提供的来料进行加工服务，在制造过程中，承包商使用海外委托方提供的原材料进行加工，加工完成后，将成品交付给委托方或指定的其他方。②为在印度尼西亚境外使用的可移动货物提供维修和保养服务。③为印度尼西亚境外的不动产提供的施工规划咨询服务、施工执行服务和施工监督服务等。

免税项目是指不征收增值税的项目，其进项税也不能抵扣。机械设备等固定资产、养殖饲料及原料、农产品、自来水、普通住宅供电、书籍、疫苗、船舶、飞机、货车，为船运公司提供的服务、为军队提供的服务，以上一律免征增值税。

在自贸区（FTZ）交付货物或提供劳务的免征增值税，向自贸区内的企业交付应税货物或劳务的也不征收增值税。保税区内的企业出口生产的产品免征增值税，外国援助贷款或捐赠款项形成的项目，经营者对外销售货物或提供劳务免征增值税。

非应税商品包括：矿产或钻探产品、生活必需品、酒店提供的食物和饮料、饭店和美食广场提供的餐饮、货币、金条和有价值的证券等。非应税劳务包括：医疗卫生服务、社会服务（孤儿院、殡葬服务）、邮政服务、金融服务（包括资金筹集和分配）、融资服务、担保和抵押贷款、保险服务、宗教服务、教育服务、公共广播服务、公共交通、国际航运、人力资源服务、酒店服务、政府的公共服务、停车场服务、餐饮服务等。

2. 增值税计税的主要内容

增值税的纳税义务发生时间，以二者较早的一方为准：发出商品和提供劳务之日或收到预付款项之日。当纳税义务发生时，必须同时开具发票。

收到定金的销售业务、已经批准的发出商品或退回商品的纳税义务发生时间与正常情况下确认纳税义务的时间一致；纳税义务发生时间以二者较早的一方为准：货物的所有权转移到客户时或者开具发票时。提供劳务的纳税义务发生时间以开出发票的时间为准。

提供连续劳务和适用反向征收制度的劳务，纳税义务发生时间与正常情况下确认纳税义务时间一致；以开出发票的时间为准。出租资产的纳税义务发生时间以二者较早的一方为准：开具发票的时间或收到租赁款的时间。

一般情况下，进口商品的纳税义务发生时间为进口报关日，如果从保税区内的公司购货一方的，纳税义务发生时间为货物离开保税区之日。

纳税人通常通过从销项税中抵扣进项税的方式来收回进项税，如果进项税大于销项税，超过的部分可申请退税。进项税抵扣时必须提供合法的增值税发票或相应的海关证明文件。购入货物或劳务用于生产经营活动的，其进项税允许抵扣，如广告宣传费，会议研讨会，购买、租赁或维护生产经营用的汽车、卡车等。

出口国家支持的"战略商品"（如饲料、生产饲料的原材料、农产品、种子等），适用税率为0的增值税，其产生的进项税可以抵扣；如果进项税大于销项税，也可申请退税。

纳税人在开始交付应税货物或应税劳务之前购进的货物或劳务产生的进项税，不能抵扣；但资本货物不受此限制。企业购入的资本货物产生的进项税可在预生产阶段抵扣，但如果纳税人在3年内仍未生产出可销售的产品，应退还已抵扣的进项税。

用于非经营活动的商品或劳务发生的进项税不得抵扣，如外购商品用于个人消费、商务礼品、购买或租赁的非货币性福利（如职工住宿、私人使用汽车等）。

如果外购商品或劳务同时用于生产经营活动和非生产经营活动的，最晚在纳税年度终了后3个月内重新计算出可抵扣的进项税。

在印度尼西亚，资本货物为使用寿命超过1年的有形资产，将资本货物取得有关的费用一并计入货物取得的价格中。税法没有对资本货物的抵扣时间或使用寿命做出特殊规定，资本货物可抵扣的进项税按正常的规则进行。

由保税区销售的免税货物或提供劳务，其进项税也可抵扣。

如果当期增值税的进项税额超过当期增值税的销项税额的，超出部分应退还给纳税人。一般退税申请应在纳税年度的年末提出。特殊情况下，纳税人也可按照月度申请退税。印度尼西亚的税务主管机关在接到申请之日起的1年内完成对退税申请的审核，纳税人将在收到审核合格的退税通知之日起1个月内收到退税。如果税务机关超过规定期限支付退税的，按应退未退增值税的2%（月利率）的标准支付罚息。符合特定条件的纳税人（退税不超过10亿印尼盾）或低风险的纳税人，可通过税务部门的快速退税程序完成退税；在提交退税申请的1个月内完成退税。在增值税退税申请的审核过程中，如果发现纳税人存在欠缴增值税的情形，除按规定征收欠缴的增值税外，纳税人还将被处以欠缴税款1倍的罚款。

纳税人在税务登记前形成的进项税，不得抵扣。在印度尼西亚发生的坏账核销，不能申请退回已缴纳的增值税。

未在印度尼西亚设立或登记的外国法人实体无法享受进项税的抵扣。非居民企业在印度尼西亚的常设机构中可享受与居民纳税人相同方式的进项税抵扣政策。

3. 增值税的税收征管

印度尼西亚的纳税人对销售的应税商品或应税劳务开具标准的增值税发票，除非购买方为商品零售者或商品最终消费者。增值税发票编号由 DGT 规定，纳税人在开具发票前必须先取得增值税发票编号。增值税发票编号的使用和开具增值税发票必须按照法律程序和规定执行。

将货物退给销售方或取消劳务的购买者可开出贷项通知单或取消交易通知单，通知单必须以原始增值税发票为准，并且详细注明退回的货物或取消劳务的具体情况。贷项通知单或取消交易通知单可作为调整应税货物或劳务的应缴增值税。

印度尼西亚要求所有纳税人都要开具增值税电子发票，这是强制性规定，不遵守此规定会导致开出的增值税发票有缺陷，将被处以增值税金额2%的罚款。

零售类企业可以开具简易发票，印度尼西亚禁止纳税人自我开具发票的行为，即自己给自己开票。

出口货物的增值税税率为0，但必须提供海关签发的出口货物通知书等有关证明，以证明货物经海关批准装运并已经装运出口到境外。

纳税人销售货物或提供劳务用外币核算的，所显示的销项税必须采用印尼盾表示；折算汇率以开具发票当日由财政部公布的汇率为准。

纳税人向个人消费者销售货物，除非买方主动要求，否则，不允许开具增值税发票。由自动售货机开具的收据、车票、门票等可被视为增值税发票。

会计记录和增值税发票文件等应采用印尼语记录，货币单位应采用印尼盾，但经 DGT 批准，语言采用英语、货币单位采用美元也是被允许的。会计记录和增值税发票等文件（纸质和电子形式）的保存期限应至少满 10 年。在增值税务审计时，税务机关可索取复印件和电子档案；但在办理税务稽查或其他争议处理时，税务机关可索取电子版或纸质的文件正本。

在月度终了后的下一个纳税期间结束之前，纳税人应通过电子在线方式提交本月度的纳税申报表。纳税人缴纳增值税的截止日期与提交纳税申报表的截止日期一致。印度尼西亚的纳税申报平台与电子发票平台整合在一起，增值税纳税申报表必须通过税务机关网站或通过税务机关指定的在线服务代理人（ASPs）代为提交。纳税人如果需要提供附加证明文件必须与纳税申报表一同上交，不能通过电子方式，应由纳税人自己亲自交至税务机关或通过邮寄、快递等方式交至税务机关。印度尼西亚的纳税人不需要提交年度纳税申报表，也不需要提交其他的补充申报。

若纳税人逾期未进行增值税务登记，税务机关可对纳税人在税务登记前就开展的经营活动进行处罚。税务登记前形成的进项税不得抵扣。

逾期缴纳增值税的纳税人将被每月处以欠缴增值税金额的 2% 的罚款。如果是税务审计，最长期限为 24 个月。每逾期提交一份增值税纳税申报表，需要额外缴纳 50 万印尼盾的罚款。

未开具增值税发票或者开具的发票存在缺陷（包括滞后开具的增值税发票），将处以增值税金额 2% 的罚款。

对于严重的逃税或欺诈行为，应处以刑事处罚。除与增值税发票有关的违法行为外，与一般税务管理有关的刑事犯罪给国家造成税收损失的，可处以 6 个月至 6 年的有期徒刑，并处应付未付税款 2~4 倍罚款。如果纳税人在刑满后 1 年内又犯了其他税务刑事罪，将加倍对其进行刑事处罚。与开具增值税发票有关的刑事犯罪，处以 2~6 年的有期徒刑，并处以虚假申报的增值税发票金额的 2~6 倍的罚款。

（二）印度尼西亚的消费税政策

印度尼西亚开征的奢侈品消费税（Luxury Excise Tax），是增值税的附加税。只在制造商销售奢侈品或进口商进口货物时征一次税，不对出口货物征奢侈品消费税。奢侈品分为两大类，即机动车和除机动车以外的货物。

奢侈品消费税的税率最低为 10%，最高为 200%，大部分货物适用 10%~125% 的税率。机动车适用的税率在 10%~125% 不等。豪华住宅税率为 20%，热气球、枪支弹药税率为 40%，飞行器、枪支和火器税率为 50%，豪华游艇税率为 75%。用于公共事业的货物免征消费税。

印度尼西亚对酒精、酒精饮料和烟草制品征收的消费税税率如下：酒精 2 万印尼盾/升，酒精饮料 1.5 万印尼盾/升至 13.9 万印尼盾/升，浓缩酒精 0.1 万印尼盾/克，烟草制品 10 印尼盾/支或克至 11 万印尼盾/支或克，某些烟草按 57% 的税率征税。

消费税以取得收到现金的权利或支付现金的义务的发生时点作为确认当期收入和费用的标志。通过电子商务进行交易的纳税义务的发生时间由专门的法规规定。

（三）印度尼西亚的关税政策

印度尼西亚对进口的货物或劳务征收关税，税率如下：汽车（客运和商用）税率为 5%~50%，汽车配件税率为 0%~10%，船舶税率为 0%~5%，电子产品税率为 0%~12.5%，鞋类税率为 5%~25%，饮料、酒精和酒精饮料（啤酒、葡萄酒、烈性酒和其他饮料）税率为 5%~150%，香精油和香膏税率为 5%~150%，农产品（动植物产品）税率为 0%~25%，纺织产品及附件（包、安全带、服装及服装配件）税率为 5%~15%，其他如化工、医药和橡胶等，税率为 0%~25%。

印尼对部分出口的货物征收关税，税率如下：皮革和木材税率为 2%~25%，可可豆税率为 0%~15%，棕榈果、棕榈油及衍生品税率为 0~264 美元/吨，部分精矿税率为 0%~5%，镍和铝土矿税率为 10%。

印度尼西亚对特殊项目和特定区域的企业实行关税减免、免除和延期支付等优惠。国外贷款和拨款资助的政府项目可享受免进口关税、免征增值税和奢侈品消费税、进口时免征所得税。综合开发区的企业进口资本货物、设备及用于加工的货物和原料免征关税，进口特定商品时免征增值税、消费税、公司所得税。保税存储区内企业可延期缴纳特定商品的进口关税，进口特定商品时免征印度尼西亚所得税、增值税、消费税。自由贸易区（FTZ）企业进口特定商品时免征关税，印度尼西亚所得税、增值税、消费税。在经济特区内，企业投资达到10000亿印尼盾以上的，可享受延期支付资本货物、设备和用于加工货物和原料的关税；进口特殊商品时免征印度尼西亚的所得税、增值税、消费税。

印度尼西亚政府对满足原产标准，即完全或部分从原产国获得且在东盟成员国之间直接运输的进口商品施行有限度的减免。印度尼西亚政府从2010年1月1日起开始执行东盟商品贸易协定（ATIGA）。

二、印度尼西亚的所得税政策

（一）印度尼西亚的公司所得税政策

居民公司指在印度尼西亚成立或管理机构在印度尼西亚的公司。居民公司就来源自境内外的所得缴纳公司所得税，非居民公司就源自境内所得缴纳公司所得税。

1. 公司所得税的税率

公司所得税税率为25%，境内上市公司（上市股份超过40%）税率为20%。流转额在48亿印尼盾至500亿印尼盾的公司，小于48亿印尼盾对应的所得额，税率减半，即12.5%；流转额小于48亿印尼盾的微型企业，按总收入的1%纳税。石油和天然气上游行业、地热行业根据产量分享合同计算公司所得税。金属、矿产和煤炭等行业也根据合同确定所得税前扣除项目和税率。外国分公司同法人公司适用同一税率，分公司税后利润无论是否汇出，均征收20%的分公司利润税，但中国企业可享受中国与印度尼西亚协定的优惠税率。

印度尼西亚对某些收入实行最终所得税政策，以总收入为纳税基数：土地和房屋的租金，税率为10%；转让土地和房屋的利得，税率为5%；建筑工程收入，有资质的小企业税率为2%，无资质企业税率为4%，其他情况为

3%；设计费和监理费，有资质企业税率为 4%，无资质企业税率为 6%；储蓄利息，税率为 20%；债券利息，税率为 15%（若收款人为共同基金，2020年以前税率为 5%，2020 年以后税率为 10%；收款人为非居民，税率为20%）；转让境内上市股票，税率为 0.1%；中奖，税率为 25%；小于 48 亿印尼盾的其他收入，税率为 1%。

一般性资本利得不单独课税，应与公司经营所得一并征税，但在印度尼西亚上市的股票，按照交易价的 0.1%（创始人转让股票，税率 0.5%）单独征税，转让非上市公司股权，征收 5% 的预提税（可根据协定免税）。转让土地和建筑物，单独征收 5% 的不动产转移税。

居民公司收到境内外股利，应计入应纳税所得额，但若居民公司持股境内公司的 25% 以上，且股息来自留存收益，则获得股息免征公司所得税。

2. 公司所得税计税的主要内容

公司所得税的征税范围较广，包括：营业利润，资本利得利息、股息，特许权使用费及租金，公司重组所得，销售或转让矿产特许经营权所得，投资矿业公司所得，收到的退税等。

2016 年前，因固定资产重新评估产生的增值部分，按 3%~6% 的税率征税，2017 年起按 10% 的税率征公司所得税。

某些所得不征税或适用最终所得税政府征税。居民纳税人的定期存款利息、储蓄存款利息的最终所得税税率为 20%。非居民的收入的最终所得税税率也为 20%。

固定资产的折旧和无形资产的摊销应按法定比例扣除，不得采用账面折旧和摊销进行扣除。

居民纳税人及常设机构可以将取得收入相关的支出进行扣除，可在税前扣除，但下列费用支出不得在税前扣除：公司所得税及罚金，股东、委员会成员私人开支费用；礼物馈赠，非公益性捐赠（非用于救灾、教育、体育、文化和公共基础设施的捐赠）；支付给雇员的实物福利；特殊行业留存的储备金和准备金。

海外业务发生的亏损不得扣除。依法核算的外汇损益，可按收益征税或按损失抵税。

银行和非银行金融机构的各项减值准备金，按规定可税前扣除；社会保险公司提取的社会保险储备金、林业公司的造林储备金、采矿公司开矿储备金、工业废物处置公司的废弃物处置储备金均可税前扣除。

符合规定的核销坏账可税前扣除，但关联方之间的坏账不得扣除。

允许居民公司境外所得税收抵免，抵免限额分国、分项计算。

公司发生的亏损不允许向前结转，一般可向后结转 5 年，特定行业和偏远地区的公司，亏损可以向后结转 10 年；集团公司不允许合并报税。

3. 公司所得税的税收优惠

高质量投资公司、出口公司、大量人才引进公司、地域性强的公司，可以享受以下税收的优惠政策：加速折旧和摊销；亏损可向后结转至 10 年；对非居民的股息按 10%的优惠税率征税（或按税收协定给予更优惠的税率）；按土地、厂房、建筑物、设备等投资额的 30%抵减应纳税所得额，抵减额 6 年内按 5%的比例逐年递减。

从事先进工业的企业，如石油精炼、基础金属炼制或其他天然气及有机化学企业，可享受 5~20 年的税收优惠期，按 50%~100%的比例减免公司所得税。在免税期结束后，还可继续享受 2 年的优惠期。新投资额度在 1000 亿~5000 亿印尼盾的，应纳税所得额减免 25%；新投资额度超过 5000 亿印尼盾的，应纳税所得额减免 50%。

常设机构将其所获得的税后利润在 2 年内再投资于印度尼西亚境内的，其取得的再投资收益免税；风险投资公司的利得免征公司所得税。

对公允价值高于账面价值的固定资产可申请价值重估，享受 10%的优惠税率。

4. 公司所得税的税收征管

年度公司所得税纳税申报表应在年度结束后的 4 个月内提交；如确实有困难的，可申请延期 2 个月。在提交年度纳税申报表之前，应结清应纳所得税。公司所得税采用按月预缴制度，在每月的 15 日前按上一年度应纳税额（或按照最近的税务评估结果）的 1/12 完成预缴。银行和证券公司应分别根据季度和半年度的财务报告来计算每月预缴的公司所得税额。

（二）印度尼西亚的个人所得税政策

在印度尼西亚有住所或在任一连续 12 个月内在印度尼西亚以及连续或

非连续居住超过 183 天的，或居住在印度尼西亚并打算继续留驻印尼的个人，都被视为居民纳税人。根据印度尼西亚在 2009 年 1 月 12 日颁布的税法规定，在任何连续 12 个月内在海外工作超过 183 天的印度尼西亚居民将被视为非居民纳税人。居民个人就源自印度尼西亚境内外的所得，缴纳个人所得税。非居民个人仅就其源自印度尼西亚境内的所得，缴纳个人所得税。

1. 计税收入

雇佣所得指雇主依据雇佣关系支付给雇员的工资、薪金、提成、奖金、退休金、董事费和其他雇佣报酬。雇员取得的以实物支付的收入和其他附加福利，如医疗、住宿、交通以及商品和贷款利率折扣，不构成应税收入，同时，雇主也不能在税前扣除这些费用。如果员工在偏远地区工作，雇主提供的住房和汽车也不包括在雇员的应税收入中，但雇主可以在所得税前扣除这些费用；用现金支付住房和交通补贴包含在雇员的应税收入中。

经营所得与职业收入。经营所得指作为私营企业家从经营活动中获得的收入，或从事独立、自由职业或作为雇员获得的收入，按个人所得税率征税。职业收入是指音乐家、运动员、培训师、广告代理、工程师等不同职业人员靠专业技能获得的服务收入。应纳个人所得税的经营所得包括营业利润、出售与私人企业的财产、年金和豁免的债务（对小微企业豁免不超过 500 万印尼盾债务不计税）。从 2018 年 7 月 1 日起，对年度经营所得不超过 48 亿印尼盾的个人或企业（不包括由律师、会计师、医生等独立提供服务的个人），按营业额的 0.5% 缴纳所得税。

投资收益主要包括股息所得、利息所得、特许权使用费所得等，通常与其他收入合并后综合计税。但取得利息是以下来源的存款，按 20% 的税率计征个人所得税：印度尼西亚境内银行或外国银行在印度尼西亚的分支的存款、定期存款、储蓄存款。土地和建筑物的使用权的租金收入按 10% 的税率预扣个人所得税。股息按 10% 的税率缴纳个人所得税。

雇主授予雇员的股票期权，在授予或行权时均不征税，在雇员出售股票时征税，以销售价格与行权价格之差作为税基，按个人所得税的边际税率征税。

资本利得被视为一般收入，不单独征收资本利得税。资本利得指拥有资本而取得的收入，包括转让房屋不动产所得、转让股份和证券所得。转让土地、房屋等不动产的，按转让总收入作为税基，税率为 2.5%；从事房地产开发业务的纳税人转让简易房、简易公寓的，税率为 1%；纳税人应在收到部分或全部销售款时纳税。在印度尼西亚证券交易所出售的上市公司的股票也要征税，按销售价格的 0.1%征收个人所得税。创始人出售与公开募集股票有关的股票，按股票价值的 0.5%加征附加税。

2. 税收扣除

雇员可税前扣除雇佣所得金额的 5%，但每年最多不超过 600 万印尼盾。个人缴纳的经财政部和养老保险储蓄机关批准的养老保险，可税前扣除。个人领取的养老金，可税前扣除养老金总额的 5%，但每年扣除额不得超过 240 万印尼盾。

个人的税前基本扣除额为 5400 万印尼盾，已婚人士可附加扣除 450 万印尼盾，已婚妇女从生产经营或专业工作中取得的收入应合并到其丈夫的收入中，根据丈夫和妻子的总收入确定税负。但已婚妇女取得的收入与丈夫或其他家庭成员无关时，要单独计税，并给予其额外的 5400 万印尼盾的抵扣。家庭中每个受抚养对象（子女和老人等）可税前扣除 450 万印尼盾。

与个体经营活动直接有关的合理费用，如折旧和摊销、原材料、雇员薪酬、坏账、保险费用、管理费用、培训费用等；与生产经营无关的费用不得税前抵扣，如罚款、附加税、用于私人的消费支出等。

个人向政府批准的机构捐款或强制性的宗教捐款，可在税前扣除。

居民个人缴纳的预提税可以抵扣最终的所得税税负，超出的部分可以退税。

3. 个人所得税税率

从 2009 年 1 月 1 日起，居民个人所得税的税率为 5%~30%的 4 级超额累进税率，如表 3-1 所示。居民个人所得税预提税率为 4 级超额累进税率，如表 3-2 所示。

表 3-1　居民个人所得税税率

应纳税所得额（印尼盾）	累计税额（按最高所得计算）（印尼盾）	税率（%）
≤5000 万	250 万	5
>5000 万，≤2 亿 5000 万	3000 万	15

应纳税所得额（印尼盾）	累计税额（按最高所得计算）（印尼盾）	税率（%）
>2亿5000万，≤5亿	6250万	25
>5亿	—	30

表3-2 居民个人所得税预提税税率

应纳税所得额（印尼盾）	累计税额（按最高所得计算）（印尼盾）	税率（%）
≤5000万	0	0
>5000万，≤1亿	250万	5
>1亿，≤5亿	6250万	15
>5亿	—	25

一次性支付的养老福利金、养老津贴和养老保障金均应缴纳最终预提税，不超过5000万印尼盾的部分免征个人所得税，超过5000万印尼盾的部分按5%征税。

非居民个人源自印度尼西亚境内的收入，按20%征税。如果纳税居民个人无税号，其预提税的税率将提高至20%。

居民从海外取得的非就业收入，如果在国外缴纳了所得税，在印度尼西亚汇算清缴该笔所得时可税前进行抵免，抵免限额以海外缴纳的税额与印度尼西亚应缴税额两者较低的为准。

亏损可以相互向后结转5年，配偶一方的经营亏损可抵扣另一方的利润。

已婚人士在进行纳税申报时，可选择单独申报。雇员的个人所得税由雇主代扣、代缴，必须在次月20日前提交纳税申报表，12月的纳税申报表作为年度纳税申报表，申报整个年度的收入和纳税情况。

个人必须在纳税年度结束后次年的3月31日前，提交个人所得税纳税申报表，仅有固定就业收入的个人无须按月申报。个人经营者应按月预缴税款，根据上一年度的缴纳税款额减去上一年度的代扣税，预估出本年应缴的税款；在取得收入月份的次月的15日内完成税款缴纳。

三、印度尼西亚的其他税收政策

持有土地、建筑物等不动产征收不动产税，税基为不动产的价值，税率为 0.5%。土地和建筑物的受让方应缴纳不动产税购置税，税率为 5%；包括买卖、以旧换新、赠与、继承、接受的建筑物投资、拍卖中获得等方式取得的土地和建筑物；免征额为 6000 万印尼盾，继承取得的免征额为 3 亿印尼盾。土地和建筑物的出让方应缴纳不动产转让税，税率设定为总转让价值（计税基数）的 2.5%。如果纳税人从事房地产开发行业，则其转让廉价房屋和廉价公寓时的税率为 1%。

对特定文件或合同征收印花税，对协议书和合同、公证书、契约书、法庭证据文件适用的税率为 6000 印尼盾；有价票证和证券、包含银行存款余额的通知、列明银行记录或存放款项等，金额为 25 万印尼盾至 100 万印尼盾的，税率为 3000 印尼盾；金额超过 100 万印尼盾的，税率为 6000 印尼盾。每张支票税率为 3000 印尼盾。

印度尼西亚的社会保障税是强制缴纳的，在印度尼西亚工作时间超过 6个月的外籍人士必须参保。印度尼西亚的社会保障税包括职工社会保险和医疗保险两类。职工社会保险包括工伤（意外）保险、人寿保险、养老金和退休金，以雇员工资总额为税基，税率如表 3-3 所示。

表 3-3 职工社会保险税率

保险项目	雇主缴纳比例（%）	雇员缴纳比例（%）
工伤（意外）保险	0.24~1.74	0
人寿保险	0.3	0
养老金	3.7	2
退休金	2	1

工伤（意外）保险的缴纳金额无最大限制，根据行业的危险程度不同，缴纳的比例范围在 0.24%~1.74% 不等。从 2019 年 3 月起，退休金缴纳的最大税基为 851.24 万印尼盾，每月缴纳的退休金保险不得超过 17.0248 印尼盾。医疗保险按工资总额的 5% 缴纳，雇主负担 4%，雇员负担 1%；缴纳的税基每月最大为 800 万印尼盾，因此，雇主每月最多缴纳 32 万印尼盾，雇员

每月最多缴纳 8 万印尼盾。

四、印度尼西亚的涉外税收政策

印度尼西亚公司取得境外收入，需要缴纳公司所得税。印度尼西亚对外国税收实施单方面限额抵免。印度尼西亚有受控外国公司规定，无论是在避税地还是非避税地，只要居民公司持有境外公司收入的 50% 以上，境外未分配利润，就应向印度尼西亚申报纳税。

印度尼西亚的外汇管制不影响正常的借贷、偿债、股息、利息及特许权使用费的汇出。如果汇出金额超过 10 万美元的，应向汇出银行提供相关文件。如果国外需要向其贷款，必须向印尼央行报告。

印度尼西亚有与经合组织立场一致的转让定价指南，要求遵守"合理商业目的"和公平交易原则。有预约定价制度，关联交易需要编制国别报告。资本弱化规则要求债务权益比例为 4∶1。

股息预提税为最终税，向居民纳税人支付股息，预提税为 10%，向非居民纳税人支付股息，预提税为 20%。向居民纳税人支付：利息和特许权使用费预提税为 15%（为预缴税），技术费、管理费和咨询费预提税为 2%，不动产租金预提税为 10%。向非居民支付上述各种款项，预提税均为 20%，但可依税收协定减免。印度尼西亚对建筑服务、设计费和监理费，分别征收 3%、4%、6% 的预提税。

印度尼西亚已经签订了 68 个税收协定，在印度尼西亚与各国和各地区签订的税收协定中，股息预提税较低的有：中国香港和荷兰都为 5%，伊朗为 7%，其他均在 10% 及以上。利息预提税为 5% 的只有阿联酋和科威特，其他均在 10% 以上。特许权使用费预提税为 5% 的有中国香港、卡塔尔和阿联酋，其他均在 10% 及以上。

中国与印度尼西亚协定：股息、利息和特许权使用费预提税均为 10%，分支机构税为 10%。若持股 10% 以上，可以间接抵免，无税收饶让。

第二节　新加坡的税收政策

新加坡（Singapore）不仅拥有世界一流的港口和国际机场，而且具备完善的通信与自由经济体系。随着新美自由贸易协议的签订，新加坡与美国的双边贸易自由往来没有关税，这给亚洲国家出口美国商品的商家一个非常有利的机会。新加坡不仅税种较少，一直实行较低的所得税和增值税，而且对对外支付股利不征收预提税。

一、新加坡的流转税政策

关于新加坡的流转税政策，这里主要介绍新加坡的增值税政策、消费税政策和关税政策。

（一）新加坡的增值税政策

新加坡货物和劳务税，即增值税，在新加坡境内销售商品或提供劳务、进口货物、在新加坡的无国籍人员进口数字化服务等均征收增值税。从事上述业务的实体和个人，都是增值税纳税人。

新加坡货物和劳务税的登记门槛为 100 万新元。生产大量零税率的商品或 12 个月内货物和劳务税的销项税额小于可抵扣进项税额的纳税人，可以请求登记豁免。应税销售额低于登记门槛，可自愿申请办理税务登记，由税务机关审核后可进行税务登记。自愿进行税务登记后，经营活动必须至少在 2 年内持续登记。完全从事免税销售货物和提供劳务的企业无法进行税务登记。对于免税的金融服务，如果该服务为应纳税人生产的符合规定的跨国劳务，GST 法案允许没有纳税登记义务的个人申请自愿登记。下列情况应申请自愿登记：①在新加坡生产且被提供给境外的商品，被视为应税的商品；②根据仓储制度、特准承包制造商和贸易商计划（ACMT），不被视为应税的商品。但是，符合上述情况的个人还应有经营机构或住所。

新加坡允许处于同一控制下的企业以集团的形式进行税务登记，但每个成员必须单独地登记货物和劳务税。在集团成员以集团的形式进行税务登记之后，他们被视为单一的纳税人并且提交单一的货物和劳务税纳税申报表。同一集团的成员之间生产的商品不需征收货物和劳务税。集团成员共同且分别负有纳税义务。如果纳税人是非新加坡居民或在新加坡没有固定营业机构的，满足特殊条件的也可以按集团形式纳税。

如果纳税人具有一个以上的分支机构，该纳税人可以向主计长申请将商业活动或部门分开进行纳税登记。"无机构经营实体"是指在新加坡没有经营活动或者固定的营业场所的经营者，应税销售收入超过 100 万新元，必须进行税务登记；未登记者，必须指定税务代理人。

从 2020 年 1 月 1 日起，无法全额抵扣进项税的新加坡纳税人从海外购入劳务时，适用反向征税制度，由购入劳务的纳税人代扣代缴货物和劳务税。无法抵扣全部进项税且未进行税务登记的纳税人，在 12 个月内从海外购入劳务价值超过 100 万新元的，也应履行代扣代缴义务。无法抵扣全部进项税的纳税人包括提供免税劳务的金融机构、从事非应税活动的慈善机构等。

从 2019 年 1 月 1 日起，如果完成税务登记的销售方向完成税务登记的客户销售价值超过 1 万新元的货物，则适用国内反向征税制度，由销售方履约代扣、代缴义务。

从 2020 年 1 月 1 日起，海外供应商向新加坡境内未完成税务登记的纳税人提供数字服务时，将按照海外供应商登记（以下简称 OVR）制度征收商品和服务税；在 OVR 制度下，海外供应商无法申请抵扣进项税。在某些情况下，电子市场的运营方将作为税务代理人对海外供应商的销售行为履行代扣代缴义务。海外供应商和海外电子市场运营方的全球营业额超过 100 万新元，并且向新加坡消费者提供的数字服务销售额超过 10 万新元的，应根据 OVR 制度进行注册。新加坡没有对网上商城或电商平台的商品和服务税做出特殊规定。

停止营业活动的企业，必须在营业活动停止后的 30 日内向税务机关提出注销税务登记的申请。如果纳税人预计未来 12 个月内应税销售额不超过100 万新元，纳税人可以申请注销税务登记。

1. 增值税的税率

新加坡的增值税税率有 7%、0 这 2 种。其中，标准税率为 7%，适用一般的销售商品或提供劳务的交易活动；新加坡宣布将在 2021—2025 年前将基本税率由 7% 提高至 9%。出口商品、劳务增值税税率为 0。免税项目是指不征收增值税的项目，如出售或出租住宅物业、进口或销售投资性贵金属、某些金融交易。

2. 增值税计税的主要内容

货物和劳务交易税的纳税义务发生时间又被称为"可征税时间"或"纳税时点"。纳税义务发生时间以开具发票或收到款项这两者较早的为准。

对于销售商品或提供劳务取得预付款项的征税时点，按照上述一般规定执行，企业需对收到的预收款项缴税，并在收到款项的会计期间核算。如果收到的预付款项具有担保作用并需要退回的，则无须征收货物和劳务交易税。如果上述交易最终没有发生（如顾客取消订单），纳税人需要开具贷记单据，并将预付款项退还给顾客。然而，按照一般商业规定，销售方可能会要求对方支付违约金或相关交易费用。

对于连续销售应税货物或劳务，无特殊征税时点要求，除纳税人提前开具发票的，应以定期付款的到期日或收到定期付款的日期较早的一方为准。

对于经批准的发出商品或退回商品，货物销售时间应以客户确认收货的时间为准，而非发出货物的时间。在上述情形下，纳税义务发生时间应以下列事项中发生较早的一方为准：①开具发票的日期；②收到款项的日期；③移送货物的 12 个月之后。

除 2020 年 1 月 1 日开始实行的一些过渡性条款外，新加坡对适用于反向征税制度下劳务的纳税义务发生时间无特殊规定。

根据"分期租赁协议"进行租赁的，在开具第一次发票时，租赁货物的其他纳税义务时间也一并确定了。其他方式租赁资产的纳税义务发生时间按一般规定执行。

对于进口商品，纳税时点为进口日期或货物离开暂缓纳税制度所在地或自由贸易区的日期中的一个。

如果进项税是因生产应税商品或某些规定的商品而发生的，纳税人可以依法抵扣该进项税。可抵扣的进项税额，是用纳税人从事或准备从事的经营活动的商品所发生的货物和劳务交易税。纳税人通常通过 GST 纳税申报表，将进项税额从销项税额中减去，以冲抵销项税额。进项税抵扣必须提供有效的税务发票或进口许可。如果超过到期日后的 12 个月款项还未支付给供给方，那么纳税人应当退还已抵扣的进项税。

不允许抵扣的进项税指购进货物或服务用于非经营项目（如用于私人用途的货物），此外，有些应税项目的业务支出也不允许抵扣：招待费（如酒店住宿、餐饮及娱乐支出），购买、租赁用于个人消费的轿车或船只，燃料和维护费用。

纳税人同时经营应税和非应税业务的，应分别进行核算；与应税项目相关的进项税可以抵扣，用于非应税业务的不可抵扣。这种情况被称为"部分抵税"。一般情况下，分以下两个步骤计算可抵扣进项税：①直接归因应税商品的进项税额可以抵扣（除非在税法中特别说明不予扣除），而直接与非应税项目的生产相关的进项税额通常不能被抵扣（存在例外）。②确定剩余的进项税额（例如，经常性业务开销的进项税额），这些进项税额需要合理分配到应税项目中并获得抵扣。剩余可抵扣进项税额的计算依据是应税项目价值占总价值（应税项目和非应税项目）的比重，或者是经主计长同意的其他计算方式。

如果纳税人的免税商品价值在 1 个纳税年度内平均每个月不超过 40000 新元，并且在该会计期间内不超过生产商品总价值的 5%，则与免税商品相关的进项税额也被视为完全因应税商品而发生。如果某些商业活动只生产某些类型的免税商品，则消费税法案视其提供完全应税商品。

资本货物是指使用年限比较长的资本性支出（如固定资产）；新加坡对资本货物的进项税抵扣没有特别的规定，按一般的规定来抵扣进项税。

如果可抵扣的进项税超过了销项税，纳税人可申请退税；税务机关在收到纳税申报表后的 3 个月内完成退税。如果纳税人是按月提交纳税申报表的，可在 1 个月内完成退税。税务机关逾期退税的，自逾期之日起按法定贷款利率计算利息。

在税务登记日期之前发生的经营费用所产生的进项税，纳税人需要在首张纳税申报表中进行申报。

在新加坡未进行税务登记且无常设经营机构的，不得抵扣进项税；如果进行了税务登记，则可申请抵扣进项税。

如果企业核销的坏账符合条件，可申请退还已经缴纳的增值税。

3. 增值税的税收征管

纳税人必须在销售货物或提供劳务之日起 30 日内，向购买方开具标准的税务发票。税务发票是抵扣进项税的必需的依据。

贷记单据用来减少销项税或增加可抵扣的进项税，该凭证必须与税务发票信息一致。如果商品的原始税务发票的时间和编号无法追溯或识别，那么纳税人需要通过其他方法向主计长说明其对原始商品负有纳税义务。

在新加坡开具电子发票不是强制性的，纳税人开具电子发票不需要经过税务主计长的批准；但开具电子发票应符合一定的条件。

如果含税销售金额不超过 1000 新元，销售方可开具简易税务发票。

自开发票的情形适用经过税务登记的买卖双方的结算，但要符合一定的条件，可由客户自行开具好发票，并将副本送至销售方。

如果有证据能表明商品的出发地为新加坡，则出口商品按零税率征税。需要提供的证据，包括：出口许可证、海运提单或航空运单、原始发票等。如果发票是用外币开具的，应按纳税义务发生时的汇率换算为新元；主计长允许纳税人使用任何在新加坡经营的银行的当日汇率（买入、卖出汇率、平均汇率）、海关公布汇率。

纳税人无须向未经过税务登记的客户开具发票，如果客户要求开具，销售方可为客户开具简易发票或收据。

税务发票、合同、贷方通知单、进出口单证等记录，保存期至少 5 年。纳税人也可采用电子方式进行保存，如果原始文件是采用电子方式保存的，可不需要保存纸质资料。

纳税人一般应按季度提交纳税申报表。为缓解现金流压力，定期收到货物和劳务税退税的纳税人可申请按月提交纳税申报表，退税一般在提交纳税申报表后的 1 个月内完成。纳税人缴纳税款的截止时间与提交纳税申报表的截止日期一致。

纳税人的纳税申报表应以电子方式提交；在特殊情况下，如企业破产后进行清算时，可提交纸质的纳税申报表。新加坡不需要提交年度纳税申报表，也不需要提交其他的补充申报表。

纳税人逾期登记或未登记的，处以 1 万新元和应缴税款 10% 的罚款。对于及时完成税务登记的纳税人，可免于处罚。纳税人逾期缴纳税款的，处以欠缴税款5%的罚款，超过60天仍未缴纳的，将追加罚款，按月度欠税金额的2%进行罚款；但罚款总额不超过欠缴税款的50%。未按时提交纳税申报表的，处以200新元的罚款，额外按每月200新元的标准处罚，罚款总额不超过1万新元。

纳税人提交的纳税申报表存在错误，导致少缴税或多抵扣进项税的：处以少征税额的2倍罚款，最高不超过5000新元，或处以3年以下监禁；情节严重的，将同时处以罚款和监禁。

故意欺诈、虚假报税导致的税基减少，从重处罚。处以3倍罚款，最高不超过10000新元，或处7年以下监禁；情节严重的，将同时处以罚款和监禁。

（二）新加坡的消费税政策

新加坡的消费税征税范围较小，仅针对石油、酒类、烟草类和机动车这4类产品征收。

（三）新加坡的关税政策

新加坡海关对进口商品分为应税货物和非应税货物，应税货物主要包括石油、酒类、烟草类和机动车这4类，除上述4类货物外，其余均为非应税货物。酒类（酒精）的税率为60～113新元/千克，烟草类的税率为329～388新元/千克，石油类的税率为3.77～7.1新元/10升，机动车税率为20%，带引擎的摩托车和自行车的税率为12%。

根据中国与新加坡签订的《自由贸易协定》规定，从2009年1月1日起，新加坡取消全部来自中国进口商品的关税；中国于2010年1月1日起，对97.1%来自新加坡的进口产品实现零关税。

二、新加坡的所得税政策

（一）新加坡的公司所得税政策

按新加坡所得税政策的规定，若一家企业的管理和实际控制机构在新加坡境内，则认定其为新加坡的居民企业，而与该企业的注册地无关。居民企业取得境内外所得均应缴纳公司所得税，非居民企业仅就源自境内的所得缴纳公司所得税。

1. 公司所得税的税率

新加坡的公司所得税税率只有 17%，从 2020 纳税年度起，正常应税所得中的前 10000 新元可享受 75% 的公司所得税减免，之后的应税所得 190000 新元可享受 50% 的企业所得税减免，剩余部分必须就全额按 17% 的税率纳税。

在新加坡的分支机构中，税率同样为 17%，股息无预提税，利息的预提税税率为 15%，特许权的预提税税率为 10%，分支机构的利润汇回母国不征税。

新加坡实行单一税制，公司缴纳的所得税税款是最终税款，股东取得的股息，法人股东不再缴纳公司所得税，个人股东可将股息已纳公司所得税抵免个人所得税。

2. 公司所得税计税的主要内容

新加坡的公司所得税征税范围包括：商业贸易或活动的所得；投资收益，如股息、利息和租金；特许权使用费、保险费和源自财产的其他所得；其他所得。新加坡对公司和个人取得的资本利得均不征税。但出于反避税考虑，如果持股期限较短，出售股权的资本利得会被视为经营所得征税。转让资产需征税，但对持超过 20% 且超过 24 个月的股权转让所得不征税。在特定情况下，纳税人处置房地产、股票或股份的交易会被认定为商业贸易活动所得，进而征税。

可扣除费用应符合以下条件：为取得所得而产生、该费用为收益性开支、未被新加坡税法禁止扣除。公司经营活动开始前 12 个月的营运行开支也可扣除，投资控股公司的费用扣除另有特殊规定。

境外来源所得的费用不可扣除，除非该所得是在新加坡境内获得且为新加坡的课税对象。境外亏损不得抵扣境内来源的所得。

固定资产的折旧和无形资产的摊销应按法定比例扣除，不得采用账面折旧和摊销进行扣除。

与经核准的商品交易会、贸易展览会、贸易访问团相关的费用，海外贸易办事处的日常费用，发展海外投资的费用，研发费用和经批准支付的、对外派遣本地雇员的工资可税前双倍扣除。为贸易、职业活动或经营活动服务的翻新和整修费用可税前扣除，上限为每 3 年内 30 万新元。

企业计提的各项减值准备金不得税前扣除，只有实际发生损失并在损益表中确认的，才可税前扣除；以前年度确认的减值准备又转回的，应计入应税项目。

新加坡公司发生亏损，可以无限期向后结转，但必须通过股权合规测试（公司 50% 以上的股权没有变更）。持股 75% 的集团内的公司，可以将亏损在集团内公司之间结转。

3. 公司所得税的税收优惠

为鼓励企业从事促进新加坡经济和科技发展的经营活动，先锋公司和先锋服务公司赚取的利润可在 15 年内免除公司所得税。

从事高附加值经营活动，但又不符合先锋企业税收优惠的，可享受发展和扩张优惠（DEI），享受 5% 或 10% 的税率。优惠期为 5 年，到期可再申请，总优惠期限不超过 40 年。

支付给非居民企业的经核准的特许权使用费、技术支持费用和研发费用可免征或减征预提所得税。

投资免税，从事符合规定的项目的企业可获得除一般折旧的税收扣除外的投资免税额，金额为在投资于生产设备过程中发生的投资额乘以特定比例（最高为 100%）。风投基金取得经核准的资本收益、可转换债券利息、经核准的资本股息等，可享受 10~15 年的税收优惠。

新加坡企业自 2009—2025 年的研发，从事任何领域的研发费用均可税前扣除，符合条件的研发项目的人工成本及耗材按 150% 的税率税前扣除。

知识产权（以下简称 IP）发展优惠，引入了国际公认的知识产权税收优惠激励标准，并结合了 BEP 行动计划中的修正关联方法，相关 IP 收入可享受 IP 发展优惠。

向核准的公司提供符合规定的服务获得的所得及自身进行的符合规定的服务获得的所得，可享受 8% 的优惠税率。经核准的新加坡境内的高附加值和高增长的金融业务发展企业，开展符合条件的经营活动获得的所得可享受 5%、10%、12% 或 13.5% 的优惠税率。

国际船舶运营商、船舶租赁商和航运配套服务提供者，可享受税收减免 5% 或 10% 的优惠税率。

经核准的公司从事符合条件的特定商品（如能源、农产品、建筑、工业产品、电气产品、消费品、碳排放量）或金融衍生工具的交易，及结构性商品融资，可享受5%或10%的优惠税率。此外，符合条件的液化天然气的交易所得适用5%的优惠税率。

4. 公司所得税的税收征管

一般情况下，新加坡按日历年度作为纳税年度。企业应在应课税年度结束后3个月内提交预估应税申报表（以下简称ECI），年度应纳税收入低于500万且ECI为0的企业无须提交。纸质纳税申报截止日期为11月30日，电子申报截止日期为12月15日；2020年起，全部采用电子申报。纳税人应在收到所得税评估通知后的1个月内缴纳税款。采用电子支付的企业可申请分期付款，最多分期不超过10次。如果ECI是在会计期间结束3个月后提交的，则不允许分期。

逾期未缴税的，处以应纳税额5%的罚款，处罚后60日内仍未纳税的，按月利率的1%的标准处以罚金，最高不超过12%。

（二）新加坡的个人所得税政策

居民纳税人是指一个纳税年度内在新加坡实际居住或就业（公司董事除外）达到183天或以上的个人。对于就业时期横跨2个日历年度的外国雇员，有一项特殊规定：如果外国雇员在新加坡停留或工作连续超过183天（跨年度），将同时被认定为2个纳税年度的居民，即使其每一年度在新加坡的时间都少于183天。

一个纳税年度内在新加坡受雇不超过60天的非居民个人，从新加坡取得的雇佣收入免征个人所得税；但该条款不适用于新加坡公司的董事、娱乐艺人和其他专业人士。其从在新加坡提供服务获得的雇佣所得，无论酬金是通过境内支付还是境外支付，均应纳税。居民源自境外的受雇所得不征税，但如果国外来源所得是通过境内合伙企业获得的，则应纳税。新加坡居民个人通过合伙企业取得的外国来源股息、服务报酬、外国分支机构利润，如果符合某些规定条件，将免税。在新加坡进行贸易、个体经营、专业服务或职业活动的个人将就其获得的利润征税，至于个人是否从事贸易性质的活动，视具体情况而定。

1. 计税收入

雇佣所得包括工资、薪金、奖金、休假薪资、董事费、佣金、奖金、退休补贴、额外待遇、通过雇员股份计划获得的收益和作为服务补偿的津贴。雇主为雇员提供的实物福利，包括探亲假旅费、雇主提供的住房、雇主提供的汽车以及孩子的学费，也在应纳税的范围内。

雇主为雇员向中央公积金（以下简称 CPF）缴纳的法定强制缴费部分不构成应税所得。雇主向任何境外公积金或养老基金的缴费，在支付时应当被课税，除非因某些优惠条例而得以免税。

据非常住居民（Not Ordinarily Resident，以下简称 NOR）计划规定，居民身份不符合两年或三年优惠条件的居民雇员可享受以下优惠，且有效期为5 年：按时间分摊的受雇所得、雇主对非强制性海外养老基金或社会保障计划的缴费免税，免税额以 CPF 规定的"普通"和"额外"工资的最大缴费限额为限。2019 年新加坡的财政预算中宣布：现行 NOR 计划将停用。最后一个 NOR 计划，是从 2020—2024 年，现行有效的"NOR 身份"将自然延续至其身份失效为止。

成为 NOR，应满足以下条件：①在申报资格的纳税年度被认定为税收居民；②在申报该资格的前 3 个纳税年度中不被认定为税收居民的，应按时间长短，来分摊受雇所得的优惠，雇员应满足以下条件：因工作需要，在境外工作超过 90 日；雇佣所得超过 16 万新元；分摊后所得的应纳税所得额至少为新加坡受雇所得总额的 10%。

经营所得和自我雇佣所得指个人提供连续的个体经营活动而取得的收入，也包括个人提供服务取得的收入。应税自我雇佣所得是依据在一般公认会计原则下编制的财务报告来确认的，并根据税法对利润和亏损做出调整。个体经营所得和其他类型的所得合计，以确定应纳税所得额。

投资所得主要包括股息所得、利息、红利所得等，从新加坡税收居民企业处获得的股息不征收个人所得税；其他股息、净租金等应依法缴纳个人所得税。个人取得源自新加坡储蓄存款、活期存款和定期存款等都是免税的，也包括获得的债券利息、年金和单位信托的利息。

雇主提供的期权和期权计划，应在行权时征税。股份奖励在授予时课税，如果设有等待期，则在达到行权条件时课税。应税所得额为纳税义务发生时股份的公开市场价值与雇员支付的金额的差额。由于新加坡从 2003 年 1 月 1 日起实行对购得股份的延期偿付，对当日及之后授予的期权和股份奖励，解除延期，对其收益课税。应税所得额为解除延期当日股份的公开市场价值与雇员支付的金额的差额。在海外受雇期间被授予的期权和股份奖励不征税。

自 2003 年 1 月 1 日起，因在新加坡受雇而被授予的期权和股份奖励应当纳税，不管期权是在何处行权、股份在何地达到行权条件。对于外籍雇员而言，终止受雇时（包括因调离或离开新加坡超过 3 个月），这些期权和奖励将被视为行权或达到行权条件，并立即对认定的收益征税。

在新加坡，资本利得是不征税的，同样，资本利得也不纳税。但在某些情况下，税务机关会将涉及收购和处置不动产、股票证券的交易视为实质上的贸易活动。相应地，从此类交易中产生的收益也应纳税。此类收益是否应纳税视具体情况而定。

2. 税收扣除

原则上，完全因产生收入而引起的费用均可税前扣除，但在实践中，受雇所得可用的费用扣除是有限的。税务局一般认为，雇主通常会报销雇员在履行职责的过程中产生的所有必要的费用。雇员必须向税务局证明其声称的费用是履行职务的过程中必然会产生的。2020 年度个人扣除项目及免征额，如表 3-4 所示。

表 3-4　2020 年度的个人扣除和免征额

扣除类型	扣除额（新元）
配偶免征额	2000
配偶如果是残疾人	5500
劳动所得：55 岁以下	1000
55~59 岁	6000
60 岁以上	8000
残障人士：55 岁以下	4000
55~59 岁	10000
60 岁以上	12000

扣除类型	扣除额（新元）
子女免征额	每人 4000
残疾子女免征额	每人 7500
赡养父母：与纳税人共同生活	9000
未与纳税人共同生活	5500
赡养残障父母：与纳税人共同生活	额外扣除 5000
未与纳税人共同生活	额外扣除 4500
祖父母照顾小孩免征额（针对母亲需要工作）	3000

人寿保险费用或向国家认可的养老基金缴费，可税前扣除，最大扣除限额为 5000 新元。从事贸易、个体经营、专业服务或职业活动的个人，中央公积金缴费可以在税前扣除，2019 年度的上限为 37740 新元。为自己、父母和祖父母的中央公积金退休账户缴费，最大扣除限额为 7000 新元。经批准的教育费用也可税前扣除，最大扣除限额为 5500 新元。

从 2018 年起，每个纳税人每年税前可申请扣除的最大限额为 80000 新元。

与个体经营活动直接有关的合理费用可税前扣除，明确不可扣除的费用包括：个人费用、在新加坡境内外缴纳的所得税、向未经许可的公积金缴费和私人车辆费用。

因从事贸易、个体经营、专业服务或职业活动而产生的亏损和超额资本冲减可用来抵销同年其他应税收入；未抵扣完的亏损可向后无限结转。

3. 个人所得税税率

居民个人所得税使用 0%~22% 的超额累进税率，具体如表 3-5 所示。

表 3-5　居民个人所得税超额累进税率表

应纳税所得额（新元）	累计税额（按最高所得计算）（新元）	税率（%）
≤20000	0	0
>20000，≤30000	200	2
>30000，≤40000	550	3.5

续表

应纳税所得额（新元）	累计税额（按最高所得计算）（新元）	税率（%）
>40000，≤80000	3350	7
>80000，≤120000	7950	11.5
>120000，≤160000	13950	15
>160000，≤200000	21150	18
>200000，≤240000	28750	19
>240000，≤280000	36550	19.5
>280000，≤320000	44550	20
>320000	—	22

非居民个人所得税税率如下：在新加坡，按15%的税率征税，但在新加坡境内停留不足60日取得的雇佣收入免税；董事费收入、贸易、个体经营和个人提供的服务按22%的税率征税；个人提供的专业服务按15%的税率征税；利息收入（不包括定期存款、储蓄存款等免税利息）按15%的税率征税；取得动产的出租租金、特许权使用费（科技、专利、技术等特许权使用费）按10%的税率征税；其他收入按22%的税率征税。

新加坡的个人所得税按年度课税，居民或非居民个人必须在次年的4月15日前完成纳税申报。年营业额超过50万新元的个人经营者和合伙人必须在申报表中附上经认证过的财务报表。NOR计划的个人在境外出差超过90天的，在一定条件下可采用逐日（days-in-days-out basis）申报制度来申报。纳税人应在收到税务机关签发的税务评估通知书后的1个月内一次性完成税款缴纳；也可以采用分期付款的方式缴纳，但每年采用分期付款的方式缴费的次数不能超过12次。

4. 遗产税和赠与税

2018年2月15日，新加坡取消了遗产税；新加坡未开征赠与税。

三、新加坡的其他税收政策

新加坡对房屋、建筑物、酒店、土地均征收不动产税。不动产税计税基础为房地产的价值或租金，对自用型住宅采用 0%~16% 的 8 级超额累计税率，非自用性住宅实施 10%~20% 的 6 级超额累计税率。其他房地产，如商业和工业房地产均适用 10% 的税率。

新加坡只对不动产、股票和股份的相关凭证征收印花税。转让股票时，按买入价或股票价值孰高者的 0.2% 缴纳印花税。从 2018 年 2 月起，不动产购买方的印花税税率为 1%~4%，不动产卖方的印花税根据持有期的不同税率分别为 4%、8% 和 12%；卖方持有期超过 3 年的免征印花税。租赁不动产的租金低于 1000 新元的免税；超过 1000 新元，如果租期低于 4 年，按租期内总租金的 0.4% 计税；如果租期不低于 4 年，按租期内年平均租金 4 倍的 0.4% 计税。

新加坡的中央公积金（CPF）是新加坡居民的养老法定保险计划。新加坡 55 岁以下的居民必须缴纳中央公积金，雇员的法定缴纳税率为 20%，雇主的法定缴纳税率为 17%；超过 55 岁的居民个人缴纳中央公积金的税率会低一些。中央公积金的缴费基数包括正常工资和额外工资，就正常的固定工资而言，私营企业的雇员按每月不超过 6000 新币为缴费基数。如果雇员当年工资总额超过 102000 新元，则对额外工资（如奖金和其他非正常的固定工资）征收中央公积金的基数以 102000 新元为上限，再减去缴纳保险的正常工资基数。超过 55 周岁的居民或永久离开新加坡者，可提取公积金，免缴个人所得税。出于某些特殊目的，如购买住房、股票，支付医疗费用等，也可申请提出公积金。新加坡允许个人选择补充退休计划，由个人自愿缴纳；公民和永久居民的缴纳税率为 15%，外国人的缴纳税率为 35%，计税基础是相当于 17 个月的现行公积金缴费基数。

四、新加坡的涉外税收政策

新加坡对汇入和汇出的外汇资金没有任何限制。在新加坡现行国内免税政策下，由海外汇入的股息和国外分回的利润若在国外已纳税不低于 15%，则免于缴纳新加坡的所得税；否则，汇入新加坡时缴纳的所得税，实行依协定抵免或依新加坡税法限额抵免。若为股息所得，可依协定实行间接抵免。源自东盟国家（即使是非协定国）的专业技术所得、咨询所得和金融服务收入，新加坡实行单方抵免，无受控外国公司规定和资本弱化规定。但有与OECD一致规定的转让定价指南，涵盖公平交易原则、同期资料准备、相互协商程序和预约定价协议。

新加坡对非居民支付股利和分公司利润，免征预提税。对非居民支付利息及其他贷款费用、动产租金、专业服务费，预提税为15%；对非居民支付特许权使用费，预提税为10%；对非居民支付管理费、技术支持费和服务费，预提税为17%；对非居民支付董事费，预提税为20%。预提税必须在付款日的次月15日前提交，若逾期缴纳预提税，最高罚金为20%。享受协定税率的付款人应向税务局提交收款人的居民证明。

新加坡已经签订89个税收协定。从新加坡向境外支付股息，一律免税。从协定国向新加坡支付股息免税的国家和地区，除格鲁吉亚、毛里求斯、阿联酋、匈牙利、利比亚、巴林、英国、塞浦路斯、土耳其、马来西亚、厄瓜多尔、斐济、越南、拉脱维亚、爱沙尼亚、列支敦士登、马恩岛、根西岛、泽西岛、百慕大群岛、中国香港、缅甸这些放弃股利征税权的国家和地区外，还有爱尔兰、西班牙、卡塔尔、科威特、墨西哥、巴巴多斯。持股达到规定时股息预提税为0的有：俄罗斯、卢森堡、比利时、保加利亚、奥地利、白俄罗斯、蒙古、澳大利亚、丹麦、荷兰、立陶宛。

向新加坡支付股息预提税5%的有：捷克、阿尔巴尼亚、巴拿马、斯洛文尼亚、罗马尼亚、乌兹别克斯坦、沙特、阿曼这8个国家；持股达到规定比例时股息预提税5%的有：斯洛伐克、波兰、芬兰、瑞士、老挝、以色列、挪威、南非、德国、中国、新西兰、乌拉圭、哈萨克斯坦、日本、乌克兰这15个国家。

因新加坡公司从境外取得的股利（已纳税不低于15%的所得税）汇回新加坡不再缴纳公司所得税，并且从新加坡对外支付股利不征收预提税，故新加坡适合设立控股公司，主要控股与新加坡协定股息预提税为0的国家的公司，以及与新加坡协定的股息预提税低于与中国协定的股息预提税的国家的公司。进一步分析可知，中国企业进行海外投资，可通过新加坡控股的国家有：爱尔兰、西班牙、卡塔尔、科威特、墨西哥、巴巴多斯、俄罗斯、比利时、保加利亚、奥地利、白俄罗斯、蒙古（控股这12个国家的公司可以将股息预提税降低至0)，以及阿尔巴尼亚、巴拿马、乌兹别克斯坦（控股这3

个国家的公司可以将股息预提税降低至5%）。通过新加坡控股股息预提税为0或股息预提税为5%的其他国家，不能降低股息预提税，只能递延缴纳中国企业所得税。

与新加坡协定利息预提税为0的国家有：格鲁吉亚、毛里求斯、捷克、俄罗斯、阿联酋、卢森堡和斯洛伐克；协定利息预提税为5%的国家有：波兰、比利时、爱尔兰、保加利亚、匈牙利、利比亚、阿尔巴尼亚、芬兰、奥地利、巴林、白俄罗斯、巴拿马、斯洛文尼亚、西班牙、罗马尼亚、瑞士、老挝、埃塞俄比亚、英国、乌兹别克斯坦、沙特阿拉伯和卡塔尔22个国家。

中国与新加坡协定：持股25%以上的公司，股息预提税为5%，否则为10%（新加坡对外支付股息预提税，按孰低原则，中国企业从新加坡汇回股利时，可享受免征股息预提税的优惠），分公司利润汇出，不征收股息预提税。支付给银行或金融机构的利息，利息预提税为7%，其他情况下，利息预提税为10%。特许权使用费预提税为10%。持股10%以上的，可以间接抵免，无税收饶让。利息免税的金融机构包括：中国人民银行、国家开发银行、中国农业发展银行、中国进出口银行、全国社会保障基金理事会、中国出口信用保险公司，以及缔约国双方主管当局随时可同意的、由中国政府完全拥有的任何机构。

新加坡对中国支付利息不为0，但对中国支付的股息预提税为0，所以，新加坡适合设立财务公司，用新加坡财务公司自有资金贷款给予新加坡协定利息预提税为0的国家的公司。进一步分析可知，新加坡财务公司可以借款给以下国家的公司：格鲁吉亚、毛里求斯、捷克、俄罗斯、斯洛伐克、波兰、比利时、保加利亚、阿尔巴尼亚、白俄罗斯、巴拿马、斯洛文尼亚、西班牙、老挝、埃塞俄比亚、英国、乌兹别克斯坦和卡塔尔。

第二节 泰国的税收政策

泰国（Thailand）主要税种包括公司所得税、个人所得税、增值税、特别商业税、土地房产税、地方发展税、广告税等。

一、泰国的流转税政策

关于泰国的流转税政策，这里主要介绍泰国的增值税政策、消费税政策和关税政策。

（一）泰国的增值税政策

在泰国境内销售商品、提供劳务和进口商品到泰国境内的行为均属于增值税征收范围内。在泰国境内提供的劳务，只要劳务提供方或接收方的任一方在泰国境内，则属于在泰国境内提供劳务。从事以上应税业务的实体和个人，均为增值税的纳税人。

银行和其他金融机构的利息、外汇业务、不动产交易、保险代理等，税率均为3%，人寿保险佣金、典当经纪业等不征收增值税，但征收2.5%的特别商业税。地方政府按特别商业税的10%，征收地方税。泰国银行、储蓄银行、住房救济银行和农业合作社银行、储蓄合作社之间和提供给会员的贷款、生活储备基金、政府机构的典当业务等，可免征特别商业税。

增值税纳税义务人应依法进行税务登记，但在特殊情况下，纳税人可以不进行税务登记。纳税人应税销售收入低于税务登记门槛（年应税销售收入为180万泰铢），可自愿申请办理税务登记。泰国不允许集团与子公司合并登记，集团的成员公司必须分别单独进行增值税登记。

"无机构经营实体"是指在泰国没有经营活动或者固定的营业场所的经营者。未经税务登记的无机构经营实体，必须指定有固定经营场所的税务代理人办理相关税务业务。无机构经营实体如果在泰国无应税收入，则不能仅以抵扣进项税为目的进行税务登记。

反向征税制度，即如果海外劳务供应商是暂时在泰国开展经营活动并且未完成税务登记，在泰国接受劳务的客户应履行代扣代缴义务。客户在支付劳务款项后的次月7日内，应完成增值税代扣代缴义务。如果海外劳务供应商在泰国完成了税务登记，则可以抵扣进项税。

泰国居民企业在接受海外供应商提供数字经济服务交易中（B2B和B2C），由购买方自行计算增值税后，在支付款项后的7日内提交一份单独的自我评估纳税申报表并完成代扣代缴义务。经过税务登记的购买方（B2B中的居民企业）可依法抵扣该笔交易产生的进项税。实际上，客户为个人时很难严格按照完成纳税的自我评估和代扣代缴义务。

泰国正在研究的税法草案规定：如果运营网上商城或电商平台外国公司，向在泰国未纳税登记的客户提供服务取得年收入超过180万泰铢（6万美元），该网上商城或电商平台运营商应在泰国进行税务登记。

对于年收入超过180万泰铢的网上商城或电商平台，纳税人应在其30日内或开业前，完成增值税税务登记。境外商人在泰国经营超过1年，且从事由国外贷款或由外国援助的政府的项目满3个月的，才可以申请税务登记。申请增值税税务登记的纳税人，可将申请递交至主管税务机关，如果已经拥有纳税人识别号，则可在税务网站提交申请；一般在15日内将完成审核和登记手续。

企业应在停止营业之日起的15日内向税务机关申请办理增值税税务注销手续。

1. 增值税的税率

泰国增值税的税率有7%、0这2种。其中，标准税率为7%，适用一般的销售商品或提供服务；该7%税率将使用至2020年9月30日。从境外进口或从免税区外进口的货物，应在进口时由海关代税务机关收取增值税。

适用零税率的业务包括向境外销售货物、国际货运、保税区之间及保税仓库之间销售货物或提供劳务。

免征增值税活动包括销售初级农产品、动物、化肥等农资，教育、文艺、医疗、审计及司法服务、图书馆和博物馆等文体活动，公共交通、国际运输，宗教慈善事业，进口至免税区的商品、进口免关税的货物等。

2. 增值税计税的主要内容

商品和服务交易税的纳税义务发生时间又被称为"可征税时间"或"纳税时点"。销售货物的纳税义务发生时间以较早发生的为准：所有权发生转让、开具发票、收到销售款项。提供劳务的纳税义务发生时间以开具发票或接受服务较早的为准。进口货物的纳税义务发生时间为报关进口当日。出口货物的纳税义务发生时间为缴纳出口关税当日；如果该出口货物是免税的，则为通关当日。

以收取保证金或预付账款形式的销售行为，纳税义务发生时间为收到款项当日。连续销售应税货物或劳务、经批准的发出商品或退回商品的纳税义务发生时间，没有特殊规定，参照上述一般规定执行。适用反向征税的服务，应在付款后的次月7日内确认纳税义务发生时间。如果客户是泰国完成税务登记的增值税纳税义务人，则可抵扣与该项交易有关的进项税。租赁资产业务的纳税义务发生时间，以收到租金或开具发票这二者时间较早者为准。

购入的原材料、资本货物、转售的商品、特许使用权、进口环节缴纳的增值税、反向征税制度下产生的增值税进项税，可抵扣。

不允许抵扣的进项税指购进货物或服务用于非经营项目（如用于私人消费的货物）。不符合规定的发票（如简易发票）也不能抵扣。

纳税人同时经营应税和非应税业务的，应分别进行核算，符合抵扣规定的可抵扣。不能直接区分的，根据税法规定的分摊方法按各自价值的所占比例来确定可抵扣进项税金额。

资本货物是指使用年限比较长的资本性支出（如固定资产）；其进项税可全部抵扣，泰国对资本货物的进项税抵扣没有特别的规定，按上述一般规定执行。

在税务登记日期之前发生的进项税，一律不得抵扣。

如果企业的坏账核销同时符合以下条件，纳税人有权从当月的增值税销项税中扣除已发生坏账的销项税：向非增值税纳税人销售产生的债权；已经开具完整的增值税发票；债权人在坏账发生时效内，采取了如诉讼等必要的催账手段；债权人遵守了所有的增值税法规定的法律程序。

"无机构经营实体"产生的进项税，不得抵扣，除非该境外法人在泰国已完成税务登记。境外法人在泰国拥有常设机构，并从事能够开具增值税发票的业务活动，可申请税务登记。在泰国无任何营业收入的"无机构经营实体"，不得仅为抵扣进项税而申请增值税税务登记。

3. 增值税的税收征管

纳税人销售应税货物或劳务的，必须向购买方开具标准的税务发票。税务发票是抵扣进项税的必需的依据。

在合理调整的情况下，贷记单据可以用来减少对商品或服务征收增值税和增加可抵扣的进项税。贷项通知单应载明开具理由和各种法定信息，且能与原增值税发票形成交叉认证。

在泰国开具电子发票并非强制性的规定，但开具电子发票应符合法定条件。纳税人可以保存电子发票的复印件，以供税务机关查验。未经批准开具的电子发票，纳税人有义务在开具发票的同时，将发票以书面形式发送给客户，并保存发票的副本以备税务机关核查。

零售商可以开具简易发票，但应符合以下条件：销售时直接面向最终消费者的，消费者不再转售；劳务是以小额交易的方式向大量不特定客户提供的。泰国禁止自开发票。

如果有证据能表明货物已经实际从泰国出口，则出口商品按零税率征税。需要的证据包括以下凭证：海关文件、原始发票等。经税务机关批准，可以使用外币开具发票，但必须注明其适用的汇率。

企业对个人销售业务（B2C），泰国没有特殊的发票规定。因此，在泰国完成税务登记的企业有义务向所有客户开具完整的税务发票，无论客户是否主动要求其开具。

纳税人应该在经营活动的场所保存好税务发票、合同、贷方通知单、进出口单证等记录，保存期要至少满5年。泰国不强制采用电子方式存储税务发票资料，但不采用电子方式保存发票的，应经过税务机关批准。

纳税人一般应按月度提交纳税申报表。销售方发生纳税义务（如收到货款、开具发票或完成交货）的应在当月15日内完成其增值税的缴纳义务。纳税人经税务机关批准，电子申报和纸质申报，都可将提交的截止时间后延8日。泰国不需要提交年度纳税申报表，也没有电子申报的要求。

适用反向征税制度的纳税申报表需要单独提交，应在支付款项的次月7日内完成申报。

纳税人逾期登记或未登记的，处以应缴税款200%的罚款。

纳税人逾期提交纳税申报表和逾期缴纳税款的，处以相当于欠缴税款100%的罚款。另外，按月度欠缴税款1.5%的标准处以罚款（最高不超过100%）。对于未接到通知的纳税人，按下列规定处罚：逾期15天内，按2%的标准处罚；逾期15~30天内，按5%的标准处罚；逾期30~60天内，按10%的标准处罚；超过60天的，按20%的标准处罚。

纳税人开具的增值税发票、简易发票、贷项通知单等存在不完整信息或出现错误的，将处以 2000 泰铢的罚款。

故意欺诈、虚假报税导致的税基减少，将从重处罚。处以欺诈导致的少缴税款 200%的罚款。经过税务登记的纳税人故意使用虚假发票抵扣进项税的，根据情节严重程度，处以 2000 泰铢至 20 万泰铢的罚款，并处以 3 个月至 7 年的监禁。

（二）泰国消费税政策

泰国对某些需要特殊调节的商品和劳务再征收一道消费税，消费税的纳税时点为产品出厂时，进口的商品纳税时点为报关时。泰国的消费税实行从价计税和从量计税，具体的征税范围和税率如下：

石油及石油制品的从价税率为 50%，从量税率为每千克 20 泰铢；非酒精性饮料的从价税率为 30%，从量税率为每千克 20~100 泰铢，酒精饮料从价税率为 30%，从量税率为每千克 1000~3000 泰铢；烟草从价税率为 90%，从量税率为每克 5 泰铢；扑克牌的从价税率为 60%，从量税率为每幅牌 5 泰铢；娱乐服务的从价税率为 30%，从量税率为每平方 3000 泰铢。特定电气产品、电池、水晶玻璃制品、摩托车、羊毛毯、大理石、破坏臭氧层的物品、通信业的税率为 30%。汽车的税率为 40%~80%，船舶的税率为 30%~50%，香水及化妆品的税率为 20%，高尔夫球场的税率为 30%~50%。除烟草和扑克牌外，其他项目还需按 10%的税率缴纳地方税。

（三）泰国的关税政策

泰国针对进口货物及部分出口货物（如出口木材和部分农产品）征收关税。

泰国进口关税的税率，采用从价计税和从量计税，进口货物的完税价格以到岸价格（CIF），（包括货物成本、保险费及运费）为计税基础；出口货物以离岸价格（FOB）为准。

泰国与东盟成员国（新加坡、越南、马来西亚、印度尼西亚、菲律宾、柬埔寨、老挝、缅甸和文莱）有特别优惠的自贸协定。此外，泰国与澳大利亚、智利、印度、日本、新西兰、秘鲁、帕劳也有自贸协定。作为东盟成员国，泰国也享受东盟与澳大利亚、新西兰、中国、印度、日本、韩国的自贸协定。

二、泰国的所得税政策

(一) 泰国的公司所得税政策

在泰国成立的公司为居民公司,居民公司就境内外的净所得缴纳公司的所得税。而非居民公司就在泰国经营取得的净所得缴纳公司的所得税。

1. 公司所得税的税率

居民公司和非居民公司适用同一税率,公司所得税的税率为20%。资本金在500万泰铢以下且营业收入在3000万泰铢以下的中小企业实行累进税率:净利润在30万泰铢以下部分免税;净利润在30万~300万泰铢部分,税率为15%;净利润超过300万泰铢部分,税率为20%。银行向境外企业进行外币贷款取得的利息收入,适用税率为10%。石油公司税率为50%,签订石油共享合同的公司,税率为20%。分公司与法人公司适用同一税率,分公司利润汇出,征收10%的预提税。

泰国对境内的支付款项,也征收预提税:股利为10%,奖金为5%,广告收入2%;利息支付给个人15%,支付给关联方或发起人10%,支付其他单位1%;租金支付给关联方或发起人10%,支付其他单位和个人5%;服务费支付给关联方或发起人10%,支付其他单位和个人3%;支付个人表演收入5%;特许权支付给关联方或发起人10%,支付其他单位和个人3%,支付给个人,征收个人所得税的5%~35%。政府机构对泰国公司支付的各种款项,均扣缴1%的预提税。

2. 公司所得税计税的主要内容

居民企业应就源自泰国境内及境外的全部经营所得计算缴纳企业的所得税,以经过审计的财务报表为基础,并根据税法进行相应调整。

资本利得视同经营所得,正常纳税,但未在泰国从事经营活动的非居民出售在泰国的投资,适用15%的税率。居民公司取得境内上市公司的股利收入,免税;当持股比例超过25%时取得境内非上市公司的股利收入,免税;持股比例不到25%时,但满足取得股息前后持股均在3个月以上,减半纳税。持有外国公司25%以上的股权且持有期限超6个月的,取得的股息,适用15%的税率。

与生产经营业务相关的费用或损失，可在税前扣除。企业计提的各项减值准备金，如坏账准备、存货跌价准备等在实际发生损失之前，不能税前抵扣。

向教育团体、体育团体及其他社会福利组织的公益性捐赠支出，不超过应纳税所得额 2% 的部分可税前扣除。以下捐赠加计 100% 在税前扣除，但不得超应纳税所得额的 10%：向教育部核准的专项方案捐赠，向儿童学习和娱乐设施捐赠，向教育机构捐赠书籍及电子设备，向安全及创意媒体发展基金或文化、艺术及考古等捐赠，基础设施及乡村旅游景点捐赠；企业购入不超过 5 万泰铢的图书和电子设备、员工教育培训费用、中小型企业雇佣在校学生处理会计业务的支出；企业支付的电子支付系统费用。

固定资产的折旧和无形资产的摊销应按法定比例扣除，不得采用账面折旧和摊销进行扣除。

以下项目不得在税前扣除：各种计提的准备金、用于私人的开支费用、所得税费用和增值税、罚金和滞纳金、支付给股东超过合理范围的薪酬、无合理凭证依据的支出、会计年度结束后才确定或支付的费用、未确认的坏账损失、已取得赔偿的灾害损失等。

居民企业取得的境外所得，已经按所得来源国税法规定计算缴纳了所得税，可在计算泰国所得税应纳税额时抵扣，抵扣限额为境外所得按泰国税法计算的应纳税额。

泰国没有集团企业合并申报规定，企业集团内各个法人实体的亏损分别计算及各自抵扣，不得合并计算及使用。经营亏损可向后结转 5 年，无限制条件。

3. 公司所得税的税收优惠

符合规定的国际商务中心（IBCs）本年度开销达到 6000 万泰铢，税率为 8%；达 3 亿泰铢，税率为 5%；达 6 亿泰铢，税率为 3%。收到海外关联企业股息免税，向海外支付股息和利息免预提税，财富中心符合规定的职能收入免营业税，符合规定的外派人员按 15% 缴纳个人所得税。

未在泰国经营的外国企业取得的泰国国债利息免税；外国政府全资持有的金融机构取得外国贷款利息收入。泰国居民企业或在泰经营的外国企业取得的非公司制的合伙组织分配的利润免税。

居民企业取得证券交易所上市公司的股息，或持有 25% 以上股权的非上市公司分配的股利，免征公司所得税。居民企业取得另一居民企业的股利，减征 50% 所得税。持有超过 6 个月，持股 25% 以上的外国公司分配股利，并且外国公司境外已缴超 15% 的所得税，免公司所得税。

非居民且未在泰国经营的外国实体取得提供给非泰国居民使用的借款利息，免公司所得税。

对于在泰国投资的公司，根据投资区域和业务类型的不同，免征公司所得税 3~8 年，并对进口设备和原材料降低进口关税，以及股利收入免征所得税。经投资促进委员会（BOI）核准，符合条件的企业最长 15 年内减免公司所得税；或在未享受其他税收优惠时，最长 10 年内减免 50% 的公司所得税；最长 10 年内可额外扣除最高为 70% 的费用。对设立在目标省份的企业，给予额外优惠：3 年所得税减免优惠，但合计不超过 8 年，如原优惠已达 8 年，提供额外 5 年的所得税减半优惠；核准的营业项目自营业起 10 年内，税前加倍扣除运输费用和水电费；与设备安装及建设相关的折旧费用，可额外扣除 25% 的费用。在东北经济走廊的企业，在享受以上优惠到期后，再享受额外的 5 年所得税减半优惠。

对电子设计、软件开发、生物科技、工程设计、航空设备及零配件等 15 项重点鼓励产业，给予最长 8 年的免征公司所得税的优惠。对生物科技、纳米科技、电子设计、工程设计等 10 项产业中从事核心技术的经营活动，给予最长 13 年的免征公司所得税的优惠。

在泰国设立地区经营总部有很多优惠，包括：境外服务收入和境外股利收入，10 年内免征公司所得税；对外支付股利，10 年内免征预提税；境内服务收入、境外专利收入和境外利息收入，10 年内的优惠税率为 10%；在泰国 8 年以上的外籍雇员的个人所得税税率为 15%。

4. 公司所得税的税收征管

泰国采取自行评估机制进行企业所得税的申报及缴纳。纳税年度是 1 月 1 日至 12 月 31 日。公司所得税的纳税申报表和经审计的财务报表，必须在会计年度结束后的 150 日内提交，并同时缴纳税款。纳税人需自行核定并预缴上半年的公司所得税。纳税年度前 6 个月的所得税需在 8 月 30 日以前申报缴纳，以其前半年营运状况为基础推算全年预估的利润（上市公司、银行、特定金融机构及其他符合条件的企业，以半年度实际营业利润进行暂缴申报）。年中暂缴的税款可抵扣年度结算的应缴税额。

若公司低估利润超过 25%，则最高处以 20% 的罚款。其他情况下，对未缴税款处以每月 1.5% 的滞纳金。对税务机关正式追缴的税款，处以最高 100% 的罚款。

（二）泰国的个人所得税政策

泰国居民纳税人指在一个纳税年度内，在泰国境内居住满 180 天的单位或个人。泰国居民包括自然人、死亡但未分配遗产者、未登记的普通合伙组织、非法人团体。无论所得是否在泰国境内支付，泰国居民应就其在泰国境内受雇或从事业务所取得的应税所得缴纳个人所得税；泰国居民取得的源自境外的所得，仅就其取得的所得中在所得年度汇入泰国境内的部分计算缴纳个人所得税。泰国的非居民仅就其取得的源自泰国境内的收入缴纳个人所得税。

1. 计税收入

雇佣所得是指雇主依据雇佣关系向雇员提供的现金或实物收入，除非法律明确规定不征税，否则所有雇佣所得都应纳税，主要包括工资、薪金、奖金、津贴、董事费、养老金、租房补贴、雇主提供的免费住宿以及雇主代为承担的个人所得税等。免税雇佣所得包括雇员的差旅费、雇主为雇员缴纳保险期限低于一年的医疗保险费用，雇员因退休、伤残或死亡收到的保险金。

经营所得和自我雇佣所得指个人提供连续的个体经营活动而取得的收入，也包括个人提供服务取得的收入。自我雇佣所得是指个人从事会计、法律、医疗等专业活动取得的收入。

投资所得包括利息、股息、红利，合伙企业的分配所得，权利金所得（如经营权、著作权、专利和商誉等特许权使用费）。个人取得泰国居民公司的股息时，税前可抵扣的部分按"公司所得税率/（100-公司所得税率）×收到的股息"计算。

资本利得是指转让资本取得的收入，主要包括销售不动产、动产、股份和有价证券取得的收入。出售在泰国证券交易所上市的证券取得的收益可免税。

雇主提供的股票期权，无论是雇主免费赠与的还是雇员以低于市价购入的，均应计算个人所得税。股票期权的税基为员工支付的对价与市场价格之差。

其他所得是指除上述所得以外的其他所得，如赌博、彩票中奖的收入。

2. 税收扣除

雇佣所得、劳务所得及权利金所得中的商誉、著作权及其他特许权取得的所得，税前可扣除额为各项所得总额的50%，但每人每年最多的扣除额为10万泰铢。

个人年度税前扣除的费用，如表3-6所示。

表3-6　个人年度税前扣除额

扣除类型	扣除额（泰铢）
纳税人本人	6万
配偶（配偶未取得应纳税所得）	6万
抚养未成年子女（包括亲生或收养子女），按人数计算	每人3万，从第2人开始每人6万
扶养父母，按人数计算	每人3万
人寿保险费用	最高10万
医疗保险费用	最高1.5万 人寿保险和医疗保险费用总额不超过10万
父母的医疗保险费用	最高1.5万
房贷利息	最多10万
捐赠（教育、医疗、科技、慈善等公益）	不超过应纳税所得额的10%
社会保障税费用	据实扣除（工资的5%且不超过9000）
抚养或扶养有残疾的配偶、子女、父母，按人数计算	每个6万

长期投资基金（LTM）指，纳税义务人投资于规定种类的基金或退休年金保险时，每人每年的扣除金额不得超过50万泰铢。如付给泰国保险公司符合资格的退休年金保险，扣除金额不超过应税所得的15%且不超过20万泰铢的部分；已登记年金、退休基金（RMF）的提拨金，扣除金额不超过应

税所得的 15%且不超过 50 万泰铢的部分；国民储蓄基金的提拨金不超过 50 万泰铢的部分。

以下类型的收入，按照相关规定进行税前扣除：服务所得，著作权、版权、商誉和其他权利使用费，可按收入的 50%进行扣除且不超过 10 万泰铢。租赁所得，按租赁发生的实际费用扣除或按租赁所得的 10%~30%进行税前扣除。从事自由职业取得的收入，按发生的实际费用扣除或按所得的 10%~30%进行税前扣除。根据工作合同取得的收入，按发生的实际费用扣除或按所得的 60%进行税前扣除。从事贸易、农业、制造业和交通运输取得的收入，可按各自行业不同的扣除率进行扣除，也可选择按实际发生的费用作为扣除额。

3. 个人所得税税率

居民纳税人的个人所得税使用 0%~22%的超额累进税率，具体如表 3-7 所示。

表 3-7　居民个人所得税超额累进税率表

应纳税所得额（泰铢）	累计税额（按最高所得计算）（泰铢）	税率（%）
≤150000	0	0
>150001，≤300000	15000	5
>300001，≤500000	35000	10
>500001，≤750000	77500	15
>750001，≤1000000	1922500	20
>1000001，≤2000000	3077500	25
>2000001，≤5000000	11922500	30
>5000000	—	35

雇佣所得应由雇主代扣和代缴。个体经营者、提供专业服务活动者和从事财产租赁的个人，应在 9 月预缴个人所得税，并在年度终了后的次年的 3 月 31 日前完成纳税申报和缴纳个人所得税。已婚人士可将自己的各项所得进行综合或单独申报纳税。

4. 遗产税和赠与税

2015 年，泰国开征遗产税，即收到的遗产价值超过 1 亿泰铢的应征税。

父母与子女之间的遗产税税率为 5%，继承其他人的遗产按 10% 的税率征税。继承人在收到遗产之日起的 150 日内完成纳税申报和缴纳。获得的赠与，要按 5% 的税率缴纳赠与税；如果是父母、子女、配偶间的赠与，不超过 2000 万泰铢的免征税，在典礼、传统习俗的场合，每年收到累计不超过 1000 万泰铢的礼物是免税的。

三、泰国的其他税收政策

针对房屋和土地所有权征收的不动产税，按取得的房屋和土地实际取得的年度租赁收入征税，税率为 12.5%。泰国针对凭证和文件征收印花税，一般由合同的接收方缴纳印花税。税率一般以合同或收据载明的金额按千分之一来征收印花税，或以凭证或合同的件数征收一定金额的印花税。

地方开发税是针对应税土地评估价值（不包括土地改良物）按适用税率计征的一种税，应税土地包括土地、山地及水域，税率为 0.25%~0.95%；闲置土地按标准税率的 2 倍征税。

招牌税是对用于广告或宣传，标示企业名称、商标或商品的招牌征收的一种税。泰文招牌的税率为每 500 平方厘米/3 泰铢；泰文与外文并用的招牌税率为每 500 平方厘米/20 泰铢；外文招牌的税率则为每 500 平方厘米/40 泰铢。

泰国的社会保障税税率为 5%，每月计税基数不超过 15000 泰铢。因此，泰国每年社会保障税的纳税上限为 9000 泰铢。

四、泰国的涉外税收政策

纳税人能够提供证明文件的，几乎所有的外汇都可以通过商业银行汇入和汇出。

境外收入依据权责发生制回国汇总纳税。境外股息参股免税规定：海外纳税不低于 15%，若泰国公司持股 25% 以上且不少于 6 个月，则获得海外股息，免征公司所得税。泰国对境外税收，采用限额抵免法。

从 2019 年 1 月 1 日起，泰国的转让定价指南生效，规定授权税务评定员对低估的交易进行核查，禁止与交易无关的费用的扣除，并规定了市场价值的概念，税务人员有权调整收入以符合市场价值，不允许关联方或非关联方的跨境或国内交易产生的超额费用扣除。纳税人需提供 OECD 提出的 BEPS 13 的转让定价文档和国别报告。泰国没有资本弱化规则，但在某些情况下，有债务/债权比例要求。

对非居民支付股息和分公司利润汇出，预提税均为 10%，对非居民支付利息预提税为 15%；若金融机构支付给税收协定国的居民公司，则预提税为 10%，对于政府部门支付的利息，免预提税。对非居民支付专利权、租金、管理费、咨询费和资本利得，预提税均为 15%。

泰国已经签订 61 个税收协定，在泰国与各国签订的税收协定中，与中国台湾省签订的税收协议中规定，持股在 25% 以上时，股息预提税为 5%，与其他国家签订的税收协定中规定，股息和利息预提税均在 10% 以上。特许权使用费，泰国与爱尔兰、以色列、意大利、韩国、毛里求斯、缅甸、荷兰、挪威、波兰、西班牙、瑞士、塔吉克斯坦、英国和美国协定，文学、艺术和科学作品的特许权使用费预提税适用 5%、8% 或 10% 的低税率。

中国与泰国协定：持股在 25% 以上，股息预提税为 15%，否则为 20%，分公司利润汇出不征税。利息预提税为 10%，特许权使用费预提税为 15%。持股在 10% 以上，可以间接抵免，有税收饶让。利息免税金融机构包括：中国人民银行、在央行授权范围内进行活动的中国银行、双方主管当局随时同意的政府全资拥有的金融机构。

第四节　菲律宾的税收政策

菲律宾（Republic of the Philippines）是以间接税为主的国家，实行中央和地方分级征税制度。现行的主要税种有公司所得税、个人所得税、增值税、社会保障税、不动产税、薪酬税、财产转让税等。

一、菲律宾的流转税政策

关于菲律宾的流转税政策，这里主要介绍菲律宾的增值税政策、消费税政策和关税政策。

（一）菲律宾的增值税政策

在菲律宾境内从事销售商品、提供劳务和进口商品等行为均属于增值税的征收范围。增值税的征税范围包括：纳税人出售、易货、交换或出租货物及财产的行为，应税服务的销售或交换，进口应税货物以及视同销售行为。从事上述业务的实体和个人，都是增值税纳税人。

纳税人在 12 个月内的应税销售收入超过 100 万比索，则必须登记为增值税纳税人。如果广播或电视的特许经营者年应税销售收入超过 1000 万比索，则应完成税务登记。如果一个专业人士在过去 12 个月或预计未来 12 个月内的应税销售收入超过 100 万比索，则该专业人士应按 12% 缴纳增值税；如果过去 12 个月内的应税销售收入低于 100 万比索的，则应按 3% 缴纳增值税。

无须强制登记的纳税人，可自愿申请税务登记；自愿注册为增值税纳税人的企业，在注册登记 3 年内不可申请注销。自愿申请税务登记的情况包括：总应税收入不超过 300 万比索的纳税人；广播或电视的特许经营者年应税销售收入不超过 1000 万比索。下列人员必须登记为非增值税纳税人：未登记为增值税纳税人的免税人员；12 个月内的应税销售收入少于 100 万比索的个人；在 12 个月内营业收入不超过 300 万比索，在菲律宾从事非股票业务、非营利性组织或者各类协会；合作社（电气合作社除外）；年收入不超过 1000 万比索且未自愿登记为增值税纳税人的广播电视机构；在菲律宾经济区管理局（PEZA）和其他经济特区享受 5% 的优惠税率的法人实体。

菲律宾不允许集团公司合并登记，集团的成员公司必须分别单独进行增值税登记。

在菲律宾没有经营活动或者固定的营业场所的"无机构经营实体"可不进行增值税税务登记，通过预提税缴纳程序来完成纳税义务。无机构经营实体不需要指定税务代理人，由购买方在支付款项时，履行代扣代缴义务。

根据反向征税制度规定，购买方收到货物或服务时，应完成代扣代缴义务。发生国内销售业务的，购买方在向销售方支付款项时，政府需要先征收 5% 的预提税；剩余 7% 的增值税再由销售方申报纳税。从"无机构经营实体"的外国法人购买服务、产权、租赁财产时，在支付款项前，必须按 12%

的税率履行代扣代缴义务。

通过网上商城或电商平台销售的纳税人应在管辖区的税务机关完成税务登记。

增值税纳税人要申请登记为增值税纳税人，应在开展经营活动之前提交注册申请表，并通过代理银行缴纳 500 比索的年度注册费；经税务机关审核合格后，将发放税务登记证。

纳税人注销税务登记的情况包括：纳税人向税务机关提交书面材料证明在未来 12 个月内应税销售收入不超过 100 万比索；纳税人停止营业的，在未来 12 个月不会再重新开展业务；独资企业的所有权发生变更的；合伙企业或公司解散的；因合并被解散的；在开业前进行税务登记后，因各种原因最终未营业的。

1. 增值税的税率

菲律宾的增值税税率有 12%、0 这 2 种。其中，标准税率为 12%，适用一般的销售商品或提供劳务的情形。

零税率的项目主要适用出口业务、国际船运或航空运输服务、再生能源（如太阳能、风能）等。免税项目适用农产品、海产品、家畜、种畜、食品、农资、饲料、教育、医疗、报纸杂志、国际运输、文化服务、年应税收入低于 300 万比索的销售。

2. 增值税计税的主要内容

商品和服务交易税的纳税义务发生时间又被称为"可征税时间"或"纳税时点"。进口货物在海关放行前纳税义务发生；货物销售或视同销售、易货或交换，在交易发生时纳税义务发生；分期付款的，以每次付款时为纳税义务发生时间；财产使用或租赁、提供劳务的纳税义务发生时间为在实际付款时或合同规定的分期付款时间。

以收取保证金或预付账款形式的销售行为，纳税义务发生时间为收到款项之日。预付保证金实质上是预付租金的，则应当月纳税；如果预付保证金不是租金的构成部分，则不用缴纳增值税。连续销售应税货物或提供劳务，以每次收款时间为纳税义务发生时间。经批准的发出商品或退回商品的纳税义务发生时间，没有特殊规定，参照上述一般规定执行。寄销商品在发出 60 日后仍未确认销售的，视同销售，但在 60 日内被退货的除外。适用反向征税的服务，应在付款之日确认纳税义务发生时间。

可抵扣的进项税额是指纳税人出于应税生产经营的活动的目的而购入的商品和劳务（也包括适用反向征税制度的服务）所产生的进项税额。抵扣进项税应持有合格的增值税发票。购进用于非生产经营活动的商品和服务而产生的进项税额不得抵扣。

纳税人同时经营应税和非应税业务的，应分别进行核算；与应税项目相关的进项税可以抵扣，用于非应税业务的不可抵扣。应税和非应税业务不能直接区分的，根据税法规定的分摊方法按各自价值所占比例来确定可抵扣进项税金额。

资本货物是指使用年限比较长的资本性支出（如固定资产）；其进项税可全部抵扣。如果 1 个月内购入资本货物的购置成本超过 100 万比索，使用寿命超过 5 年的，按直线法分 60 个月等额抵扣进项税；使用寿命低于 5 年的，按实际使用月数平均抵扣进项税。购入不超过 100 万比索的资本货物，允许从当月销项税中抵扣该资本货物的进项税。

符合退税条件的，纳税人应在 2 年内申请退税，退税申请与证明材料一并交至税务机关。税务机关应在 90 天内审核完毕，如果税务机关无正当理由拒绝退税的，纳税人可在 90 日内提出申诉。

因发生坏账核销所对应的增值税，菲律宾对此没有特殊规定，参照上述一般规定执行。在税务登记日期之前发生的进项税，一律不得抵扣。

在菲律宾既未设立常设营业机构，又未完成税务登记的，其进项税不得抵扣。

3. 增值税的税收征管

纳税人销售应税货物或提供应税劳务的，必须向购买方开具标准的税务发票。开具税务发票的资质由税务机关核定授予，有效期为 5 年。税务发票是抵扣进项税的必要的依据。

贷记单据可以用来减少对商品或服务征收增值税和增加可抵扣的进项税。贷项通知单应载明开具理由和各种法定信息，且与原增值税发票能产生交叉认证。

如果在 TRAIN（2018 年 1 月 1 日颁布）生效 5 年内，菲律宾能够建立存储电子发票数据的系统，税务机关将要求从事商品和劳务出口、电子商务业务的纳税人统一开具电子发票。但目前无强制开具电子发票的要求。

在菲律宾，不允许开具简易发票，也不允许纳税人自开发票。

如果有证据能表明货物实际已经从菲律宾出口，则出口商品按零税率征税。需要的证据包括以下凭证：海关文件、注明零税率的发票、提货单等。

经税务机关批准，可以使用外币开具发票，但必须按规定的汇率折算成比索。

企业对个人的销售业务（B2C），菲律宾没有特殊的发票规定。因此，在菲律宾完成税务登记的企业有义务向所有客户开具完整的税务发票，无论客户是否要求其开具。

纳税人应该保存好会计资料（包括子公司的会计资料和其他会计记录）等，保存期要至少满 10 年。菲律宾允许纳税人采用电子方式保存会计资料等。

采用手工申报的纳税人，应在纳税月度结束后的次月的 20 日内完成纳税申报；同时，在每季度结束后的 25 日内提交季度纳税申报表。采用电子申报的，根据行业性质不同，一般要求在月度结束后的 21~25 天完成申报；提交增值税预提税的纳税申报表应在发生交易的次月的 10 日内完成。纳税人缴纳税款的截止日期与纳税申报的截止日期一致。菲律宾不需要提交年度纳税申报表，也没有电子申报表。纳税人还应提交补充申报材料（购销汇总清单），如果每季度应税销售收入超过 250 万比索，还应补充提交销售收入摘要清单。

纳税人逾期登记或未登记的，处以相当于应缴税款的 25% 的罚款。

纳税人逾期提交纳税申报表和逾期缴纳税款的，处以相当于欠缴税款的 25% 或 50% 的罚款，另外，每月按欠缴税款的 12% 利率处以罚款。此外，逾期提交纳税申报表的，面临责令暂停营业的处罚。

纳税人开具的增值税发票、收据等存在不完整信息或有错误的，处以错开发票金额的 25% 或 50% 的罚款，按未改正的时间计算罚息（12% 的月利率）。如果错误发票导致季度未征税收入超过整个季度收入 30% 的，将被责令停业至少 5 日。如果未在发票上单独注明增值税销项税额的，根据情节严重程度处以 50 万~1000 万比索的罚款和 6~10 年的监禁。无正当理由未按期提交、保存各种税务清单、报表等资料的，处以 1000 比索的罚款。

故意欺诈、虚假报税导致的税基减少，将根据有关条例从重处罚。

4. 比例税

菲律宾对年度销售额不超过一定数额，且未进行增值税登记的经营主体，按交易额征收比例税（Percentage Tax），税率为 3%，但合作社可以免税。国内或国际运输人、车库管理人、特许权经营的税率为 3%；海外通信服务的税率为 10%、银行及类似非银行金融机构，税率为 0%～7%，人寿保险公司的税率为 2%，外国保险公司的代理机构税率为本国保险公司的 2 倍，娱乐业及奖金（如赛马奖金）的税率为 10%～30%；股票交易，在证交所处置的股票，由卖方支付，税率为 0.6%；对于首次公开发行销售或交易的封闭性公司股票，税率为 1%～4%。

（二）菲律宾的消费税政策

消费税适用在菲律宾生产或出产的用于本国消费、销售或以其他方式处置的商品以及进口的物件，消费税征税方式包括从量征收和从价征收两种。制造商、进口商、拥有者、产品最终消费者均为消费税的纳税人。消费税的征税范围主要包括酒类、烟草类、石油产品、汽车、奢侈品或非生活必需品（如珠宝玉石、香水、游艇等）、矿产品（如煤炭、焦炭等）。

征消费税的酒类包括蒸馏酒类、普通酒和发酵酒，征税方式采用从价征税和从量征税。蒸馏酒从价税率为净零售价的 25%，从量税为每升 40 比索；2020 年从量税提升至每升 45 比索，2021 年提升至每升 50 比索，2022 年提升至每升 55 比索。气泡酒或香槟酒税率为每升 335 比索或每升 937 比索。葡萄酒根据酒精含量，按每升 40 比索或每升 80 比索征税。啤酒、麦芽酒及其他发酵酒税率为每升 40 比索，2020—2022 年，每年每升提高 5 比索。自 2023 年 1 月起，所有酒类的消费税每年提升 10% 的税率。

自 2020 年起，雪茄及香烟的税率为每包 45 比索，2021—2023 年，其每年每包的税率提高 5 比索；加热烟草（Heated tobacco）的税率为每包 25 比索，2021—2023 年，其每年每包的税率提高 2.5 比索；自 2024 年起，所有烟草每年的税率提升 5%。石油类产品使用从量计税，2020 年 1 月起，根据石油产品种类的不同，税率每升或每千克 4 比索至每升或每千克 10 比索。汽车售价低于 60 万比索，税率为 4%；60 万～100 万比索，税率为 10%；100 万～

400 万比索，为税率 20%；超过 400 万比索，税率为 50%。混合动力的汽车，税率为 50%；纯电动汽车和皮卡免消费税。含糖饮料，税率为每升 6 比索或每升 12 比索；使用纯椰汁糖或纯甜菊醇糖苷的饮料，免消费税。蒸汽类产品，2020 年为每毫升 37 比索，2021—2023 年，每年每毫升提高 5 比索，自 2024 年 1 月起税率每年提高 5%。金银珠宝、游艇等消费税税率为 20%。煤炭和焦炭等矿产品 2020 年税率为每吨 150 比索，其他应税矿产品一般税率为矿石价值的 4%。单纯为了美容进行的整容手术的消费税税率为 5%。

（三）菲律宾的关税政策

进口商品需要缴纳关税，关税的纳税时间一般为商品从海关或保税仓库放行或取回时。根据商品的分类不同，菲律宾的关税税率一般在 0%～30% 之间。为保护本国农业，菲律宾对部分农产品（如畜牧和肉类产品、糖、蔬菜和咖啡）征收较高的关税，税率为 20%～50%。菲律宾采用了 WTO 评估协议，以发票价格作为关税计税基础。

菲律宾加入的自贸区包括东盟自贸区、东盟–中国自贸区、东盟–韩国自贸区、东盟–澳大利亚–新西兰自贸区、东盟–日本全面经济合作伙伴协定、东盟–印度自贸区、欧洲自贸区等，菲律宾正在逐步取消关税，大部分产品都被列入减税清单中，减税幅度在 10%～35% 之间。

符合保税区仓库条件的出口制造商，有 70% 产品出口的非居民企业或有 50% 产品出口的居民企业、拥有海关保税生产仓库的出口生产商，进口零部件和原材料的免税。

二、菲律宾的所得税政策

（一）菲律宾的公司所得税政策

居民公司是指依照菲律宾法律成立的公司，居民公司应就源自境内外的所得纳税。居民外国公司是指依据外国法律成立但在菲律宾有分支机构的公司，居民外国公司就源自菲律宾的净所得纳税。在菲律宾无分支机构的外国公司均为非居民公司，非居民公司就源自菲律宾的总收入纳税。

1. 公司所得税的税率

公司所得税税率为 30%，地区经营总部适用 10% 的税率。自开始经营的第四个应税年度起，按照总收入的2%征收最低公司所得税。非居民公司就其来源自菲律宾境内的毛收入，依30%的税率征税（再保险取得收入免税）。

境外银行（OBUs）向居民提供的外币贷款取得的利息，税率为10%。经菲律宾央行授权的境外银行从与非居民、境内商业银行、其他境外银行的外币交易中取得的收入，税率为0。从菲律宾银行取得的存款利息、货币性基金收入或类似收入的，税率为20%。在扩大外汇存款的制度下，居民公司和居民外国公司从存款银行取得的利息，税率为15%；非居民与境外银行、扩大外汇存款制度下存款银行的交易取得的收入，税率为0。

居民外国公司从菲律宾取得的特许权使用费，预提税税率为20%。在菲律宾开展国际运输业务的运营商取得的收入，预提税税率为2.5%。跨国公司总部取得的应纳税所得，如企业融资和咨询服务、培训和人员管理、物流服务等，预提税税率为10%。非居民或菲律宾居民公司出租船舶收取的租赁费，预提税税率为4.5%。非居民出租飞机、机械和设备，预提税税率为7.5%。非居民电影发行人取得的放映收入，预提税税率为25%。取得国外贷款利息，预提税税率为20%。

2. 公司所得税计税的主要内容

用于公司所得税的收入计算方式必须符合按照纳税人常用的会计方法来处理，该方法应全面清晰地反映出各项应税收入。

资本利得实行分类纳税，适用于公司和个人。出售非商业用途不动产的利得，按照出售价和公允市价较高者的6%征税。出售非上市公司股票的利得，10万比索以下的部分，征税5%；10万比索以上的部分，征税10%。从2018年1月1日起，如果卖方是菲律宾居民个人、居民公司、居民外国公司，统一按15%的税率征税。出售上市公司股票的利得，按照出售总价的0.6%征税；首次公开发行股票的私人控股公司的股票出售、易货、交换或其他处置，按股票销售价格的1%、2%或4%征税。

居民公司和居民外国公司在境内获得的股息不纳税。非居民公司取得股息，如果符合以下情况，税率由30%变为15%：非居民公司所在国不对源自外国的收入征税；非居民公司所在国允许在菲律宾缴纳15%的税作为抵免额，即30%的正常的所得税的税率与15%的股息所得优惠税率之间的差额；该股息在非居民所在国不征税。

特许权使用费的税率为20%，但如果特许权使用费是源自鼓励行业，则可减免30%的公司所得税。

与生产经营业务相关的费用或损失，如利息费用、税金、坏账、慈善捐赠、其他捐赠、缴纳的养老保险等，可在税前扣除。利息费用的扣除限额相当于已缴纳最终利息税的利息收入的33%；为取得用于贸易或业务的财产而产生的利息，可申请全额扣除或直接计入资本支出中。

免税收入主要包括人寿保险收益、退还的保单费用、政府国债利息、根据税收协定的免税收入、持有超5年的到期债券的收益、赎回共同基金公司股票的收益。

纳税年度内发生的与生产经营有关的，不能资本化或不能作为递延费用的研发支出，可在税前扣除。

存货一般按照成本或按照成本和市价孰低法确认，不允许采用后进先出法核算存货价值。存货的计价方法必须与用于财务报告目的的方法一致。

纳税人在生产经营过程中依法采用合理的方法计提的折旧和摊销，可税前扣除；居民外国公司只能税前扣在于菲律宾的财产计提的折旧和摊销。

允许居民公司税收抵免，实行限额抵扣。居民企业取得的境外所得，已经按所得来源国的税法规定计算缴纳了所得税，可在计算菲律宾所得税应纳税额时抵扣，或者将该部分所得从应纳税所得额中扣除。但居民外国公司不得将在国外支付的税款，抵扣来自菲律宾的应纳税所得。

经营亏损可向后结转3年，当所有权发生重大改变时，亏损不得向后结转。不当留存收益需征收10%的附加税。外国居民公司获得的特许权使用费的20%征税。居民公司和居民外国公司取得源自菲律宾境内的股息，免税。菲律宾没有参股免税规定，没有合并申报纳税规定。

3. 公司所得税的税收优惠

《综合投资法》规定在投资委员会注册的国内外企业，可享受一定的公司所得税免税期，并可享受免除其他税费的优惠。在菲律宾经济特区管理局（PEZA）或在经济特区内注册的企业，可享受一定免税期（先进公司为6年，非先进公司为4年）或其他特殊税收优惠，免税期结束后按5%的税率征公司所得税。

分公司汇往总部的利润，税率为15%，但不包括注册在经济特区管理区的经营活动所产生的利润；外国公司从菲律宾取得的股息、利息、特许权使用费、租金和类似收入，除非与菲律宾的贸易或业务有关，否则，将不被视为分支利润。

欠发达地区的税收优惠包括：先进公司所得税免税 6 年，非先进公司所得税免税 4 年，到期可申请再延长 3 年，但最长总优惠期限不得超过 8 年。扩张型的出口导向公司也可享受 3 年的免税期。重大基础设施相关成本可全部税前扣除。新成立的劳动密集型企业，5 年内新增劳动力成本可加计 50% 在税前扣除。进口或国内养殖或种植的种畜和遗传物质在 10 年内免税。此外，还免除进出口增值税、关税、码头使用费等。

符合《出口发展法》的规定，出口增量可享受一定的所得税减免。

4. 公司所得税的税收征管

纳税人可以采用日历年度或会计年度作为纳税年度。

纳税人必须在纳税年度的前 3 个季度的每个季度结束后的 60 天内提交季度纳税申报表，并在年度结束后的第 4 个季度的 15 日内，完成年度纳税申报表的提交或调整；在纳税申报时一并缴纳公司所得税。

（二）菲律宾的个人所得税政策

菲律宾的居民纳税人包括：居住在菲律宾的菲律宾公民、一年中在菲律宾居住超过 180 天的个人。居民纳税人就其源自菲律宾境内外的所得，缴纳个人所得税。非居民个人仅就其源自菲律宾境内的所得，缴纳个人所得税。

1. 计税收入

雇佣所得是指雇主依据雇佣关系向雇员提供的现金或实物收入，主要包括：工资、薪金、奖金、津贴、董事会费用、附加福利、应税养老金等类似的收入。从 2018 年起，个人缴纳的额外医疗和住院保险费用，也纳入个人所得税的征税范围。

附加福利是指雇主以现金或实物方式提供的福利，包括住房、汽车、家政服务、以优惠利率贷款给雇员、为雇员承担的娱乐费用、海外旅行费、援助的教育费、超过标准的人寿和医疗保险费用等。雇主提供的附加福利，应按福利价值作为计税基础征收附加福利税（Fringe benefit tax），最终的税率为 35%。支付给未在菲律宾从事业务活动的非居民外国人的福利，应按福利价值作为计税基础，税率为 25%。

下列各项额外福利属于非应税收入：根据特别法给予免税的额外福利；为了雇员退休、保险和住院福利计划所交纳的费用；给予普通员工的福利；由菲律宾财政部参照国家税务局局长的建议发布规章中所规定的最低福利。

经营所得（Business income）指个人提供连续的个体经营活动而取得的收入，也包括个人提供服务取得的收入。提供货物或服务的居民供应商，包括在菲律宾的非居民外国人，按货物销售额的 1% 预扣个人所得税，服务的销售额按 2% 的税率预扣个人所得税。如果个人提供专业服务活动，年度收入超过 300 万比索或个人完成了增值税的注册登记（无论收入多少），都要按照 10% 的税率预扣个人所得税。租赁收入视为经营所得，按适用税率征税。

董事费，如果雇员在同一家公司取得董事费，那么其作为雇佣所得计征个人所得税。如果是非本公司的雇员担任董事，将按业务收入来计征个人所得税。如果当年的总收入超过 300 万比索，则按 10% 的税率征税，否则，按 5% 的税率计税。

投资收益包括：股息、利息、权益提成收入（如著作权使用费、专利权使用费等）、分红利润收入。存款利息、信托基金类型金融存款产生的收益，按 20% 的税率预扣个人所得税；但长期存款和长期投资的利息可免征个人所得税。纳税人的长期存款在 5 年内提取的，产生的利息将按 5%~20% 的税率征税。居民的外币存款利息税率为 15%，非居民的外币存款利息免税。居民和外籍居民从菲律宾居民公司取得股息、合伙企业分红，适用的税率为 10%。在菲律宾从事贸易、经营业务的非居民外国人取得投资收益按 20% 的税率征税，对非以上从业范围的非居民外国人的投资收益按 25% 的税率征税。一般的特许权使用费税率为 20%，书籍、文学作品和音乐作品按 10% 征税。

雇主提供给雇员的股票期权，在行权时而不是授权时征税，应纳税所得额等于行权日股票市场价格减去行权价格和交易费用之差，被视为附加福利征税。

资本利得包括出售个人动产以及不动产资产、股权、证券等取得的所得；转让资产形成的资本损失可以在资本利得范围内扣除。转让菲律宾境内的不动产形成的资本利得税率为6%；在税基为不动产的销售价格和市场价格中，以二者较高的为准。转让未上市公司的股份取得的利得，税率为15%；出售上市公司股票免征资本利得税，但应按股票销售价格的0.6%征收股票交易税。居民出售外国公司的股份，按正常的资本利得税的税率征税。

2. 税收扣除

个人纳税人支付的医疗健康保险的保费，当一个家庭的纳税年度总收入不超过250000比索时，该家庭每年所支付的此项保费不超过2400比索，或纳税人每月为自己或其家庭所支付的该项费用不超过200比索，此费用可以从其总收入中扣除。对于已婚人士，只有为受养人主张额外免税的夫妻中的一方才有权扣除此项费用。雇主为雇员提供的医疗保险费，可免缴个人所得税和附加福利税。

可选择的扣除标准（OSD），与个体经营活动直接有关的合理费用可税前扣除，纳税人可选择税前扣除必要的专业费用、利息费用、损失、坏账、折旧和摊销、慈善捐赠等；也可选择直接按收入总额的40%进行扣除。在年度申报表中一旦注明扣除方式，将不得更改。

根据菲律宾的税法规定，以下14项收入不征税，在计算个人所得税时予以扣除：

①人寿保险。在受保人去世时支付给继承人或者受益人的保险金，但不包括保险人基于支付利息的协议取得的利息数额。②被保险人取得的退保金额。③赠与、遗赠。通过赠与、遗赠和继承取得的财产价值，但不包括转移所分割权益时由该财产取得的所得。④伤害和疾病补偿。基于事故或健康险或劳工赔偿条例，取得的作为人身损害或疾病的补偿，也包括由此类损伤或疾病（无论是通过起诉还是协议）取得的损害赔偿。⑤税收协定项下的免税所得：根据菲律宾所签订的条约享受免税待遇的所得。⑥退休金、养老金、遣散费等。退休的职工为同一雇主工作了至少有10年且退休时不小于50岁。此优惠只能使用一次。⑦由外国政府取得的所得：外国政府，由外国政府控制或所有的金融机构，及外国政府建立的国际或区域金融机构，通过贷款、股份、债权或其他国内证券的方式投资于菲律宾取得的所得，或是从菲律宾银行的储蓄取得利息。⑧由政府或政府分支机构取得的所得。由公共设施或行使政府基本职能而取得的可归于菲律宾政府或其分支机构的所得。⑨奖励

和奖金。对于在宗教、慈善、科技、教育、艺术、文学或公民领域所取得成就的认同而颁发的奖项和奖金。⑩在体育竞赛中取得的奖励或奖金。该体育竞赛可以在菲律宾境内或境外举行。⑪十三薪和其他福利。由政府官员和私营实体的雇员取得的福利，免除额不超过90000比索。⑫政府服务保险制、社会保障制、医疗保险和其他资助。⑬销售债券、企业债券或其他5年以上的负债证明取得的收益。⑭赎回共同基金份额取得的收益。

3. 个人所得税税率

居民纳税人雇佣所得的个人所得税使用5%~32%的超额累进税率，具体如表3-8所示。

表3-8　居民纳税人雇佣的个人所得税超额累进税率表

应纳税所得额（比索）	累计税额（按最高所得计算）（比索）	税率（%）
≤250000	0	0
>250000，≤400000	30000	20
>400000，≤800000	130000	25
>800000，≤2000000	490000	30
>2000000，≤8000000	2410000	32
>8000000	——	35

2023年1月1日起，菲律宾将采用以下个人所得税税率，如表3-9所示。

表3-9　居民个人所得税超额累进税率表

应纳税所得额（比索）	累计税额（按最高所得计算）（比索）	超额税率（%）
≤250000	0	0
>250000，≤400000	22500	15
>400000，≤800000	102500	20
>800000，≤2000000	402500	25
>2000000，≤8000000	2202500	30
>8000000	——	35

雇主提供给雇员的附加福利，应按35%的税率征收附加福利税，支付给非居民外国人（未在菲律宾工作）的福利，税率为25%。

跨国公司负责管理和技术的部门雇佣的雇员取得的总收入，按15%的优惠税率缴纳个人所得税。个体经营或从事专业服务活动的人士对总销售额或毛收入和其他营业外收入超过25万比索部分按8%的税率征税，低于25万比索的部分按上述累进税率征税。个人既有雇佣所得又有个体经营或专业服务活动收入的，如果销售总额和/或总收入及其他营业外收入不超过增值税的起征点，税率为8%；超过的将按上述累进税率进行征税。

个人经营的亏损可向后结转3年，除非25%以上的股权发生过变化。

菲律宾按日历年度作为纳税年度，年度终了后，纳税人应在次年4月15日前完成纳税申报和缴纳个人所得税。如果纳税额超过2000比索，可分两次缴纳，第一次缴纳在纳税申报时，第二次缴纳是在次年的10月15日之前完成的。逾期提交纳税申报表或缴纳税款的，将处以欠缴税款的25%且不超过50000比索的罚款，并按年利率的12%征收滞纳金。

4. 遗产税和赠与税

遗产税按遗产价值的6%的税率征税，无论继承人是否居住在菲律宾，继承菲律宾的财产将缴纳遗产税。遗产价值免征额为5500万比索，税前还允许扣除被继承人死亡前1年内支付的医疗费，以50万比索为限。

取得赠与物时，需缴纳赠与税，税率为6%，免征额为25万比索。向政府、教育、慈善、宗教、文化或社会福利企业、机构等组织进行捐赠，受赠人将不超过30%的部分用于管理目的的，可免税。

三、菲律宾的其他税收政策

对拥有不动产的所有人征收不动产税，以评估价值为计税基础。位于非城市地区的税率为1%，位于城市地区的税率为2%。

印花税的征税范围包括单据、文书、贷款协议，以及证明接受、分配、销售、转移某一责任、权利或资产的文件。纳税义务人为上述文件的制作者、合同方、接收者或转移者；根据凭证类型，税率为2~3000比索不等。

所有在菲律宾工作的个人都应缴纳社会保障税，缴纳基数为工资总额，雇员税率为4%，由雇主代扣及代缴，雇主税率为8%。个人经营者和自由职业者也必须缴纳社会保障税。社会保障税最低为每月1000比索；月工资超过

19750 比索的雇员，雇主为每位雇员每月最高缴纳 1630 比索的社会保障税，雇员最高缴纳 800 比索的社会保障税。

四、菲律宾的涉外税收政策

菲律宾采取自由的外汇政策，对资本、利润或收入的汇出不受限制。外国贷款和外国投资经在菲律宾中央银行登记后，才可以使用银行系统的买卖服务。

向境外贷款获得的利息收入，分不同情况征 10% 或 20% 的税。股息所得没有参股免税规定。菲律宾对境外收入已纳外国税收，实行限额抵免。

2013 年，菲律宾正式颁布了转让定价规则，该规则基本上采用了经合组织转让定价指南中的公平交易标准。菲律宾没有资本弱化规则，无受控外国公司规定。

如果非居民外国公司所在国允许 15% 的税收抵免，股息则征收 15% 的预提税，否则，征收为 30% 的预提税。支付给非居民的利息，预提税为 20%。支付给非居民的特许权使用费，预提税为 30%。支付给国内公司或居民外国公司的特许权使用费征收 20% 的最终预提税。技术费视同特许权使用费对待。支付给非居民其他款项的预提税：管理费为 30%，船舶租金为 4.5%，飞机、设备、器械等的租金为 7.5%。分公司税后利润汇出，征收预提税为 15%。

菲律宾已经与 43 个国家签订了避免双重征税协定，在菲律宾与各国签订的税收协定中，股息预提税涉及 5% 的国家只有德国与墨西哥（均要求持股 70% 以上），利息和特许权使用费预提税均在 10% 及以上，没有特别优惠的税率。

中国与菲律宾协定：持股为 10% 以上，股息预提税为 10%，否则为 15%。分公司利润汇回，预提税为 10%。利息预提税为 10%，文学、艺术、著作等版权预提税为 15%，其他特许权预提税为 10%。无间接抵免，无税收饶让。

第五节　马来西亚的税收政策

马来西亚（Malaysia）是英联邦成员国，由 13 个州和 3 个联邦直辖区组成。马来西亚的税种主要包括公司所得税、个人所得税、销售税、消费税、关税、不动产资本利得税等。

一、马来西亚的流转税政策

关于马来西亚的流转税政策，这里主要介绍马来西亚的增值税政策（销售税和服务税）、消费税政策和关税政策。

（一）马来西亚的增值税政策

马来西亚征收的销售税和服务税，实际上是增值税。销售税是单一环节税，征税范围包括在马来西亚生产并用于销售、自己使用或处置的商品，进口到马来西亚的商品。从事上述业务的实体和个人，都是增值税的纳税人。

销售税和服务税的纳税义务人必须依据马来西亚的税收法规进行税务登记，包括：①12 个月内，应税销售额超过 50 万林吉特；有充分理由认为 12 个月内，未来应税收入超过 50 万林吉特，如专业工程师服务、快递物流服务、停车场、咨询类服务等。②从事报关代理的服务商、受中央银行监管的信用卡服务商无论是否应税收入超过 50 万林吉特，都必须进行税务登记。③应税销售额超过 150 万林吉特的，如美食街、酒店、咖啡厅、酒吧等餐饮服务。

以下生产制造商免于销售税税务登记：非应税产品制造商、未达到税务登记门槛（50 万令吉）的制造商、未达到税务登记门槛的承包商。进口商可不讲行税务登记，销售税由海关在商品进口报关时征收。

如果纳税人的应税销售额低于登记门槛的，可自愿申请税务登记。

集团公司的各子公司或分支机构应分别在经营所在地的税务机关完成税务登记。

"无机构经营实体"是指在马来西亚没有经营活动或者固定的营业场所

的外国经营者。若无机构经营实体为马来西亚客户提供数字服务的应税销售额超过 50 万林吉特，应在超过应税门槛的次月月末完成税务登记。

根据反向征税制度规定，从境外进口服务的马来西亚购买者，应按 6% 的税率代扣代缴服务税。

自 2020 年 1 月 1 日起，在 12 个月内，外国服务供应商向马来西亚客户提供的数字服务的应税收入若超过 50 万林吉特，应在马来西亚进行税务登记。从事网上商城、电商平台销售、数字服务的经营者，如果应税销售额超过纳税登记门槛，应按规定完成税务登记。

按税法规定，纳税人应在达到税务登记条件的次月月末之前，在税务官方网站提交税务登记申请表；经税务机关审核其合格后，将发放税务登记证。

企业停止营业的 30 日内必须向税务机关提出注销登记。

1. 增值税的税率

马来西亚的销售税率有 10%、5% 和 0 这三种。其中标准税率为 10% 适用一般的销售商品情形。低税率 5% 适用于食品、建筑材料等，零税率适用食物原材料（如肉类、蔬菜、海鲜等），砖头、木料和瓷砖，自行车及非机动自行车（包括三轮车），卡车和摩托车。以下为免征销售税或可退税的特殊情况：州和联邦政府部门、地方当局、通关仓库、免税店等销售的商品，生产或采购用于生产活动的原材料、零部件、包装物等非应税商品。

服务税的税率为 6%，适用法律服务、会计、审计服务，评估、地产代理服务，工程服务，建筑服务，咨询服务，信息技术服务，管理服务等。2019 年 1 月 1 日起，通过反向征收对马来西亚客户征收 6% 的服务税。从2020 年起，B2C 海外服务供应商需注册和征收 6% 的服务税。

2. 增值税计税的主要内容

销售税和服务税的纳税义务发生时间又被称为"可征税时间"或"纳税时点"。销售税的纳税义务发生时间为销售或处置商品的时间。服务税的纳税义务发生时间为收到服务款项的时间，如果在开具发票之日起满 12 个月仍未收到款项，仍以期满之日为纳税义务发生时间。适应反向征税制度的进口服务的纳税义务发生时间，以付款日和开具发票日一方较早的为准。

以收取保证金或预付账款形式的销售行为，马来西亚没有特殊规定，参照以下一般规定执行。一般情况下，纳税义务发生时间为收到款项之日。如果预付保证金实质上是预付租金的，则应收到款项的当月纳税；如果预付保证金不是租金的构成部分，则无须计税。

连续销售应税货物或提供应税劳务，付款方式无论是定期或不定期、部分支付或全部支付，纳税义务发生时间以收款日和开具发票日二者较早一方为准。

经批准的发出商品或退回商品的纳税义务发生时间，没有特殊规定，参照上述一般规定执行。

销售税和服务税都是单一环节税，对企业而言是一种成本，这种税不会在供应链中转嫁到客户和中间商，产生的进项税不能抵扣。购入资本货物、税务登记前发生的销售税和服务税，均不得抵扣。资产租赁不属于服务税应税范围。

纳税人符合退税条件的，可申请退税。销售税申请退税的情况包括：①纳税人缴纳销售税后6个月内出口应税货物的，可申请退税。②经税务登记后的制造商，从没有登记的制造商或个人处购入的货物（如原材料、组件或包装材料）仅用于制造应税货物的，可按购入货物总价值的2%或4%申请退税。③如果纳税人误缴或多缴销售税、附加税、罚款等，在符合条件的情况下，填写和提交规定的退税申请表来申请退税。服务税申请退税的情况：由于取消或终止服务，经登记的纳税人可申请退还该交易已缴纳的服务税；如果纳税人误缴或多缴服务税、附加税、罚款等，在符合条件的情况下，填写和提交规定的退税申请表来申请退税。

纳税人的坏账核销符合税法规定，可申请退还已经缴纳的销售税和服务税。纳税人必须在支付销售税和服务税之日起的6年内，提出退税申请。

3. 增值税的税收征管

纳税人销售应税货物或提供应税劳务的，必须向购买方开具标准的税务发票，可采用马来语或英语书写发票的详细信息。

应税交易取消、发票金额或税率变动，需要开具贷记单据来调减对商品或劳务征收的销售税或服务税。贷项通知单应载明开具理由和各种法定信息，且与原发票能交叉认证。

马来西亚允许开具电子发票，将开具的电子发票传输给客户，与纸质发票效力相同。经税务机关同意，纳税人可开具简易发票。马来西亚不允许纳税人自开发票。

如果有证据能表明货物已经实际从马来西亚出口，则出口货物按零税率征税。需要的证据包括以下凭证：海关文件、注明零税率的发票等。

可以使用外币开具发票，但必须按交易发生时的汇率折算成林吉特；进口应税货物或应税服务的，应按 RMCD 公布的汇率（每周更新）将外币转换为林吉特。

企业对个人的销售业务（B2C），马来西亚没有特殊的发票规定。因此，在马来西亚完成税务登记的企业有义务向所有客户开具完整的税务发票，无论客户是否为个人。

纳税人应该保存好销售税和服务税的税务资料，税务资料必须用马来语或英语记录，保存期要至少满 7 年。马来西亚允许纳税人采用电子方式保存会计资料等。向马来西亚的客户提供数字服务的已税务登记的海外供应商，应保存好数字服务的相关税务资料，以备税务机关查验。税务资料也可采用电子方式保存，如果是纸质手工记录，在转换为电子形式保存时，原手工记录也要保存。

纳税申报应每 2 个月提交一次。从 2019 年 1 月 1 日起，纳税人从海外供应商购入非应税服务，也应按规定填写和提交纳税申报表。纳税人应在纳税期间结束后的次月的最后一日前提交纳税申报表，如果未在此期间提交，则最晚不超过纳税期间结束后的 30 日。同时，不得晚于收到货款或开具发票的次月的最后一日。纳税人缴纳税款的截止日期与纳税申报截止日期一致。纳税人提交纳税申报表可通过邮寄、快递等方式完成。海外服务供应商提交纳税申报表应采用电子方式。马来西亚不需要提交年度纳税申报表，经税务机关批准，纳税申报期间可发生变化。一般情况下，纳税人不需要提交补充申报材料，如果纳税人有其他额外需要申报缴纳的税款，则允许补充提交。

纳税人逾期登记或未登记的，处以不超过 24 个月的监禁或不超过 3 万林吉特的罚款，或两者并罚。但情节严重，甚至达到犯罪的，税务执法官也有权做出处罚决定：初次违法的，处以应缴税款的 10~20 倍的罚款，或处以不超过 5 年的监禁，或两者并罚。再次违法的，处以应缴税款的 20~40 倍的罚款，或处以不超过 7 年的监禁，或两者并罚。

纳税人逾期提交纳税申报表和逾期缴纳税款的，一经定罪，处以不超过3年的监禁，或不超过5万林吉特的罚款，或两者并罚。从2018年9月1日起，滞纳金罚款包括：逾期不超过30日内，处以未缴税款10%的罚款；逾期30~60日的，处以未缴税款25%的罚款；逾期60~90日的，处以未缴税款40%的罚款；逾期90日仍未缴纳税款的，处以未缴税款40%的罚款或处以3年以下监禁，或两者并罚。

纳税人提交错误的纳税申报表的，如缺少必要信息、少报销售税或服务税、多报退税等，除依法追缴应缴税款外，还处以不超过3年的监禁或处以不超过5万林吉特的罚款，或两者并罚。

由于故意欺诈、虚假报税来逃避销售税和服务税的纳税义务的，初次违法的，处以应缴税款的10~20倍的罚款，或处以不超过5年的监禁，或两者并罚。再次违法的，处以应缴税款的20~40倍的罚款，或处以不超过7年的监禁，或两者并罚。

（二）马来西亚的消费税政策

马来西亚对特定的产品在生产和进口环节征收消费税，包括酒类〔啤酒、黑啤酒、苹果酒、米酒、蜂蜜酒和烈酒（白兰地、威士忌、朗姆酒和杜松子酒等）〕、烟草类、机动车辆和纸牌等。上述产品出口免征消费税。

消费税的税率从酒类最低的每升0.1林吉特（从量税）和15%（从价税）的税率至最高的汽车的105%的税率。

（三）马来西亚的关税政策

马来西亚对进口货物和部分出口货物征收关税。

进口关税一般是从价税，也有部分货物按特定税征税。根据相关自贸协定规定，原产于中国、日本、韩国、巴基斯坦、澳大利亚、新西兰、印度、智利和东盟国家的符合条件的马来西亚商品，可根据相关自由贸易协定享受关税优惠。依据中国—东盟自贸区协定，目前双方大部分进出口产品免征关税，部分商品协定征税。进口关税的从价税率为0%~60%不等，进口原材料、机械、基本食品、药物及与旅游有关的产品和日常用品一般不征关税或税率较低。将货物运入保税区或在保税区提供的货物，一般不需要缴纳关税。

通常对该国的原油、原木、锯材和棕榈油等征收出口关税，适用从价税，税率在0%~20%。

二、马来西亚的所得税政策

（一）马来西亚的公司所得税政策

居民公司指实际管理和控制机构在马来西亚的公司。居民公司和非居民公司均需源自马来西亚的收入纳税，源自境外的收入无须在马来西亚纳税（除银行业、保险业、航空公司、船运公司以外）。

1. 公司所得税的税率

2016年起，公司所得税税率降为24%，注册资本低于250万林吉特的中小企业应纳税所得额在50万林吉特以下部分，税率为17%，50万林吉特以上部分，适用正常税率；如果该中小企业被一家注册资本大于250万林吉特的公司直接或间接控股的，则不适用该优惠利率。从2020年起，中小企业年度总营业收入低于5000万林吉特且应税所得额在60万林吉特以下的部分，适用优惠税率为17%。

非居民企业取得在马来西亚提供特定服务和动产服务费、特许权使用费，税率为10%；取得利息收入税率为15%。马来西亚航运公司为航次租船、定期租船或裸船租船支付的租金，免预提税。10%的预提税税率，适用非居民公司取得的佣金、担保费等其他收益或利润。居民企业与非居民企业合作开发的石油，石油公司税率为38%，小微油田税率为25%。非居民公司，税率为24%，分公司利润汇回，不征税。

2. 公司所得税计税的主要内容

马来西亚的计税依据是经过审计的账务资料，但一般会根据税法做出某些调整。公司所得税以收入总额减除为取得收入发生的费用、损失和允许扣除的支出后的余额作为应纳税所得额计算征收。征税范围主要包括经营所得、股息、利息、租赁费、特许权使用费、佣金所得，其他利得和收益所得。

与生产经营有关的合理费用、坏账损失等均可税前扣除。下列费用可以双倍扣除：参加批准的交易会、展览或贸易活动的费用、海外贸易办事处办公费用、研发费用。从 2019 年 1 月 1 日起，马来西亚居民向注册在纳闽岛等公司支付的费用，不能税前全额扣除。

存货价值应按成本与可变现净值孰低法来计量，成本核算只能采用先进先出法。

计提的坏账准备、资产减值准备金等不允许税前扣除，只有在实际发生损失并核销时才允许税前扣除。

固定资产的折旧应按税法规定的法定比例税前扣除，不得采用账面折旧进行扣除。符合条件的资本支出可以采用加速折旧，包括厂房和设备、工业建筑物、儿童保育中心、员工宿舍、教育培训中心、机动车辆、办公设备、计算机设备、小额固定资产、农业和林业专用基础设施等。

出售股权的利得不征税，出售不动产及不动产公司股权的利得缴纳 5%～30% 的不动产资本利得税。自 2014 年 1 月 1 日起，马来西亚公司采用单层税制，对公司股息不征税，对境内利息收入征税。

马来西亚允许境外抵免，采用限额抵免。马来西亚通常对源自国外的收入不征税，从事银行、保险、运输或航空运输的居民公司需要进行境外税收抵扣。

自 2019 年起，企业亏损允许向后结转 7 个年度，未结转完的亏损不得再向后结转。2018 年及以前年度发生的亏损，只能向后结转至 2025 年。马来西亚对控股公司的费用扣除有限制，控股公司指以控制投资为主且总收入的 80% 以上源自投资收益的公司。

在马来西亚，居民公司可以组成一个集团抵免组，最多达 70% 的亏损可抵免组内其他公司的利润。集团抵免需要同时满足 4 个条件：发生亏损的公司和亏损抵免的公司均必须是居民公司；开业时投入资本在 2.5 亿林吉特以上；直接持股 70% 以上或被同一公司持股 70% 以上；当年双方均未享受税收优惠。

3　公司所得税的税收优惠

马来西亚对特定行业或公司的税收优惠如下：

①国家级的战略性重大投资、高新技术项目，5 年内免征公司所得税，到期后可申请再延期 5 年；5 年内的投资额可 100% 抵减当期公司 100% 的所得额。

②高新企业从事新兴技术的研发、符合特定条件的小规模企业，5年内免征公司所得税，5年内其投资额的60%可抵减当期公司100%的所得额。

③公司生产和制造专业机械设备、投资利用油棕榈生物质生产增值产品、酒店经营者在沙巴州等投资建设4星级或5星级酒店，10年内免征公司所得税，5年内其投资额的100%可冲减当期公司100%的所得额。

④现有的本地公司再投资生产重型机械、专业机械和设备，5年内70%的所得额免税，5年内其投资额的60%可冲减当期公司70%的所得额。

⑤提供职业技术培训公司、提供课程教育的私立高等教育机构，10年内其投资额的100%可冲减当期公司70%的所得额。

⑥总部在马来西亚从事区域业务或全球业务的居民公司，满足区域中心激励计划条件，10年内可享受0、5%或10%的优惠税率。

⑦由马来西亚人持股超过60%以上的注册在马来西亚的国际贸易公司，年度销售额不低于1000万林吉特，5年内其出口增加额的20%（最高不得超过法定收入的70%）免税。

⑧石油公司特定资本支出的60%可在10年内冲减当期所得额的70%。

⑨使用马来西亚船舶从事航运可享受70%的所得税的减免。

⑩批准的公共服务项目税收优惠：居民企业承担财政部批准的运输、通信、公共事业和服务项目，5年内其投资额的60%可冲减当期70%的所得额，工程建筑物可获工业楼宇补贴。

⑪信息通信公司取得与信息通信核心技术相关的所得，5年内免税，到期后可再延长5年。

环保税收优惠：生物技术产业公司，10年免征公司所得税，或以其5年内100%的投资额抵减100%的所得额；到期后，可再享受10年内按20%的优惠税率纳税的优惠。通过再生能源、提高能源效率，通过绿色建筑、绿色数据中心、再生资源等绿色技术取得的所得，5年内（截至2020年12月31日）可用投资额的100%抵减当期70%的所得额；新建和扩建的建筑项目，可享受加速折旧的待遇，进口原材料和机械免关税和增值税。矿山健康城市参与者可享受税收优惠。

再投资税收优惠：经营期已超过36个月的居民公司，投资于现代化、自动化或多样化的制造业务或投资经批准农业项目而发生的资本支出，15年内投资额的 60%可抵减当期公司 70%的所得额，如果生产率水平符合财政部门认可的，抵减额可不受 70%的比例约束。如果投资在 5 年内收回的，已享受的税收优惠应收回。

特定区域：吉隆坡国际金融区内从事公司信托、房地产投资信托、外国基金管理、风险投资等业务可享受一定的所得税、印花税等优惠；在 2020 年 12 月 31 日前，马来西亚对经济走廊中欠发达地区给了 15 年所得税免税或 10 年内资本支出全额抵减应税所得额；经济特区内生产型居民企业，可享受所得税、进口关税、奢侈品销售税等税收优惠。

4. 公司所得税的税收征管

公司的纳税年度一般与会计年度相同。马来西亚公司的所得税采用自我评估纳税制度，公司应在纳税年度结束后的 7 个月内提交纳税申报表。从 2014 年起，纳税申报采用电子方式完成，纳税申报应以经审计的账务资料为基础。若存在补缴税款，公司应当在收到通知后的 30 日内缴清。

公司必须依据预计的应纳税额按月分期缴纳，在每月 15 日之前缴纳。如有迟缴或不足分期缴税额会有 10%的罚款。如果应缴税额超过预缴税额的 30%，低估的税额部分也会有 10%的罚款。

（二）马来西亚的个人所得税政策

马来西亚的居民纳税人是指符合以下任一条件的个人：①在一个纳税年度内居住超过 182 天；②在一个纳税年度居住不足 182 天，但在相邻的纳税年度居住合计超过 182 天；③在四个纳税年度中有 3 个纳税年度居住超过 182 天；④在前 3 个纳税年度是居民纳税人。居民纳税人就其源自境内外的所得，缴纳个人所得税。非居民个人仅就其来源自境内的所得，缴纳个人所得税。

1. 计税收入

雇佣所得是指雇员就业获取的现金或其他形式的工资、薪金、奖金、休假补贴、提成、津贴或者补贴等。应税所得还包括雇员假期期间取得的收入，以及在马来西亚受雇但在境外取得的收入。雇主为雇员提供的子女教育津贴、雇员及亲属的旅游费用也属于应税范围；但下列所得可免税：在马来西亚境内不超过 3 次的旅游；在马来西亚境内外旅游费不超过 3000 林吉特。

雇员取得的下列津贴或补贴免税：每年不超过 6000 林吉特的因公出差的汽油、差旅费补贴，餐补，停车费，电话费，医疗津贴（包括生育费用、基本药物费用等）和牙科津贴等，雇主为雇员承担的搬迁费、抚恤金等。

经营所得指个人提供连续的个体经营活动而取得的收入，也包括个人提供服务取得的收入。自我雇佣所得是指个人从事会计、法律、医疗、艺人等专业活动取得的收入。在马来西亚产生的经营所得和自我雇佣所得均需纳税，居民将源自国外的收入汇入马来西亚不需缴纳个人所得税。支付给非居民承包商的款项，应按 13% 的税率预扣所得税（非居民承包商税率为 10%，承包商雇员税率为 3%）。非马来西亚居民的艺人从马来西亚取得的娱乐费用按 15% 的税率预扣所得税。

投资所得包括利息、股息、红利、租金、特许权使用费等。个人从国家规定的金融机构中取得存款利息是免税的。未满 55 周岁的个人（死亡或永久离开马来西亚的个人除外）从已批准的退休计划（PRS）中取得的款项，按 8% 的税率征税。2018—2020 年出租以下住宅取得的租金，减半征收个人所得税：每处住宅租金不超过 20000 林吉特；根据合法的租赁合同来租赁。非居民出租动产取得收入、技术咨询和服务、提供设备和机器安装服务、协助使用无形资产的服务、特许权使用费等，按 10% 的税率征税；取得的利息收入按 15% 的税率征税。

董事费收入被视为雇佣所得，来自马来西亚的董事费收入按雇佣所得征税，来自马来西亚以外的董事费收入不征税。

资本利得是指转让资本形成的收入，主要包括：销售不动产、动产、股份和有价证券取得的收入；马来西亚的资本利得一般不需要征税。在出售马来西亚的不动产以及出售马来西亚拥有大量不动产的公司股份时，应缴纳不动产利得税。从 2014 年 1 月 1 日起，马来西亚公民或永久居民处置应税资产形成的资本收益，应按以下税率征税：持有 3 年以上的，税率为 30%；持有 3~4 年的，税率为 20%；持有 4~5 年的，税率为 15%；持有 5 年以上的，税率为 5%。马来西亚居民和永久居民处置不动产住宅取得的收益，可享有一次免税优惠。非马来西亚的个人，转让持有期限不超过 5 年的应税资产，税率为 30%；超过 5 年的，税率为 5%。

雇主提供的股票期权，应按雇佣所得收入计税；股票期权的税基为员工支付的对价与市场价格之差；在股票期权行权时征税。

2. 税收扣除

用于购买生产性资产或投资的借款利息可税前扣除；向政府、行政机关及经税务机关批准的机构和组织捐献可税前扣除。

居民个人税前扣除标准如下：

个人每月可税前扣除 9000 林吉特；残疾人可额外税前扣除 6000 林吉特；配偶（无收入或联合申报纳税）可税前扣除 4000 林吉特；配偶或子女为残疾人的，加扣 3500 林吉特。

未满 18 周岁或年满 18 周岁但需要接受全日制教育的居民，扣除标准为 2000 林吉特；年满 18 周岁在马来西亚接受全日制高等教育的居民，扣除标准为 8000 林吉特。在马来西亚或国外接受高等教育的残疾人，扣除标准为 8000 林吉特；残疾儿童（除上述扣除外），加扣 6000 林吉特。

父母的医疗费用，最多可扣除 5000 林吉特；照顾父母费用（可与兄弟姐妹平均分担），最多不超过 1500 林吉特；为自己或家庭成员购买残疾人基本使用设备，最多可扣除 6000 林吉特。在马来西亚经认可的培训机构接受技能培训的学习费用，最多可扣除 7000 林吉特。

为自己或配偶支付的人寿保险费，最多可扣除 3000 林吉特，支付的公积金，最多可扣除不超过 4000 林吉特。私人退休计划和递延年金，最多可扣除 3000 林吉特；为自己、配偶和子女支付的医疗保险和教育保险费，最多可扣除 3000 林吉特。

因病为自己、配偶和子女支付的医疗费用（检查费，最多可扣除 500 林吉特），最多可扣除 3000 林吉特。儿童教育储蓄，最多可扣除 8000 林吉特。

基本生活费用（网络、报刊、书籍、智能手机、平板电脑、运动器材、健身房会员费）最多可扣除 2500 林吉特；6 岁以下儿童的托管费，最多可扣除 1000 林吉特。

与个体经营活动直接有关的合理费用可税前扣除，折旧和摊销应按直线法计算扣除，在取得资产的当年给予相当于资产价值 20% 的税前抵扣额。

个人经营亏损可无限期向后结转。

3. 个人所得税税率

居民纳税人雇佣所得的个人所得税使用 5%~28% 的超额累进税率，具体如表 3-10 所示。

表 3-10　居民个人所得税超额累进税率表

应纳税所得额（林吉特）	累计税额（按最高所得计算）（林吉特）	税率（%）
≤5000	0	0
>5000，≤20000	150	1
>20000，≤35000	600	3
>35000，≤50000	1800	8
>50000，≤70000	4600	14
>70000，≤100000	10900	21
>100000，≤250000	46900	24
>250000，≤400000	83650	24.5
>400000，≤600000	133650	25
>600000，≤1000000	237650	26
>1000000	—	28

非居民取得收入按 28% 的税率纳税。自 2015 年 12 月 31 日前，在依斯干达开发区（Iskandar Development Region）的知识工作者，如果至少 3 年未在马来西亚取得收入，可以申请按 15% 的税率纳税。按"归国专家计划"（REP），从国外返回马来西亚的专家，前 5 年可按 15% 的税率缴纳个人所得税。

截至 2017 年 10 月 27 日，失业两年后重新上岗的女性工人，在前 12 个月内可享受免税待遇。

雇主支付给雇员的薪金等，必须履行代扣代缴义务。居民个人应在纳税年度终了后的次年 4 月 30 日前完成纳税申报，并结清税款，在纳税年度之后的次年 6 月 30 日前的营业收入也可一并结清。已婚人士可以单独也可与配偶合并进行纳税申报。

三、马来西亚的其他税收政策

出售土地、产权或与之相关的权利，征收不动产利得税，其税率如表 3-

11 所示。

表 3-11　马来西亚不动产资本利得税税率

处置年限	公司	市民或永久居民	非市民
3 年内	30%	30%	30%
4 年内	20%	20%	30%
5 年内	15%	15%	30%
超过 5 年	5%	0%	5%

针对合同、凭证等征收印花税；出售或转让不动产（不包括股票、股份或有价证券），以市场价值和支付对价两者较高者为计税基础，税率为 1%～4%；销售或转让股票、股份或有价证券，以市场价值和支付对价两者较高者为计税基础，税率为 0.3%；贷款合同税率为 0.5%，服务合同税率为 0.1%，建筑合同税率为 0.01%。

马来西亚征收棕榈油暴利税（马来西亚半岛，每吨超过 2500 林吉特；沙巴州和沙捞越州，每吨超过 3000 林吉特）。建筑行业发展委员会对合同金额超过 50 万林吉特的合同工程按 0.125% 的税率征税。

社会保障税是强制性的，从 2019 年 1 月 1 日起，雇用国外非居民雇员的，必须缴纳工伤保险，按工资总额的 1.25% 缴纳，最高不超过 49.4 林吉特。雇主和雇员必须按规定每月都缴纳公积金，税率为 25%；雇员月工资高于 5000 林吉特，雇主税率为 12%，否则，税率为 13%；雇员税率为 11%。个体经营和自雇人士可自愿按规定税率缴纳社会保险，计税基础最高为 5000 林吉特。满 55 周岁，或要永久离开马来西亚的，可将公积金提出，免收其个人所得税。

四、马来西亚的涉外税收政策

马来西亚的外汇政策正逐步简化和趋于自由化。非居民可自由采用林吉特或外币在马来西亚投资，也可自由地将利润、收入、资金汇回母国。非居民向居民放贷外币的金额受到限制，但统一集团内的非居民企业向居民企业放贷的不受限制。

马来西亚居民公司取得境外收入，无须缴纳公司所得税。马来西亚外国税款抵免规定：对税收协定国实行限额抵免，对于非税收协定国，抵免限额限定在已缴纳外国税款的 50% 以内。无受控外国公司规定。

马来西亚有基于 OECD 转让定价指南的转让定价规则，纳税调整适用正常交易原则，交叉持股可以谈签预约定价。从 2019 年 7 月 1 日起，在一个课税年度的计税基期内，在受控交易中获得任何财务援助（包括跨境财务援助和国内财务援助）的利息支出总额超过 50 万林吉特，将适用资本弱化规则。马来西亚的纳税人需提供 OECD 提出的 BEPS 13 的转让定价文档和国别报告。

马来西亚居民公司向非居民支付股利，不征收预提税。分支机构利润汇回，无预提税。居民公司向非居民支付利息，预提税为 15%，向非居民支付特许权、租金、合同支付、佣金和担保费等预提税为 10%。

马来西亚已经与 75 个国家与地区签订了避免双重征税协定，在马来西亚与各国签订的税收协定中，利息预提税为 5% 的有沙特阿拉伯、卡塔尔、巴林和阿联酋，特许权使用费预提税为 5% 的有南非和纳米比亚，协定为 7% 有德国、新加坡、西班牙，协定为 8% 的有巴林、波斯尼亚和黑塞哥维那、中国香港、爱尔兰、黎巴嫩、卢森堡、卡塔尔、沙特阿拉伯、瑞典、英国。其他协定税率都高于马来西亚与中国协定的 10%。

中国与马来西亚协定：股息预提税为 10%（马来西亚免税，中方征收 10%），分公司利润汇出不征收。利息预提税为 10%，版权预提税为 15%，其他特许权预提税为 10%。持股 10% 以上，可以间接抵免，有税收饶让。免税的金融机构包括：中国人民银行、中国银行总行和中国国际信托投资公司。缔约国双方主管当局随时可同意的，由中华人民共和国政府拥有其全部资本的机构。

第六节　文莱的税收政策

文莱的全称是文莱达鲁萨兰国（Negara Brunei Darussalam），它位于东南亚加里曼丹岛北部，文莱的经济发展主要依靠的是石油和天然气。文莱人民生活较为富裕，有"南洋乐园"之称。文莱的税制简单，主要税种有公司所得税、个人所得税、社会保障税、印花税，并且文莱没有增值税，也没有外汇管制。

一、文莱的流转税政策

文莱未开征增值税、消费税。从 2017 年 4 月 1 日起，文莱大幅降低了汽车零配件、新轮胎进口关税。文莱的总体关税税率很低，对极少数商品（如香烟等）的进口关税略高于东盟成员国的关税。自中国—东盟自贸区设立以来，文莱对中国 90% 以上的产品（约 7000 种）实行了零关税政策，对其他产品的关税也降至 20% 以下。

二、文莱的所得税政策

（一）文莱的公司所得税政策

居民公司指实际管理和控制机构在文莱的公司。居民公司就源自文莱境内外的所得缴纳公司所得税，非居民公司仅就其源自境内的所得缴纳公司所得税。

1. 公司所得税的税率

文莱的居民公司与非居民公司的所得税税率相同，均为 18.5%，在东盟属于较低税率。石油公司税率为 55%。企业可连续 3 年内享受以下税率优惠：应纳税所得额在 10 万文莱元以下部分，税率减至标准税率的 1/4；10 万文莱元至 25 万文莱元部分，税率减至标准税率的 1/2；25 万文莱元以上部分，适用标准税率。在文莱的外国分公司适用同一税率。新开业的公司若流转额在 100 万文莱元以下，免征公司所得税 3 年。

2. 公司所得税计税的主要内容

文莱对以下收入征税：从事各项经济活动取得的收入、投资收益（股息、利息和补贴）、从未在文莱纳税的公司取得的分红、租金、特许权使用费、附加费及由房产产生的其他利润，版权、奖金和其他财产收入，养老金或年金。

文莱公司分配股息，境内公司获得股息，免征公司所得税，境外公司获得股息免征预提税。资本利得不征税，资本损失也不能税前扣除。但来自普通贸易的收入，则按正常收入征税。

与各项经济活动有关的合理费用可税前扣除。只有当贷款是用于生产时，利息费用才允许扣除。企业计提的坏账准备，不允许税前扣除；只有在有证据证明该应收款项确实无法收回并核销的，才被允许税前扣除。

工业用的建筑物（直线折旧法）和机械、设备（余额递减折旧法），按照规定的折旧率计提折旧可税前扣除。符合条件的资本支出可以采用加速折旧：工业用的建筑物、厂房和设备在投资当年，一次计提相当于投资额40%的折旧。如果购入设备价值不超过2000文莱元的，可一次性税前抵扣，但年度扣除的总额不得超过3万文莱元。2014年1月1日至2019年12月31日期间投资的厂房和设备，可按150%的比例计提折旧。与矿产开采有关的投资支出，一次计提相当于10%的折旧。

文莱对出售财产或投资所获得的收入不征税。

为提升竞争力，文莱政府还规定允许先进资讯技术或设施资金、本地员工培训经费等支出均可从税前扣除。

文莱允许境外抵免，抵免采用限额抵免。经营亏损，可以向前结转1年，向后结转6年。文莱没有参股免税和集团申报的规定。

3. 公司所得税的税收优惠

应税收入前10万文莱元，享受所得税减免75%，之后的15万文莱元所得税减免50%；对于新成立的公司，3年内应纳税收入为10万文莱元的免税。

投资先锋产业的公司，最长11年内免公司所得税、免进口设备和原材料的关税。现有企业扩张性投资的，如果投资额不低于50万文莱元的，最长9年内免公司所得税。购买生产设备的国外贷款，贷款额不低于20万文莱元的，支付贷款利息费用免预提税。

当从事出口业务的公司出口经过批准的产品时，可按1%的固定税率纳税，以此替代公司所得税。出口公司应满足在当地销售额不超过总销售额的20%的条件。

4. 公司所得税的税收征管

纳税年度为1月1日至12月31日。纳税申报表必须通过电子方式提交。企业应在公司财务年结后的3个月内申报估计应税收入（以下简称ECI）。基于 ECI 的税费,需在 ECI 提交日或提交日之前进行缴纳。若企业在公司财务年结后的 3 个月内提交所得税申报表并且缴纳所得税,则不必提交 ECI。对于企业所得税,企业必须在每年 6 月 30 日或之前,提交年度纳税申报,并同时缴纳所有税费,不允许延期。

若出现企业欺骗或故意拖延缴税等造成税收减少的情况,税务司可以随时通知其补加评税。对于由税务司通知的补加评税,需在补加评税通知到达后的 30 日之内进行缴纳。

（二）文莱的个人所得税政策

文莱免征个人所得税;合伙人收到合伙企业分配的合伙收入,也免征个人所得税。

三、文莱的其他税收政策

文莱虽然不征收不动产税,但对位于文莱斯里巴加湾市的房产征收 20% 的房产税。石油和天然气是文莱经济的主要支柱,文莱在 1963 年修改后的所得税法为石油生产征税特别立法,对扣除王室分成、政府分成及各项成本后的石油净收入按照 55% 的税率征收石油税。

文莱政府对各种书立凭证课征印花税,如租赁协议、抵押、转让、汇票、股票、股份转让、信托声明等。房地产文件的印花税根据价值不同,税率在 1%~20% 不等;租赁协议、年金文书、委托书、转让、保险、银行凭证、其他票据等,按件或按金额作为计税基础,税率在 10 文莱分至 10 文莱元不等。

文莱虽然不征收社会保障税,但根据文莱政府运营的 TAP（Tabung Amanah Pekerja）计划和补充缴费型养老基金（以下简称 SCP）计划的要求,雇主和雇员应共同缴纳基金。在 TAP 计划下,雇主和雇员各自至少按工资总额的 5% 缴纳费用。在 SCP 计划下,雇主和雇员按基本工资的 3.5% 缴纳费用。缴纳的基金按每月每人不超过 98 文莱元的标准。

四、文莱的涉外税收政策

自 1967 年以来,文莱与新加坡的货币可等值兑换。文莱的外汇可自由流动，但根据反洗钱规定，超过 1.5 万文莱元的外汇资金流动，必须申报。

境外收入不汇入文莱境内，则无须缴纳文莱税收。境外收入汇入文莱境内，需要缴纳文莱税收，且对境外收入已缴纳的外国税收实行限额抵免。居民公司和非居民公司都可申请就英联邦国家提供的单方面免税待遇，但优惠额不能超过文莱税率的一半。

文莱没有转让定价、资本弱化和受控外国公司规定，但若税务机关认定某些交易或安排的目的是减少或避免纳税义务，税务机关则可以对其进行调整。

文莱对非居民支付股息和分公司利润汇回，不征收预提税。对非居民支付利息及贷款相关的服务费，征收 2.5% 的预提税。对非居民支付特许权使用费、技术费、财产租金、董事报酬以及其他各种款项，征收 10% 的预提税。文莱已经与不同的国家和地区签订 18 个税收协定，包括巴林、柬埔寨、中国、中国香港、印度尼西亚、日本、韩国、科威特、老挝、卢森堡、马来西亚、阿曼、巴基斯坦、卡塔尔、新加坡、阿联酋、英国、越南和塔吉克斯坦。

中国与文莱协定：股息预提税为 5%，分公司利润汇出不征税。利息和特许权使用费预提税均为 10%。无间接抵免，有税收饶让（已失效）。

第七节　越南的税收政策

越南（Vietnam）的税种主要有公司所得税、个人所得税、增值税、非农业土地使用税、印花税、资源税、环境保护税等。

一、越南的流转税政策

关于越南的流转税政策，这里主要介绍越南的增值税政策、消费税政策和关税政策。

（一）越南的增值税政策

在越南境内销售商品、提供服务，进口商品和服务到越南境内的行为均属于增值税征收范围。进口货物的企业或个人应在申报缴纳进口关税时，一并缴纳增值税。在此基础上，对某些商品再加征一道特别消费税。从事以上应税业务的实体和个人，均为增值税的纳税人。

越南无增值税登记的最低门槛，符合增值税登记条件的纳税人均要办理税务登记。出口加工商、非增值税商品和服务的供应商可以不进行增值税纳税申报。

企业和商业合作社如果符合以下条件，可自愿申请办理税务登记：①采用越南的财税法规编制和保留会计资料（包括发票）；②货物和服务的应税销售额未超过 10 亿越南盾，可申请登记以具备扣除进项税的资格。在越南经营的外国企业也可自愿申请办理税务登记，但要符合以下条件：①与越南企业或居民签订合同超过 183 天，即在越南经营业务超过 183 天；②在越南具有常设经营机构；③采用越南的财税法规编制和保留会计资料。

越南不允许集团公司合并登记，集团的成员公司必须分别单独进行增值税登记。

自愿申请并已登记为增值税纳税人的外国企业，可自行依法完成申报、缴纳、抵扣增值税的义务。否则，应通过预提增值税的方式履行纳税义务。越南不允许税务代理人的存在。

反向征税制度，如果海外劳务供应商是暂时在越南开展经营活动并且未完成税务登记，在越南接受劳务的客户在支付款项时，必须代为计算和预提增值税。

对于在企业之间（B2B）提供知识产权的租赁、特许使用等数字经济服务交易中，如果供应商是非居民企业，应由客户按 5% 的税率履行代扣、申报和代缴义务。在企业对个人（B2C）的业务中，居民个人在向非居民供应商付款时，应按 5% 的税率预扣增值税。

自 2020 年 7 月 1 日起，运营网上商城或电商平台的外国公司，应在越南完成增值税登记；在网上商城或电商平台开展交易的电商企业，也应按规定完成增值税登记。

纳税人应在企业总部所在地的税务机关完成登记，在总部以外的地区设立新营业机构的，也应在新经营地完成税务登记。

企业应在停止营业后，应及时向税务机关申请注销并结清税款。

1. 增值税的税率

越南的增值税税率有10%、5%和0这3种。其中标准税率为10%，适用一般的销售商品或提供服务。

零税率适用出口货物或服务，在境外或出口加工区内提供的建筑安装服务、国际运输业务等。低税率5%适用供水、医药和医疗设备、农产品、出售或出租住房。

免征增值税项目包括：生鲜农产品，牲畜，从海外租赁的非本地生产的飞机、船只和钻井平台等，土地使用权，信用担保、金融租赁和金融衍生品服务等，保险服务、医疗服务，护理服务，教育培训服务，报纸杂志，公共交通，再保险服务，技术转让，污水处理服务，发行信用卡，保理服务，出口未加工的自然资源等。

外国供应商向越南客户提供商品或服务，商品交易免税，提供的服务按5%的税率征税；提供材料和设备的建筑安装业务税率为3%，不提供材料和设备的税率为5%；提供机器设备的建筑、安装、运行和调试服务税率为3%；交通运输税率为3%，其他业务税率为2%。

2. 增值税计税的主要内容

增值税纳税义务发生时间又被称为"可征税时间"或"纳税时点"。销售货物，无论是否已经支付款项，均以所有权或使用权的转移时间为准。对服务而言，无论是否已经支付款项，以完成服务或开具发票的时间为准。

以收取保证金或预付账款形式的销售行为，纳税义务发生时间为收到款项之日。连续销售应税货物或提供服务的纳税义务发生时间，没有特殊规定，参照上述的一般规定执行。

已经出售的商品如果因为质量、数量或特性等问题，双方协商后退货；如果已经开具发票，则需要买方开具调整发票并注明退货理由和税额。如果买方没有资格开具发票的，交易双方应将调整记录作为调整增值税的依据。

租赁资产业务的纳税义务发生时间没有特殊规定，参照上述一般规定执行。适用于反向征税的服务，代扣代缴的纳税义务时间为客户在支付货款时。

房地产交易、基础设施建设、房屋出售或出租的，按项目实施进度或合同注明的拨款进度确定纳税义务发生时间。对于建造和安装工程（包括造船），无论其是否已支付货款，纳税义务发生时间为工程项目或安装项目完成验收并交付使用的时间。

进口货物的纳税义务发生时间为进口报关之时。采用分期付款方式的销售业务纳税义务发生时间为买方拥有货物所有权或使用权时。

企业用于生产经营活动的目的而购入的货物或服务，如原材料、办公用品和运输费用等，所产生的进项税可以抵扣。企业通过抵扣销项税的方式来收回进项税，抵扣进项税必须以合法有效的增值税发票为依据。购入货物或服务的价值超过 2000 万越南盾的，必须提供银行付款的证明，才能抵扣进项税。

购进用于非生产经营活动的商品和服务而产生的进项税额不得抵扣，例如：员工个人的餐饮费用、员工福利住房费、用现金支付超过 2000 万越南盾的外购货物或服务。

纳税人同时经营应税和非应税业务的，应分别进行核算；与应税项目相关的进项税可以抵扣，用于非应税业务的不可抵扣。应税和非应税业务不能直接区分的，用应税销售额占总销售额的比例来确定可抵扣的进项税。

根据税法规定的分摊方法按各自价值所占比例来确定可抵扣进项税的金额。

资本货物是指使用年限比较长的资本性支出（如建筑物、机器、设备等有形固定资产），用于生产经营活动的可全额抵扣进项税。同时经营应税和非应税业务的，用应税销售额占总销售额的比例来确定可抵扣的进项税。

在税务登记日期之前发生的增值税进项税，如果纳税人持有注明企业名称的发票可以抵扣。如果发票的含税金额超过 2000 万越南盾，应通过纳税人的银行来完成税收抵扣的划转工作。

发生坏账核销的，纳税人有权从当月的增值税销项税中扣除已发生坏账的销项税。

在越南无常设机构的境外企业发生的进项税，不得抵扣，除非该境外法人在越南完成税务登记。

3. 增值税的税收征管

纳税人销售应税货物或提供应税劳务的，必须向购买方开具标准的税务发票。税务发票是抵扣进项税的必需的依据。

越南没有贷项通知单，发生交易取消、退货等需要调整增值税金额的，应由买方向卖方开具调整发票。如果卖方在将发票交至买方前发现发票存在错误，应由卖方划销发票副本并保留原错误发票。开具的发票交至买方但在交货或提供服务前发现发票存在错误，或发票交付给买方在纳税申报前发生发票存在错误，买卖双方应对错误发票进行记录，注明错误原因，划销发票副本并保留原错误发票，再开具正确的发票。如果纳税申报后才发现发票存在错误，应由买卖双方提交书面说明，并由买方重新开具正确发票。

在越南，不强制要求开具电子发票，越南的税务机关规定自2020年7月1日起，所有纳税人必须使用电子发票。使用纸质发票改为使用电子发票的过渡期为2018年1月1日至2020年10月31日。近日，越南的税务机关将"强制开具电子发票"的实施日期，由2020年7月1日推迟至2022年7月1日。

越南不允许纳税人开具简易发票，只允许其开具完整的增值税发票；纳税人也不允许自开发票。

如果有证据能表明货物已经实际从越南出口，则出口商品按零税率征税。需要的证据包括：销售合同、海关文件、原始发票、银行付款证明等。

发票可以使用外币开具发票，但必须按符合规定的汇率折算成越南盾。

纳税人向非增值税纳税人销售货物或提供服务的价值低于200越南盾，销售方可不开具增值税发票，除非购买方要求开具。

企业管理或经营的文件资料应至少保存5年；会计凭证、会计账簿、发票、审计报告等会计资料应至少保存10年；与经济、国防和国家安全有关的重要资料应永久保存。

纳税人一般应按月度提交纳税申报表，在月度终了的次月20日内完成纳税申报。如果上一年度应税收入低于500亿越南盾，可按季度进行纳税申报。按季度申报的纳税人可申请转为按月度纳税申报，一旦被批准按月度进行纳税申报，3年内不得再改变纳税申报周期。按月度申报的纳税人应在月度终了的次月的20日内缴纳增值税，按季度纳税申报的纳税人应在季度终了的次月30日内缴纳增值税。纳税人可通过电子方式完成纳税申报，越南不要求提交年度纳税申报表和补充申报材料。

纳税人逾期登记或未登记的，处以40万越南盾至200万越南盾的罚款。

纳税人逾期提交纳税申报表和逾期缴纳税款的，处以 70 万越南盾至 500 万越南盾的罚款。此外，每日按欠缴税款 0.03% 的标准计算滞纳金。

纳税人的纳税申报存在错误的，导致少报销项税或多抵扣进项税的，处以相当于应缴税款 30% 的罚款。

故意欺诈、虚假报税来逃避纳税义务的，处以少缴税款 1 倍至 3 倍的罚款。

（二）越南的消费税政策

越南对生产和进口特定的奢侈品或服务征收特别消费税。

烟草、卷烟及其他烟草制品，税率为 75%；酒精浓度超 20 度，税率为 65%，不超 20 度，税率为 35%；啤酒税率为 65%；碳酸饮料税率为 10%；汽车税率在 15%~150% 左右；摩托车税率为 20%；飞机税率为 30%；游艇税率为 30%；成品油税率在 7%~10% 左右；空调税率为 10%；纸牌税率为 40%；明器税率为 70%。歌舞厅税率为税率 40%，按摩推拿、卡拉 OK 税率为 30%；赌场、赌博机税率为 35%；博彩业务税率为 30%；高尔夫业务税率为 20%；彩票税率为 15%。

纳税人在遭遇灾害陷入困境时，可减税，减免额在灾害产生的实际损失的基础上确定，但不得超过发生损失年度的应纳税额的 30% 且不超过被损失财产的后期赔偿价值。

（三）越南的关税政策

越南进口关税税率有 3 种，分别为普通税率、最惠国税率和特别优惠税率。

普通税率比最惠国税率高 50%，适用未与越南建立正常贸易关系国家的进口产品。

最惠国税率适用来自越南享有最惠国待遇的国家的进口商品。越南进口来自世贸组织（WTO）成员国的商品，适用最惠国税率。

特别优惠税率适用与越南签订特惠贸易协定的国家和地区。目前，东盟已经与日本、中国、中国香港、印度、韩国、澳大利亚-新西兰签订自贸区协定；越南与日本、智利、韩国等分别签订了自贸协定；越南与亚欧经济联盟（包括越南、俄罗斯、白俄罗斯、亚美尼亚、哈萨克斯坦和吉尔吉斯斯坦）签订了协定。越南加入了《全面与进步跨太平洋伙伴关系协定》（CPT-PP）。此外，越南已经与欧盟签订了自贸协定，于 2020 年 8 月 1 日起生效。

原产于中国的商品享受中国—东盟自贸区特别优惠税率。根据中国—东盟自贸区货物贸易协议，越南从 2018 年对 90% 的商品实现零关税，在 2020 年前对其余商品削减 5%~50% 的税率。中国在 2011 年实现对越南进口的 95% 的商品零关税，2018 年对其余商品削减 5%~50% 的关税。

越南与东盟成员国之间汽车、摩托车和食品等多数商品实现了零关税。

越南仅针对少数产品征收出口关税，基本上是自然资源，税率为 0~40%。

进口的设备和机械、符合科技部规定的技术生产线专用运输工具、专用于接送工人的运输工具、用于制造技术生产线设备、机器的原料及物资、用于制造零配件和模型的原料及物资、用于安装设备的零配件和越南国内无法生产的建筑物资免征进口税。进口鼓励性投资和用于油气开采的机械设备、交通工具和建筑材料，进口为生产出口商品的原材料及配件，自贸区中进口的未使用的原材料转为内销的，可以按规定减税。

二、越南的所得税政策

（一）越南的公司所得税政策

越南对居民没有明确的定义，但一家公司如果在越南成立，则被认为是居民公司。居民公司就源自境内外所得缴纳公司所得税，非居民公司就源自境内所得缴纳公司所得税。

1. 公司所得税的税率

自 2016 年 1 月 1 日起，公司所得税税率为 20%，外国分公司适用同一税率。经营石油和天然气行业的企业，税率为 32%~50%。采矿业税率为 50%，若矿区 70% 及以上的面积位于社会经济条件特别困难地区的，适用税率为 40%。

2. 公司所得税计税的主要内容

企业的应纳税所得是根据税法对会计财务报表调整后的所得，包括经营活动所得和其他所得。

税前可以扣除的支出包括：与生产经营活动相关的合理费用；但费用支

出应由合法发票作为依据，支付超过 2000 万越南盾以上的款项，应有支付凭证并通过非现金进行支付。与职业教育、国防和社会安定有关的支出；福利性支出，如高温补贴、培训互助金、灾害求助金等。

税前不可扣除的费用包括：与生产经营无关的费用，与应税收入无关的各项支出，罚款、罚金和滞纳金等，超过规定标准计提的准备金，与发行股票、购买或出售相关的部分费用，未按规定计提的折旧，未实际发生的外汇损失，支付给不直接参与经营的企业创始人的报酬，应付但未付的劳动报酬，赞助支出、已扣除的增值税进项税、企业所得税等其他税费，超过标准为员工支付的自愿保险基金等。

存货的计价方法应与会计准则规定一致，税务机关对其没有特殊的规定。

固定资产的折旧应按法定比例税前扣除，超过规定折旧率的部分不得扣除，税务机关对各类资产（包括无形资产）规定了最长和最短使用年限。一般采用直线折旧法计算，在特殊情况下也可采用双倍余额递减折旧法和生产折旧法进行计算。符合条件的资本支出可以采用加速折旧，包括厂房和设备、工业建筑物、儿童保育中心、员工宿舍、教育培训中心、机动车辆、办公设备、计算机设备、小额固定资产、农业和林业专用基础设施等。

居民公司从境内取得税后股利收入，不再缴纳公司所得税。资本利得视同经营收入，缴纳公司所得税。转让非上市公司股权，适用标准税率为20%，转让上市公司股票，税率为 0.1%。

境外收入已缴纳外国税收实行限额抵免。经营亏损可以自后结转 5 年，无合并申报规定。

3. 公司所得税的税收优惠

满足不同的特定条件，可在一定期间享受的优惠税率分别为 10%、15% 或 17%。

符合下列任一条件的企业，15 年内享受 10% 的优惠税率：在社会经济特别困难地区、经济区和高新技术区实施新投资项目的所得。投资科学研究、复合材料、再生能源、生物技术、水厂、电厂、铁路、桥梁、机场、车站、港口等领域的所得。环保领域投资的所得。投资属于高新技术且投资额超过12 万亿越南盾的生产领域所得。属于优先发展工业产品名录且属于高新技术领域或属于纺织、电子、汽配、机械制造行业的产品，且该产品国内 2015 年

1月仍无法生产但必须达到欧盟标准。3年内投资超过6万亿越南盾，营收达10万亿越南盾；或3年内投资超6万亿越南盾的企业，3年后职工超过3000人的企业。

从事教育与培训、卫生保健、文化、体育和环保、司法鉴定、出版、制盐、社会性住房、林业、农业、水产养殖等企业的收入，可适用10%或15%的优惠税率，根据总理批准的具体法规执行。

符合下列任一条件的企业，10年内享受17%的优惠税率：在经济困难地区的新投资项目取得的收入；从事生产高钢（高硬度、高耐磨的钢），节能产品，农、林、渔、盐业机械设备，排灌设备，养殖饲料，发展传统工艺。

人民信贷基金和小微型金融机构的税率为17%。

企业实施的适用"15年内享受10%优惠税率"所对应的新投资项目所取得的收入；在社会经济条件困难或特别困难地区，且属于社会化领域的投资项目中所取得的收入；以上企业可享受4年内免税，9年内减半征收的优惠。

企业在非社会经济条件困难或特别困难地区投资的社会化领域项目所取得的收入，可享受4年内免税，5年内减半征收的优惠。

企业实施的适用"10年内享受17%优惠税率"所对应的新投资项目所取得的收入；在工业区（除位于社会经济条件便利地区的工业区外）的投资项目取得的收入；以上企业可享受2年内免税，4年内减半征收的优惠。

生产、建筑和运输类企业，雇用10～100名女员工，且占员工总数的50%以上的，或长期雇用女员工超过100名的，且占员工总数的30%以上的，可减征相当于为女员工额外支出的费用的企业所得税税额。额外费用包括再就业培训费、企办幼儿园女员工的支出、女员工分娩哺乳期、产假津贴等。雇用少数民族员工的企业，可减征相当于为少数民族员工的额外支出费用，如就业培训费、住房补贴、社会保险和医疗保险。企业将属于优先转让领域下的技术转让给在社会经济条件困难地区的组织或个人，可对技术转让所得减半征收公司所得税。

4. 公司所得税的税收征管

企业可以采用日历年度作为纳税年度，特殊行业的企业根据自身经营特点选择任一连续的12个月作为会计年度，但应及时通知主管部门。纳税人应在季度结束后的30日内提交季度纳税申报表，在年度结束后的90日内提交年度纳税申报表，并缴纳所得税款。

纳税申报表存在错误的，由纳税人自己更正，并按规定缴纳滞纳金。未按时更正的，处以欠缴税款 20% 的罚款，并按 0.03% 的日利率缴纳滞纳金。

税务稽查分为临时性稽查和固定性稽查，在稽查中发现欠缴税款的行为，应处以 20% 的罚款，如果被认定为逃税，则处以 100%~300% 的罚款，并根据逾期天数计算滞纳金。

（二）越南的个人所得税政策

越南的居民纳税人是指在一个年度内或从到达越南的第一天起计算的连续 12 个月内在越南居住 183 天或超过 183 天的个人；在越南拥有一个常住居所（经常性住所），可以是在越南有一个登记的永久住所或者有一个有期限的租赁合同所明确的用于居住的出租房。不属于以上情况的为非居民纳税人。居民纳税人就其源自全球的所得，缴纳个人所得税。非居民纳税人仅就其源自境内的所得，缴纳个人所得税。

1. 计税收入

雇佣所得是指雇员就业获取的现金或其他形式的工资薪金，津贴，各自形式的报酬，参加商业协会、董事会、理事会及其他组织取得的全部货币性收入、其他货币性或非货币性的所得、红利、奖金等。越南的居民和外籍居民均适用 5% 至 35% 的超额累进税率，非居民适用的税率为 20%。居民取得的外币收入应在纳税时折算为越南盾。雇主承担雇员的房屋租金（包括水电费及相关服务），按实际支付金额和应纳税所得的 15%，二者较低者作为税基计征个人所得税。

个人经营所得包括商品生产或者贸易、提供服务所得，依照法律取得个体经营许可证的独立自由职业者取得的收入。年度营业收入不超过 1 亿越南盾的，免税。

投资收益包括股息、利息和其他形式的资本投资的所得。按借款合同向组织、企业和个体工商户发放贷款获得的利息，不包括银行等金融机构支付的利息。以商品、商誉、土地使用权、发明专利等形式向公司出资而获取的分红，不包括个体户、一人有限责任公司在所得税后分配的利润。取得债券、短期国债和其他有价证券的利息，但投资越南政府发行的国债取得的利息免税。居民和非居民获取的投资收益按 5%的利息征税。

资产转让所得，包括转让经济组织（有限责任公司、股份公司和合伙企业等）中财产的转让所得、有价证券转让所得和其他形式的资产转让所得。居民个人按 20%的税率征税，非居民个人按 0.1%的税率征税。有价证券所得包括个人转让股票、股票期权、债券、国库券、基金和其他证券取得的收入。

不动产转让所得，包括土地使用权和地上附着物转让所得、住房所有权或使用权转让所得、土地或水面租赁权的转让所得和从房地产不动产转让中取得的其他所得。按不动产转让合同约定的价格作为税基，税率为 2%。

特许权使用费所得，包括知识产权的分配许可取得的所得、技术转让所得，如文学、艺术、科研成果、版权、发明、外观专利、商标、技术等取得的特许权使用费。特许权使用费超过 1000 万越南盾的按规定税率征税。

中奖所得，包括彩票中奖、促销中奖、博彩或娱乐中奖，有奖游戏和竞赛中取得的其他奖金所得。

个人继承来自经济组织或商业公司的有价证券、资本股份、房地产不动产和其他资产所有权等方面的遗产所得。继承所得超过 1000 万越南盾的，将按照规定税率征税。

雇主提供给雇员的股票，被视为雇佣所得，在转让或出售时征税，应纳税所得额等于雇主会计账簿中记录的股票价值。

2. 税收扣除

基于家庭的扣除。纳税人的扣除额为每月 900 万越南盾，对负有抚养义务的纳税人，扣除额为每人每月 360 万越南盾。

社会保障税的扣除。依法强制缴纳的社会保险、医疗保险、失业保险，包括外籍人员缴纳的母国的强制性保险，都可在个人所得税前扣除。

基于慈善或人道主义目的的捐赠的扣除。从居民纳税人的经营、工资薪金税前收入中扣除向专门的儿童保育、残疾福利、孤寡老人提供帮助的机构和组织提供的捐赠，向慈善基金、人道主义基金或者学习促进基金提供的捐赠。

自愿缴纳的经政府批准设立的补充养老计划基金，可以税前扣除，但扣除额为某人每月最高为 100 万越南盾。

与取得个人经营所得实际相关的合理开支可税前扣除。

越南免税所得主要包括以下项目：

①配偶、父母与子女、养父母与养子女、岳父母与女婿、公婆与儿媳妇、祖父母与孙子女或者同胞兄弟姐妹之间的不动产转让收入，享受免税优惠，应提供相关证明。

②唯一住房的土地使用权、住房产权、土地附着物转让所得。

③因国家征用土地取得的个人土地使用权的收入。

④配偶、父母与子女、养父母与养子女、岳父母与女婿、公婆与儿媳妇、祖父母与孙子女或者同胞兄弟姐妹之间的遗产或赠与收入。

⑤家庭和个人直接从农业或林业生产、食盐制造、水产业、渔业、未加工的水生资源贸易中取得的收入。

⑥因国家对家庭和个人的农用土地用途改变而取得的收入。

⑦从信贷机构取得的存款利息收入或者从人寿保险公司取得的利息收入。

⑧通过国外汇款带来的收入。

⑨按照法律规定从事夜班或加班工作取得的超过日班及规定时间工资的收入。

⑩社会保险支付的退休金。

⑪奖学金收入，包括国家预算支付的奖学金、国内和国外组织根据其学习促进计划给予的奖学金。

⑫保险公司给予的赔款；工伤事故赔偿；国家给予的赔偿和其他依法支付的赔偿。

⑬从国家指定机构认可的慈善基金取得的，出于慈善、人道主义目的或非营利目的的所得。

⑭从国家指定机构取得的，出于慈善、人道主义目的的政府或非政府性的外部援助。

越南官方发展援助的项目或非政府组织的公益项目的工作的外国专家，可申请免征个人所得税。

3. 个人所得税税率

居民纳税人雇佣所得的个人所得税使用 5%~35% 的 7 级超额累进税率，具体如表 3-12 所示。

表 3-12 居民纳税人个人所得税雇佣超额累进税率表

应纳税所得额（越南盾）	累计税额（按最高所得计算 越南盾）	税率（%）
≤500 万	25	5
>500 万，≤1000 万	75	10
>1000 万，≤1800 万	165	15
>1800 万，≤3200 万	325	20
>3200 万，≤5200 万	585	25
>5200 万，≤8000 万	985	30
>超过 8000 万	——	35

居民个人的经营所得按 0.5% ~ 5% 的税率征税，租赁收入、保险收入、彩票所得等税率为 5%，销售货物所得的税率为 0.5%；建筑和服务（只提供服务，不提供材料）的税率为 2%；生产、运输、服务和建筑（包括材料）的税率为 1.5%；其他经营所得按 1% 的税率征税。

非居民个人的经营所得，生产和销售货物所得、税率为 1%；服务所得，税率为 5%；生产、运输和建筑等经营所得，税率为 2%。

居民个人取得的雇佣所得、经营所得以外的税率如下：资本收益，税率为 5%；版权和特许权使用费（超过 1000 万越南盾），税率为 5%；取得奖励和中奖（超过 1000 万越南盾），税率为 10%，继承遗产所得（超过 1000 万越南盾），税率为 10%；转让资本所得，税率为 20%；转让证券所得，税率为 0.1%；转让财产所得，税率为 2%。

非居民的个人所得税税率如下：雇佣所得，税率为 20%；资本投资收益，税率为 5%；特许权使用费和特许经营所得（超过 1000 万越南盾），税率为 5%；奖励、中奖所得（超过 1000 万越南盾），税率为 10%；转让资本所得，税率为 0.1%；转让不动产所得，税率为 2%。

按月缴纳个人所得税的纳税人必须在次月 20 日内完成纳税申报和缴纳税款，按季度纳税的纳税人在下一季度 30 日内完成纳税申报和缴纳税款。选择按月度或季度纳税，应在年初确定，一经确定全年不得变化。从海外取得薪资的个人应在次季度的第一个月的 30 日内完成纳税申报。年度纳税申报表应在年度终了后的 90 日内完成纳税申报提交。

三、越南的其他税收政策

非农业用地使用税的征税范围包括工业园区建设用地、生产经营场所建设用地、矿产资源开采和加工用地、建筑材料或陶器生产用地、住宅用地等，税率范围为 0.03%~0.15%。环境保护税适用生产和进口某些被认为对环境有害的货物，如石油、煤炭、氢氯氟碳化物、塑料袋、杀虫剂、除草剂等，税率范围为 500~5000 越南盾。资源税适用开发石油、矿产、天然煤气、林产品和自然水等越南自然资源的行业，税率范围为 1%~40%。对特定文件或合同征收印花税，如房屋、土地、汽车、摩托车进行产权交易的契约文件，税率根据不同类型的文件和合同而定。

2017 年 6 月 1 日，越南开征的社会保障税包括社会保险（Social insurance）、医疗保险和失业保险，具体税率如表 3-13 所示，外籍人员只需要缴纳医疗保险。

表 3-13　越南社会保障税税率

保险种类	雇主（%）	雇员（%）	合计（%）
社会保险	17.5	8	25.5
医疗保险	3	1.5	4.5
失业保险	1	1	2
合计	21.5	10.5	32

社会保险和医疗保险税基是根据员工劳动合同的总工资计算的，不超过最低工资的 20 倍。2019 年采用的最低工资总额为 2980 万越南盾。失业保险缴纳人群仅限于雇佣合同中的雇员，计税基础不超过各地区的最低工资 20倍，目前，最低工资从 292 万越南盾至 418 万越南盾不等。

四、越南的涉外税收政策

越南的外汇管制严格，除非经过允许，否则不允许使用外币进行交易。对外直接投资，须获越南投资与计划部许可，在有外汇牌照的银行开立账户，在国家银行的分支机构进行账户登记，报备对外投资资金的流向。外国投资者可根据越南的外汇管理规定，在越南金融机构开设越南盾或外汇账户。越南规定，个人出入境时若携带超过 1500 万越南盾或等值为 5000 美元的现钞，须向海关申报，且出境时需出具有关部门批准的现金携带证明。发生的外汇交易，必须符合越南央行有关规定。重大投资、基础设施等项目可使用外汇，越南政府可提供外汇担保。

居民公司取得源自外国的收入，缴纳越南公司所得税。境外收入已纳外国税收实行限额抵免。无受控外国公司规定。

境外持股 25% 以上的构成关联方，关联方交易需遵循转让定价指南，符合正常交易原则。转让定价纳税调整方法与 OECD 一致，采用实质重于形式的原则。每年需要进行关联交易申报，但符合下列条件的，不需要进行关联交易申报：年收入额在 500 亿越南盾以下且关联交易在 300 亿越南盾以下；已经与政府签订了预约定价协议且每年提交预约定价报告；年收入在 2000 亿越南盾以下，执行单一功能，息税前利润率不低于：制造业为 10%，加工业为 15%。越南无资本弱化规定，但要求利息税前扣除不得超过息税前利润的 20%。

对非居民公司支付股息和分公司利润汇回，不征收预提税，但对非居民个人支付股息征收 5% 的预提税。对非居民支付利息、技术服务费和租金，征收的预提税为 5%。对非居民支付特许权使用费征收的预提税为 10%。对外国组织提供商品和服务所取得的收入，征收外国承包商预提税（相当于公司所得税和增值税），税率为 0.1%~15%。

越南已经与 73 个国家签订了避免双重征税协定，越南对外支付股利不征收预提税。在越南与各国签订的税收协定中，股利预提税涉及 5% 的有：奥地利、比利时、加拿大、古巴、丹麦、爱沙尼亚、芬兰、德国、爱尔兰、意大利、哈萨克斯坦、卢森堡、马耳他、荷兰、新西兰、挪威、阿曼、巴拿马、葡萄牙、卡塔尔、沙特阿拉伯、新加坡、斯洛伐克、西班牙、瑞典、土耳其、阿联酋、乌拉圭、委内瑞拉这 29 个国家。越南与法国协定利息预提税为 0，与其他国家协定利息预提税在 10% 以上。

中国与越南协定：股息、利息和特许权使用费，预提税均为 10%（因越南对外支付股息不征收预提税，协定中的股息预提税 10% 适用从中国向越南支付股利）。分公司利润汇出，不征税。持股在 10% 以上，可以间接抵免，股息、利息和特许权使用费，均实行定率饶让 10%。利息免税金融机构包括：中国国家银行、双方主管当局随时同意的资本完全为政府所拥有金融机构。

第八节 老挝的税收政策

老挝（Laos）的主要税种有公司所得税、个人所得税、增值税、社会保障税、关税。老挝的银行负责外汇兑换。提出申请后，外国投资者可以自由地将税后利润和资本利得汇往其他国家。老挝货币是基普，企业可以在其他国家开设银行账户。

一、老挝的流转税政策

关于老挝的流转税政策，这里主要介绍老挝的增值税政策、消费税政策和关税政策。

（一）老挝的增值税政策

在老挝境内销售商品、提供服务、进口商品和服务到老挝境内的行为均属于增值税征收范围。从事上述业务的实体和个人，都是增值税纳税人。

对于年营业收入达到 4 亿老挝基普的纳税人必须进行增值税登记。年营业收入未达到 4 亿老挝基普的纳税人可自愿申请办理增值税登记，若不进行增值税登记，需缴纳定额税。

在老挝开展经营活动超过 90 日的外国承包商应进行增值税登记。老挝不允许集团与子公司合并登记，集团的成员公司必须分别单独进行增值税登记。反向征税制度，如果海外服务供应商是暂时在老挝开展经营活动并且未完成税务登记，接受服务的客户在支付款项时，必须代为计算和预提增值税。

企业应在停止营业后，应及时向税务机关申请注销并结清税款。

1. 增值税的税率

老挝的增值税税率有 10% 和 0 这两种，其中标准税率为 10%，适用一般的境内进口货物、国内销售商品或提供服务。适用 0 税率的业务：向境外出口货物或服务。零税率不同于免税项目，在适用于零税率的情况下，是可以抵扣增值税进项税额的，而免税项目的进项税不能抵扣。

免征增值税项目适用于初级农产品、植树造林服务、绿色肥料、饲料、国际运输、教科研设备、报纸杂志、广播电视、教育服务、体育服务、医疗服务、养老服务等。

2. 增值税计税的主要内容

增值税纳税义务发生时间又被称为"可征税时间"或"纳税时点"。销售货物或提供服务的纳税义务发生时间，以供应货物或提供服务的时间为准。

个人消费以及无偿赠与的货物和服务，在实际使用时或转让或交接所有权时计算缴纳。

无固定居留场所人员或者有固定居留场所但未按老挝法律注册成立企业的人员，如果向自然人、法人或者组织购买服务，需在向上述自然人、法人或者组织付款时扣除并缴纳增值税。

从国外进口货物的增值税纳税义务发生时间，应在进口关税申报时计算缴纳。

购买与企业经营活动直接相关且必要的商品或服务而产生的增值税进项税可以全额进行抵扣，如购置原材料、半成品、生产设备、运输车辆、备件及其他各种直接用于经营活动的设备涉及的增值税进项税额，经营活动包括生产制造、运输、广告宣传及销售活动。

服务供应商因购置直接用于经营活动的运输车辆及相关备件或其他组件涉及的增值税进项税可进行抵扣。

进口商以再销售或加工为目的而进口的商品产生的增值税进项税额可进行抵扣。货物进口产生的增值税进项税额的抵扣须依据进出口的相关证明文件计算缴纳。

因企业经营活动而产生的水费、电费及油费可以按照80%的比例进行增值税进项抵扣。

因采购、出租或租入不动产而产生的增值税进项税可以按照70%的比例进行抵扣。

购进用于非生产经营活动的商品和服务而产生的进项税额不得抵扣，例如：宴会、交际活动、节日庆典活动、宗教活动、奢侈品、休闲活动、舞会或者娱乐活动、打高尔夫或者其他体育活动、获得的礼品和奖品等。

纳税人同时经营应税和非应税业务的，应分别进行核算；与应税项目相关的进项税可以抵扣，用于非应税业务的不可抵扣。应税和非应税业务不能直接区分的，用应税销售额占总销售额的比例来确定可抵扣的进项税。

生产制造商、服务提供商、进口商及商品经销商有权将其采购商品（物品）所取得的增值税进项税额，按月与其应缴销项税额相抵扣；若可抵扣的进项税额少于应纳税款，则须缴付差额部分；若可抵扣的进项税额大于应缴税款，则超出的部分可再留抵至以后期间，与当月的应缴税款相抵扣。进项税需在进项产生的当月开始抵扣，如果此后 3 个月之内仍未抵扣完的，可以申请其退还所余税款。

就增值税进行税额抵扣的纳税人需在税务当局进行登记注册，建立完整的会计账册，按月正常申报缴纳增值税，并向税务机关提供完整的计税依据证明资料。

在开业初期，商品制造商和服务供应商以生产加工出口商品、提供应税服务为目的，或以再出口至第 3 国为目的，因采购国内货物或进口货物所取得的增值税进项税额，有权同每月应缴税款相抵扣。

经由边境或国际机场进入老挝的旅客或游客（每月不得超过 2 次），如每人每次携带超过 50 美金的产品或货物的，需要自行申报及缴纳增值税，税率为 10%；对出入境较频繁的游客携带的进口商品征收 10% 的增值税，其不能享受针对 1 个月内出入境次数低于 2 次的旅客所携带的 50 美金以内的物品免征增值税的优惠政策。

3. 增值税的税收征管

纳税人销售应税货物或提供应税劳务的，必须向购买方开具标准的税务发票。税务发票是抵扣进项税必需的依据。

如果有证据能表明货物已经实际从老挝出口，则出口商品按零税率征税。需要的证据包括销售合同、海关文件、原始发票、银行付款证明等。发票可以使用外币开具发票，但必须按照老挝各个时期银行确定的官方汇率折算成基普。

纳税人的账面资料等必须依据规定妥善保存 10 年，以备税务机关随时查阅。

纳税人有义务向主管税务机构提交增值税纳税申报表，并以表格的形式按月汇报发票的使用，不得晚于次月 15 日；或者按季度申请，不得晚于下一个季度首月的第 15 天。

进口货物的纳税人，应在货物报关时，一并向该海关申报增值税和关税。

对于延迟缴税的纳税人，将按日依据应缴纳税款额的 0.1% 计算，缴纳罚款，该罚款不得超过应缴税款的总额。对于申报收入不准确、缴税税种不齐全，或销售商品、提供服务但未开具发票或开具发票不准确的纳税人，除追回欠缴税款外，还处以欠缴税款 20% 至 60% 的罚款，情节严重的依法追究纳税人的刑事责任。通过故意欺诈、虚假报税来逃避纳税义务的，除追回欠缴税款外，还处以欠缴税款 20% 至 100% 的罚款，情节严重的依法追究纳税人的刑事责任。

老挝纳税人应自收到税款追索函或催缴通知单之日起 15 日之内缴纳税款。对拖欠税款行为，纳税人将面临以下处罚：①收到第一次税款追索函或催缴通知单发出 15 日内缴纳的，处以应缴税款的 3% 的罚款；②收到第二次税款追索函或催缴通知单的，处以应缴税款的 6% 的罚款；③收到第三次税款追索函或催缴通知单的，处以应缴税款的 10% 的罚款。

（二）老挝的消费税政策

消费税是从购买商品或特定类型服务行业的消费行为中收取的间接税，是由在老挝购买国产及进口商品的消费者，以及使用老挝境内提供的服务业的消费者承担，由产品或服务的经营者代为收取后上缴国家的税收。消费税的税率范围为 3%～90%。

从 2020 年 1 月 1 日起，老挝的消费税征税范围和税率如下：成品油，税率为 8%～39%；酒精和酒精类饮料，税率为 60% 或 70%；啤酒，税率为 50%；饮料，税率为 5% 或 10%；雪茄、卷烟等烟草制品，税率为 35%～60%；珠宝玉石，税率为 15%；地毯、高档家具，税率为 15%；香水和美容产品，税率为 20%；纸牌及赌博用具，税率为 90%；烟花爆竹，税率为 80%；摩托车，税率为 20%～80%；汽车，税率为 3%～90%；快艇、赛艇及配件，税率为 20%；电视、音响、乐器、电话等及配件，税率为 20%；空调、洗衣机、吸尘器等，税率为 20%；台球桌、保龄球，税率为 30%，游戏机，税率为 35%。服务类的消费税税率为 10%~35%：娱乐会所、舞厅和卡拉 OK，税率为 35%；保龄球、美容服务、手机、数字电视、有线电视、高尔夫球，税率为 10%；彩票销售，税率为 25%；赌场、赌博游戏机，税率为 35%。

进口消费税应税货物或服务的，应在报关进口时缴纳。国内生产者或服务提供者，应在次月 20 日内完成月度消费税纳税申报和缴纳义务。

（三）老挝的关税政策

老挝对出口的货物和部分进口的货物征收关税，进口关税计税基础是以到岸价（CIF）为计税基础，出口关税以离岸价（FOB）为计税基础。

老挝加入的自贸区包括东盟自贸区、东盟-中国自贸区、东盟-韩国自贸区、东盟-澳大利亚-新西兰自贸区、东盟-日本全面经济合作伙伴协定、东盟-印度自贸区等，根据进口的商品国不同，税率也不同，范围在 0%~40% 之间，除对部分产品免关税外，其余有 6 档税率，分别为：5%、10%、15%、20%、30% 和 40%。老挝作为最不发达国家之一，欧盟给予老挝普惠制中最高层次的优惠，对进入欧盟市场的老挝商品免征关税和无配额限制。中国给予老挝特殊优惠关税待遇，对 459 种老挝商品免征其进口关税。

对于老挝进口的直接用于生产的固定资产、汽车、配件及原材料（老挝境内无法生产和提供），免征关税和增值税。进口用于生产出口产品的设备、配件和原材料，免征关税和增值税。用于生产出口产成品和半成品的原材料（非自然资源）免征增值税。

二、老挝的所得税政策

（一）老挝的公司所得税政策

老挝没有明确的居民公司的概念，但在老挝的税法中规定：依据老挝法律注册成立的公司，应就其源自老挝境内外的所得纳税。依据其他国家法律成立的公司，仅就其源自老挝境内的所得纳税。

1. 公司所得税的税率

老挝的公司所得税也称利润税，标准税率为20%，老挝只允许特定行业的外国公司在老挝设立分公司（包括银行、财务公司、保险公司、航空公司和咨询公司），分公司同法人公司一样，适用20%的税率。在证券交易所上市的公司，4年内享受为13%的低税率；生产、进口和分销烟草产品的企业（2%的控烟基金税），税率为22%；与政府协议的矿业公司，税率为25%；培训和研究中心，税率为5%；使用绿色技术的公司，税率为7%。

外商投资企业依据其所从事的行业和经营地点而有权申请一定期限的免税。

对没有注册为增值税纳税人的个人和小微企业（营业额在4亿基普以下）采用核定综合纳税的方式，征定额税（Lump-sum Tax）。年度营业额低于5000万基普的，免税；营业额在5000万~4亿基普的，制造业、农业及其他加工业的，税率为1%；商贸业，税率为2%；服务业，税率为3%。

2. 公司所得税计税的主要内容

利润税的计税基础是基于会计利润得出的。年度会计利润是经营收入及经营成本的差额。税务利润是将会计利润加上税法规定不允许扣除的成本费用项目，再减去税法规定中允许扣除的成本费用项目。

利润税的应税范围广泛，从事任何种类、任何水平的经济活动而产生的利润所得都必须缴纳利润税，包括：农林业、工业、手工业经营，自然资源的开发，进出口贸易，银行、保险和各种金融活动，包括酒店在内的旅游业，彩票、赌场及体育活动，其他一般服务活动。

老挝对转让土地、建筑物或土地连带建筑物使用权的所得，股权转让所得、取得股息和红利，均视同一般收入征税。

利润税前可扣除的支出包括：与经营活动有关的开支，如电费、维修费、工资、福利费及社会保障税、租金、利息及保险费用等；资产折旧；差旅费；业务招待费和通信费（按规定比例）；捐赠支出；广告费等。

在计算利润税时，不可税前扣除的支出，包括但不限于以下内容：利润税；非银行贷款利息支出以及支付股东的贷款利息支出，与企业生产经营无直接关联的贷款利息支出；与生产经营活动无关的费用税前不可扣除，娱乐费用，如高尔夫球费用、舞厅消费、购买礼物和奖品、计提的各种准备金、罚款和滞纳金、赞助费用等。

计提的减值准备金不允许税前扣除，在实际发生并核销时允许扣除。

存货成本的核算一般按成本与可变现净值孰低法来确定。

按法律规定方法和比率计提的折旧或摊销可在税前扣除，折旧或摊销方法主要包括直线法、双倍余额递减法和工作量法。资产的折旧或摊销应按法定最低年限计提，以下为法定折旧率：无形资产或固定资产，年折旧或摊销率为20%或50%；建筑物，工业和商业用，折旧率为2%，住宅建筑物，折旧率为5%；机械设备、机动车、办公设备、软件的折旧率均为20%。

公司设立发生的开办费用，可在2年内摊销。老挝对商誉的摊销无具体规定，但老挝的税法规定，使用年限不确定的无形资产，不得摊销。

老挝的税法规定，对已缴纳的境外税收，不允许抵免。经营亏损可向后结转3年，但不允许向前结转。

3. 公司所得税的税收优惠

在证券交易所上市的公司，自上市之日起4年内享受13%的低税率。

得到政府许可的投资人在老挝境内的优先发展的领域或区域进行投资时，可根据《老挝投资促进法》的相关规定，视其具体的投资地点及行业，享受利润税的税收优惠政策，具体区域分为以下三类：①在贫困地区，社会经济基础投资偏少的偏远地区投资，10年内免征利润税，鼓励类行业15年内免征利润税。②在社会经济基础投资较多的地区投资，4年内免利润税，鼓励类行业7年内免征利润税。③在经济特区投资，以具体政策和协商结果为准，对于特许经营活动，应遵循相关法律或协议。

鼓励类行业包括清洁、无公害农业、种苗、动植物养殖、林业开发、环境保护及生态多样化、促进农村地区发展及减少贫困人口的商业活动；生态型农产品加工业以及民族传统工艺品加工业；教育、体育、人力资源开发以及劳动技能培训、职业培训中心以及教育及体育器材生产行业；现代医院、医药设备生产、传统医疗行业。

如果公司将净利润再投资于发展鼓励类业务，利润税的免税期可延长1年。

4. 公司所得税的税收征管

老挝纳税年度与日历年度一致。

个体经营者、法人和自由职业者的预付税款金额根据上一年实际纳税额或本期估计的纳税额确定。利润税预缴分为 2 期：分别在当年的 7 月 20 日和次年的 1 月 20 日前完成预缴。年度纳税申报表与财务报告应于次年 3 月 31 日前提交，以便重新计算实际应缴纳的利润税。在年度会计报表完成后，需按照财务报告资料申报全年缴纳的利润税，并核算需要缴纳的实际税金；如实际利润税大于预缴的金额，需要补交；如实际利润税小于预缴的金额，则需在下期抵扣，直到扣完为止。

无法依据会计准则设置账务资料和提供财务资料的，根据营业额按不同行业的利润率推算出利润额，并按 20% 的税率征税：农业和手工业，利润率 7%；制造业和加工业，利润率为 10%；贸易和服务业，税率为 15%。

利得税由买方在交易发生之日起 10 日内向税务机关自行申报缴纳。

（二）老挝的个人所得税政策

老挝的个人所得税征税对象包括：在老挝境内有固定居所、到国外工作并取得老挝所得税收入的个人，如果在国外免征所得税，也必须在老挝申报缴纳所得税；从老挝取得收入；在驻外使馆或国际组织工作并在老挝取得应税所得的老挝籍雇员；在老挝工作并在老挝或其他国家同时取得收入的外国人（除非税收协定规定免征其个人所得税）。

1. 计税收入

雇佣所得包括工资、劳务费、加班费、超时务工费、职务工资、年度补贴、公司董事会或经理的会务费，以及其他货币或实物形式的个人收益。其计税基础为货币收入金额、物品价值以及所有合同规定的其他收益之和。

利润税是对个人和企业经营取得的利润直接征收的一种直接税。个人从事商业活动，包括商品生产或者贸易、提供服务所得征收利润税。

以下均征收利润税公司股东或持股人的股息分红或其他收益；出售个人、法人股份所获得的收益；贷款利息所得；个人、法人的代理费或委托费用；按照合同或者其他条约收取的保证金所得。

从政府组织的非商业性活动、国家建设、大型组织或民间社团活动中获取的收益，应将所有相关收入计入计税基础。

中奖所得，个人获得 500 万基普以上的奖金及彩票收益应缴纳个人所得税。其计税基础为奖金和彩票的实际价值，如属于物资类奖励，应按物品价值折算成货币金额再申报缴纳所得税。

租金收入包括土地、房屋建筑物、交通工具、机械设备或其他资产的租金收入。知识产权收入包括出让专利、版权、商标或者其他权益所取得的收入。计税基础为按照合同约定应收取的所有收入。

2. 税收扣除

个人支付的养老保险和其他福利基金可以税前扣除。

以下收入不征收个人所得税：个人不超过 100 万吉普的月薪收入；在证券交易所上出售股票取得的收入；未满 18 岁的未成年人、产妇、残疾人等取得的津贴、补助金、一次性补贴、政府贫困补助等；向上市公司股东或持股人分配的股息；公共服务活动取得的收入，如艺术表演、体育活动或其他经过批准的活动；存款利息、政府债券和信用债券的利息；支付给个人的人寿保险和财产保险赔款。

3. 个人所得税税率

居民纳税人雇佣所得的个人所得税使用 5%～24% 的超额累进税率缴纳，具体如表 3-14 所示。

表 3-14　就业所得税超额累进税率表

应纳税所得额（基普）	累计税额（按最高所得计算）（基普）	税率（%）
≤100 万	0	0
>100 万，≤300 万	10	5
>300 万，≤600 万	40	10
>600 万，≤1200 万	112	12
>1200 万，≤2400 万	292	15
>2400 万，≤4000 万	612	20
>4000 万	—	24

经营所得适用 5%～24% 的超额累进税率，如表 3-15 所示。

表 3-15　经营所得税超额累进税率表

应纳税所得额（基普）	累计税额（按最高所得计算）（基普）	税率（%）
≤360 万	0	0

应纳税所得额（基普）	累计税额（按最高所得计算）（基普）	税率（%）
>360 万，≤800 万	22	5
>800 万，≤1500 万	70	10
>1500 万，≤2500 万	150	15
>2500 万，≤4000 万	300	20
>4000 万	—	24

其他应税所得的适用税率，如表 3-16 所示。

表 3-16　其他所得税超额累进税率表

收入类型	税率
股息红利	10%
股权转让所得 （若可以提供相关证明材料确定股权转让收入与股权转让成本； 若不能提供相关证明材料确定股权转让收入与股权转让成本）	10% 或 2% （按转让收益的 10% 征税； 按转让所得的 2% 征税）
贷款利息、佣金、担保费收益	10%
获取的奖金、奖券、现金或实物奖励超过 500 万基普的	5%
出租土地、房屋、车辆、机器设备等财产的所得	10%
专利权、著作权、商标等知识产权的所得	5%
转让土地使用权、建筑物取得的收入 （若能提供相关证明材料确定土地及建筑物销售收入与成本； 若不能提供相关证明材料确定土地及建筑物销售收入与成本）	5% 或 2% （按转让收益的 5%； 按销售收入的 2%）

老挝对雇佣所得采用的是源泉扣除的方式，由雇主于次月的 15 日内向税务机关完成纳税申报和缴纳个人所得税。收到租金的出租人应在收到租金的 10 日内完成纳税申报和缴纳税款。支付股息、红利、利息、特许权使用费、转让股份、转让土地和建筑物、中奖金额超过 500 万基普的，均由支付者代扣代缴个人所得税。

三、老挝的其他税收政策

对特定文件或合同征收印花税，根据文件类型的不同，税率范围从

2000~20000 基普不等。环境税是指向在老挝境内使用自然资源并对环境造成污染或对生命健康及生态造成损害的个人、法人和组织收取的一种直接税。土地使用税根据地理位置和土地面积不同，每年按每平方米征税。

社会保障税按照雇员工资总额的一定比例由雇主和雇员共同负担，在老挝取得就业收入的外籍人员也应缴纳社会保障税。雇主按 5.5%的税率缴纳，雇员按 6%的税率缴纳。从 2017 年 1 月 1 日起，最高按月工资 450 万为计税基础计算社会保障税。雇主每月最多缴纳 247500 基普，雇员每月最多缴纳 270000 基普。

四、老挝的涉外税收政策

老挝央行对外汇施行管制，提供符合条件的证明，外国投资者可将利润、资本汇回母国。

老挝居民公司取得的境内外股利收入、利息收入和租赁收入，征收 10%的公司所得税。取得特许权使用费收入，缴纳 5%的公司所得税。老挝没有受控外国公司规定。

老挝没有转让定价指南，但要求集团内关联交易遵循正常交易原则。老挝没有资本弱化规则，但从 2016 年 11 月 17 日起，老挝要求属于鼓励类行业的公司资产比例不得低于 30%。

老挝对境内外实体和个人征收最终预提税。股利（包括向股东和合伙人的分红）、贷款利息（非银行）和担保费用，预提税率为 10%。出售股份的利得、不动产转让或出售，预提税税率为 2%。现金或实物形式的彩票中奖及其他奖项、特许权使用费，预提税税率为 5%。

老挝已经与 11 个国家签订了税收协定，在老挝与各国签订的税收协定中，股息预提税为 5%的有中国、缅甸，在持股达到规定比例的情况下，股息预提税为 5%的有白俄罗斯、马来西亚、新加坡和卢森堡。利息预提税为 5%的只有中国和新加坡；与白俄罗斯协定利息预提税为 8%，其他均不低于 10%。特许权使用费，国内税法规定的预提税为 5%，协定中的预提税均等于或大于 5%，实际执行中应遵循孰低原则。

中国与老挝协定：从老挝向中国汇回股息、利息、特许权使用费预提税均为 5%，分公司利润汇出，不征收预提税。无间接抵免，无税收饶让。利息免税的金融机构包括：中国人民银行、中国国家开发银行、中国进出口银行、中国农业发展银行、双方主管当局随时同意的资本完全为政府所拥有的金融机构。

第九节　缅甸的税收政策

关于缅甸（Myanmar）的主要税种有公司所得税、个人所得税、商业税、特殊商品税、社会保障税、关税、印花税、财产税等。缅甸有外汇管制，缅甸公民、外国人以及公司进行外汇交易，一般必须取得外汇管理部门的许可。外汇交易包括从境外借款、偿还境外借款的本金及利息、对境外个人支付款项、在境外开立银行账户及利润汇出。然而，经缅甸投资委员会批准，根据缅甸外商投资法注册的公司，可以以投资初始的外汇币种汇出投资和利润。

一、缅甸的流转税政策

缅甸对流转税政策，这里主要介绍缅甸的增值税政策、消费税政策和关税政策。

（一）缅甸的增值税政策

在缅甸境内销售商品、提供服务、进口商品和服务的行为征收商业税，实质上为增值税。从事以上应税业务的实体和个人，均为商业税的纳税人。

所有在缅甸经营的公司（包括境外供应商）应进行商业税登记。企业应在开始经营前的 1 个月内进行商业税登记，并在营业执照有效期截止前 1 个月内进行后续登记。税务登记后，纳税人应在营业后的 10 日内将营业情况报至税务机关；纳税人名称、营业地点、注册地址发生变化的应在 15 日内向税务机关报告。

缅甸不允许集团公司合并登记，集团的成员公司必须分别单独进行商业税登记。"无机构经营实体"（在缅甸没有经营活动或固定营业场所的境外经营者）必须指定税务代理人代为办理其在缅甸的税务事项。

缅甸反向征税制度，如果海外劳务供应商是暂时在越南开展经营活动并且未完成税务登记，在越南接受劳务的客户在支付款项时，必须代为计算和预提商业税。

向缅甸客户提供跨境数字服务和产品（如数字服务）的外国公司、运营网上商城或电商平台的外国公司的增值税税务登记，目前没有特殊规定，按上述一般规定执行。

缅甸没有在线税务登记系统，符合商业税税务登记条件的纳税人，应亲自到税务机关提交 KaThaKha-1 和 KaThaKha-3 申请表、公司营业执照、海外经营投资摘录等纸质文件。在缅甸没有分支机构的外国公司，应指定缅甸的税务代理人代为办理。

企业应在停止营业后的 15 日内向税务机关申请税务注销并结清税款。

1. 增值税的税率

缅甸的商业税标准税率为 5%，其他税率有 8%、3%、1% 和 0，标准税率适用一般的销售商品或提供服务。出口货物和服务的商业税率为 0，但是出口原油按 5% 的税率征收商业税，出口电力按 8% 的税率征收商业税。在缅甸开发和销售房地产的税率为 3%，销售及进口黄金首饰的税率为 1%。

免征商业税的项目包括：初级农产品（如小麦）、农用化肥、杀虫剂、农用生产设备、农用机械、宗教和社会福利用品、宗教文化服务、运输服务、教育和信息服务、金融服务、社会福利、医疗保健服务等。

2. 增值税计税的主要内容

商业税纳税义务发生时间又被称为"可征税时间"或"纳税时点"。纳税义务发生时间以开具发票日期和收款日期二者较早的一方为准。

以收取保证金或预付账款形式的销售行为、发出商品或退回商品、租赁财产等业务的纳税义务发生时间，均没有特殊规定，参照上述一般规定执行。

纳税义务一般由服务供应商履行，但海外供应商向缅甸客户提供的服务，应由接受服务的客户或海外供应商指定的税务代理来履行纳税义务。

进口货物的纳税义务发生时间为进口报关之时，由海关代为征收商业税。

企业用于生产经营活动目的而购入和进口的货物或服务，所产生的进项税可抵扣。企业通过抵扣销项税的方式来收回进项税，抵扣进项税必须以合法有效的发票为依据。企业购入的资本货物或固定资产所产生的进项税不得抵扣。

购进用于非生产经营活动的商品和服务而产生的进项税额不得抵扣。同时经营应税和非应税业务的进项税分摊比例，没有具体规定。进项税额大于销项税额的部分不能退还，但可结转至下期继续抵扣。如果企业生产的产品全部为免税产品，产生的进项税不得抵扣，进项税可在计算公司所得税时作为费用进行扣减。

缅甸不能申请退税，如果纳税人当期的进项税超过销项税，可结转至下期继续抵扣或者经税务机关批准，将未抵扣完的进项税作为费用在计算公司所得税时进行扣除。

在税务登记日期之前发生的商业税进项税，不得抵扣。发生坏账核销的，其销项税不能申请退回，但可作为费用在计算公司所得税时进行扣除。

在缅甸无常设机构的境外企业发生的进项税，不得抵扣，除非该境外法人在缅甸完成税务登记。

3. 增值税的税收征管

缅甸对开具发票的具体时间没有具体规定。但实践中，发票应在销售货物和提供服务时开具，缅甸对制造业和商品贸易的发票格式有强制性规定，要求发票上必须载明发票号码、供应商和客户的名称、地址、税务登记号码、交易日期、商品或服务名称、交易类型、数量、价格、金额等信息。

缅甸没有针对贷项通知单的特殊规定，在实践中，按基本会计准则的规定来执行。缅甸允许开具电子发票，但必须载明详细的发票信息。

缅甸不允许开具简化发票，也不允许开自开发票。纳税人必须提交海关出具的出口报关单，出口商品才可按零税率征税。

可以使用外币或缅元开具发票，采用外币开具的发票，必须按中央银行公布的汇率折算成缅元。

B2C（企业向消费者个人销售）交易模式下开具发票，没有特殊规定，按上述一般规定执行。

企业税务和账务资料从交易之日起至少保存 7 年，经税务机关批准，可采用电子方式或纸质方式保存。

商业税按季度申报，应自季度终了的 1 个月内完成纳税申报；在年度终了的 3 个月内完成年度纳税申报。销售商品和提供服务产生的商业税，应在业务发生的次月 10 日内向税务机关缴纳税款。缅甸不允许采用电子方式进行纳税申报。纳税人还应提供附加的纳税申报材料：由纳税人签署承诺已经完成税款缴纳和纳税申报的声明文件。

纳税人逾期登记和未登记（包括信息发生变化未及时变更登记、公司停止营业未及时完成税务注销），处以相当于年度应缴税款的 10% 的罚款。

纳税人逾期缴纳税款的，处以相当于年度应缴税款的 10% 的罚款。逾期提交纳税申报表的，按下列较高者为准进行处罚：①按逾期每个月相当于应缴税款的 5% 标准处以罚款，额外再按 1% 的比例处以罚款；②处以 10 万缅元的罚款。

未按税务机关要求提供税务资料或账务资料的，处以 25 万缅元的罚款，或处以 1 年监禁，情节严重的二者并罚。

纳税人的纳税申报存在错误、未按规定保存税务和账务资料的，按下列规定处罚：应纳税额不超过 50 万缅元的，每日按 0.5 万缅元的标准处以罚款；应纳税额不超过 5000 万缅元的，每日按 5 万缅元的标准处以罚款；应纳税额超过 5000 万缅元的，每日按 10 万缅元的标准处以罚款。

通过故意欺诈、虚假报税来逃避纳税义务的，按下列规定处罚：如果少缴税款不超过 1 亿缅元或少缴税款不超过应缴税款的 50% 的，处以相当于少缴税款 25% 的罚款；如果少缴罚款超过 1 亿缅元或少缴税款超过应缴税款的 50%，处以相当于少缴税款 75% 的罚款。

向税务机关披露不准确或误导性信息，处以 15 万缅元的罚款；如果导致少缴税款或多抵扣税款的，处以 50 万缅元罚款。

（二）缅甸的消费税政策

缅甸针对被归类于特殊商品的物品征收特殊商品税（Specific Goods Tax），特殊商品税的税率为 5%~60%。特殊商品税具有消费税性质。

征收范围和税率如下：香烟，税率为每支 6 缅元至每支 21 缅元；烟草、烤烟税率为 60%；平头雪茄，税率为每支 0.5 缅元；雪茄和烟斗烟草，税率为80%。槟榔，税率为80%。烈酒，税率为每升166缅元至销售额的60%；啤酒，税率为60%；红酒，税率为从每升81缅元至销售额的50%。木材，税率为25%。金银珠宝和玉石，税率为5%~25%。汽车，税率为10%。成品油，税率为10%。天然气，税率为8%。

大部分出口的特殊商品免税，但以下特殊商品不免税，税率如下：原油，税率为5%；天然气，税率为8%；木材，税率为10%；玉原石，税率为15%；除钻石和祖母绿之外的玉石，税率为10%；玉及其他珍宝制成品，税率为5%；电能，税率为8%。

（三）缅甸的关税政策

原则上，缅甸对所有进口货物均征收关税，关税税率在0%~40%不等。

中国海关与缅甸海关正在推动输华产品零关税税目扩大的项目。目前，缅甸有95%的输华产品享受零关税待遇，若此项协议达成，缅甸97%的输华产品将享受零关税待遇。

按照《缅甸投资法》（MIL）注册成立并获得了投资委员会许可的公司，如果投资不低于30万美元的，可享受以下优惠：对于企业在经营过程中，因经营目的而进口的机器设备、仪器、机器零配件、原材料等，提供关税或其他国内税的减免优惠。企业建成投产后的前3年，可减免企业进口原材料征收的关税或其他国内税。

根据《缅甸经济特区法》（SEZ Law）规定，某些特定物品，如非经营性工具、机器、车辆等，前5年内免关税，接下来的5年减免50%的关税。

外交人员使用的进口车辆，免进口关税。

近年来，缅甸关税征税的范围和税率调整较为频繁，涉及关税的最新税率应与缅甸海关确认。

二、缅甸的所得税政策

（一）缅甸的公司所得税政策

在缅甸注册成立的公司为居民公司，居民公司就其境内外所得缴纳缅甸的公司所得税，但根据缅甸投资委员会（MIC）批准注册的公司，无须就境外收入纳税。非居民公司仅就源自缅甸的所得缴纳公司所得税。

1. 公司所得税的税率

缅甸的公司所得税税率为25%，自2015年起，外国分公司适用同一税率。

缅甸无单独的资本利得税，资本利得税包含在所得税法中，为区别其与主营业务所得，资本利得征收的所得税亦被称为利润税。居民公司和非居民公司税率均为10%，从事石油和天然气的勘探、开采、生产的公司资本利得的税率为40%~50%。

2. 公司所得税计税的主要内容

公司所得税的计税基础，是以经过审计的会计利润为基础，根据税法进行一系列调整后的利润，应纳税所得额为应税收入总额扣除各项可抵扣费用后的所得。

缅甸所得税法规定收入分为专业所得、经营所得、财产收益、资本利得、其他所得及未公开的所得等。其中，资本利得需单独计算，来自动产的所得被视为经营所得，利息收益同样被视为经营所得。

企业实际发生的与取得收入有关的、合理的支出，包括成本、费用、税金、损失和其他支出，准予在计算应纳税所得额时扣除，主要包括：与取得经营活动有关的成本费用、折旧和摊销、利息费用、为取得专业服务的支出、捐赠、特许权使用费等。

按法律规定方法和比率计提的折旧或摊销准予税前扣除，折旧率如下：建筑物，折旧率为1.25%~10%；安装在建筑物的设施和配件，折旧率为5%~10%；机器和厂房，折旧率为2.5%~20%；车辆，折旧率为12.5%~20%；其他固定资产，折旧率为5%。缅甸目前没有针对商誉摊销的特殊规定。

与企业生产经营相关的利息费用，在利息费用和融资成本发生的当年可税前抵扣。捐赠支出，向宗教、慈善机构或基金组织捐赠发生的支出，在不超过营业收入总额25%的部分准以税前扣除。

公司设立过程中发生的支出费用中属于经营费用的，不得抵扣；具有资本性质并资本化的支出，可通过对资产计提折旧的方式完成税前抵扣。

不得税前扣除的项目，主要包括：资本性支出，私人消费的支出，与生产经营活动无关的支出，支付给公司、合作组织或其他组织合伙人或股东的款项，向股东分配的股息和红利，私人业务招待费和礼品，计提的各种减值准备金，赞助支出，非公益性捐赠、罚款和滞纳金等。缅甸没有针对坏账核销是否能够税前扣除做出具体的规定。

资本亏损只能抵减资本利得。居民公司必须在取得资本利得的一个月内缴纳资本利得税。利息税前扣除的前提是已经缴纳了预提税。股息支付不需要缴纳预提税。经营亏损可以向后结转 3 年，无集团申报规定。

3. 公司所得税的税收优惠

根据《缅甸投资法》（MIL）设立的公司，可享受以下税收优惠：在欠发达地区投资，7 年内免征公司所得税；在中等发达地区投资，5 年内免征公司所得税；在发达地区投资，3 年内免征公司所得税。利润 1 年内用于再投资的，该部分的投资利润免征公司所得税。机器、厂房和设备可加速折旧。缅甸境内发生的研发费用可税前扣除。公司筹建、扩建或再建期间的所需且国内无法提供的机械、设备、工具、零部件，免征关税和商业税。为出口成品而进口的原材料及半成品，免征或退还已征的关税和商业税。除原油和电力出口外，其余出口的产品免征商业税。外国投资者按居民公司适用的税率缴纳公司所得税。

根据《缅甸外国投资法》（MFIL）设立的公司，并经过缅甸投资委员会（MIC）许可的公司，可享受以下税收优惠：5 年内免征公司所得税，根据企业经营情况，可适当延长优惠期限。在免税期结束后的 2 年内发生亏损的，可向后连续 3 年结转。对企业的储备基金再投资的，这部分投资产生的利润免征或减征公司所得税。按投资委员会规定的折旧率对机械、设备、建筑物和其他用于生产经营的资本资产计提加速折旧。出口产品形成的利润，免征 50% 的公司所得税。外国投资者有权享受与本国居民相同的公司所得税率。缅甸国内的研发费用可税前扣除。在建设施工期间需要的进口机器、设备、仪器、配件及原材料，免征关税或/和其他国内税。建设竣工后的 3 年内，进口原材料免征关税或其他国内税。投资者在批准的时间内扩大投资和拓展业务，为拓展业务进口的机器、设备、仪器、配件及原材料免关税或/和其他国内税。生产用于出口的产品免商业税。

根据《缅甸经济特区法》（SEZ Law）规定，在缅甸经济特区（SEZs）投资者的（Investors），可享受以下税收优惠：在保税区经营的企业，7 年免征公司所得税。在招商引资区经营的企业，5 年内免征公司所得税，在接下来的 5 年内，减半征收公司所得税；企业将利润中计提的盈余公积在 1 年内再投资的，在接下来的 5 年内减半征收企业所得税。在保税区内，企业进口的机械、设备、原材料及部分商品免征关税和其他税，在招商引资区，企业进口的建设设备和机械，5 年内免征关税和其他税，在接下来的 5 年内减半征收关税和其他税。发生的亏损可向后结转 5 年。

根据《缅甸经济特区法》（SEZ Law）规定，在缅甸经济特区（SEZs）的开发者（Developers），可享受以下税收优惠：从经营开始之日起，8 年内免征公司所得税，在接下来的 5 年内减半征收公司所得税；将利润中计提的盈余公积在 1 年内用于再投资的，在接下来的 5 年内减半征收公司所得税。免征进口原材料、机械设备和某些货物的关税和其他税。发生的亏损可向后结转 5 年。

4. 公司所得税的税收征管

从 2019 年起，纳税年度为财政年度当年的 10 月 1 日起至次年的 9 月 30 日为止。当年的税款一般在下一个年度按照上一个年度的收入进行估算，做出估算后，必须在每季度结束后的 10 日内按季度预缴。

适用官方评估系统（OAS）的公司，必须在纳税年度结束后的 3 个月内（即 12 月 31 日之前）提交公司所得税的申报表和经过审计的财务报告。不允许集团公司合并纳税，各实体须单独申报纳税。采用自我评估系统（SAS）的公司，在提交公司所得税申报表时，可不提供经审计的财务报告。但应向税务机关提供详细的交易记录和证明文件。缅甸税法规定，按季缴纳公司所得税。

资本利得税的纳税义务人应在销售、交换或转让资本资产的 30 日内完成申报和纳税义务。纳税人停止营业的，应在停止营业之日起的 1 个月内申报。

纳税人隐瞒收入等事项，若能在规定期限内披露，处应缴税款的 50% 的罚款；若未能在规定期限内披露，除补缴税款和处以罚款外，还可能被起诉，甚至判刑，公司所得税违法判刑 3~10 年，商业税处 3 年以下监禁。

（二）缅甸的个人所得税政策

缅甸的居民纳税人是指一年内在缅甸居住时间超过 183 天的个人，一个纳税年度内，在缅甸境内居住不满 183 天的个人为非居民纳税人。若外籍人士在依据《外国投资法》下成立的公司里工作，不论其当年在缅甸的居住时间是否超过 183 天，均属于缅甸的居民纳税人。居民个人就其源自境内外的所得，缴纳个人所得税。非居民个人仅就其源自境内的所得，缴纳个人所得税。

1. 计税收入

个人应税所得包括雇员所得、经营所得、财产所得、个人资本利得和其他所得。其中，经营所得包括动产所得及利息所得。

雇佣所得包括雇员取得的工资、薪金、奖金、休假补贴、提成、津贴或者补贴等，以及以现金或非现金形式发放的福利。纳税人个人及配偶支付的人寿保险费和储蓄基金等，可以免税。

经营所得和自我雇佣所得指个人提供连续的个体经营活动而取得的收入，也包括个人提供服务取得的收入。计税基础为应税收入扣除合理的成本费用，一般来说，除法律明确规定的免税收入外，其他经营所得和自我雇佣所得均应计征个人所得税。为赚取利息而进行的投资，也属于经营所得。

资本利得是指转让资本形成的收入，主要包括销售不动产、动产、股份和有价证券取得的收入，均应征收资本利得税。出售、转让的资本资产价值超过 1000 万缅元的应依法纳税；资本利得的税率为 10%。

雇主免费或以优惠价格提供给雇员的股票，雇员应依法纳税。

2. 税收扣除

居民纳税人在缅甸的全年个人所得税的起征点为 480 万缅元。

居民纳税人的每项所得可享受 20% 的免税额，但全年免税总额不得超过 1000 万缅元。纳税人的配偶如果无应税收入，需要扶养配偶，纳税人可税前额外扣除 100 万缅元。对于 18 岁以下的子女以或子女虽然年满 18 岁但仍无收入的全日制学生，纳税人可按子女人数每人扣除 50 万缅元。纳税人夫妻双方均有应税所得的，只有一方可扣除。纳税人与父母居住在一起并赡养老人的，按每位老人的人数扣除 50 万缅元。

其他可税前扣除的项目包括：居民纳税人为自己或配偶支付的人寿保险费用、支付符合法律规定的储蓄基金可税前扣除。居民纳税人向国家承认的宗教、慈善组织捐赠，不超过应纳税所得 25% 的，可以扣除。

与取得个人经营所得实际相关的合理开支可税前扣除。

3. 个人所得税税率

居民纳税人的雇佣所得适用 0% ~ 25% 的超额累进税率，具体如表 3-17 所示。

表 3-17 个人所得税超额累进税率表

应纳税所得额（缅元）	累计税额（按最高所得计算）（缅元）	税率（%）
≤200 万	0	0
>200 万，≤500 万	15	5
>500 万，≤1000 万	65	10
>1000 万，≤2000 万	215	15
>2000 万，≤3000 万	425	20
> 3000 万	—	25

居民纳税人的资本利得和土地、建筑物及公寓租赁产生的租金收入按 10% 的税率征税。

未经过评估的所得：如果居民纳税人首次在缅甸购买、建造或获取资本资产（如土地和建筑物）后出售的，如果无证据证明其已经就此进行了申报和缴纳个人所得税。税务机关将按出售资本资产的整体价值作为计税基础征税，并按以下超额累进税率来征预提税：应税收入不超过 3000 万的缅元，税率为 15%；超过 3000 万缅元至不超过 10000 万缅元的部分，税率为 20%；超过 10000 万缅元的部分，税率为 30%。

具有缅甸国籍的非居民纳税人，应就源自境内外的收入纳税。雇佣所得的个人所得税税率为 10%；资本利得税率为 10%；未经过评估的所得，税率为 30%。

不具有缅甸国籍的非居民纳税人，应就源自境内的收入纳税。雇佣所得的税率按表 3-17 执行；专业活动服务所得、财产所得和经营收入所得，税率为 25%。资本收益，税率为 10%；未经评估的所得，税率为 30%。

缅甸的纳税年度为当年的 10 月 1 日至次年的 9 月 30 日，在纳税年度中仅有雇佣所得的纳税人，不需要提交纳税申报表，由雇主代扣代缴。雇主必须在纳税年度终了后，自 10 月 1 日至 12 月 31 日向税务机关提交纳税申报表并完成税款缴纳。

三、缅甸的其他税收政策

仰光发展区内的不动产（包括土地及建筑物）需征收不动产税，包括一般税、照明税、水税和卫生税，税率为 5%~13%，按照年度评估值的固定比例分月度、季度或两年度征收财产税。缅甸对土地所有人征收土地税，根据土地类型的不同，税率为 300 缅元/亩至 10000 缅元/亩。

缅甸对合同、有价证券、凭证等书据文件征收印花税，按合同金额或核定金额为计税基础，税率为 0.1%~2%。

缅甸的社会保障税包括医疗保险、工伤保险、养老保险、失业保险和其他社会保障金，按工资总额的一定比例由雇主和雇员共同负担，雇主按 2% 的税率缴纳，雇员按 3%的税率缴纳。计税基础每月不超过 30 万缅元；雇员每月不超过 9000 缅元，雇主不超过 6000 缅元。

四、缅甸的涉外税收政策

缅甸的外汇管制较为严格，必须经过缅甸央行外汇管理部门的许可，公司才能将外汇汇出缅甸。

缅甸实行单层公司税制度，股东从公司或其他关联方取得的股利，免交公司所得税。从境外取得的其他收入，应缴纳缅甸公司所得税，对境外已纳税，协定国实行限额抵免。缅甸无受控外国公司规定，也没有转让定价规则和资本弱化规则。

缅甸对股利不征收预提税，分公司利润汇回也不征收预提税。向居民支付利息，预提税为 0；向境外非居民支付利息，预提税为 15%。向居民支付特许权使用费，预提税为 10%；向非居民支付特许权使用费，预提税为 15%。另外，从 2018 年 7 月起，向居民企业支付国内采购商品或服务总额，预提税为 2%，政府采购商品或服务的，预提税为 0；向非居民企业支付采购商品或服务总额，预提税为 2.5%。

缅甸已经签订了 8 个双边税收协定，在缅甸与其他国家签订的税收协定中，除支付给新加坡政府的利息预提税涉及 8%外，其余均不低于 10%；特

许权使用费的预提税，除泰国涉及 5%外，其余均不低于 10%。截至 2021 年
12 月末，中国尚未与缅甸签订税收协定。

第十节 柬埔寨的税收政策

柬埔寨（Cambodia）的税种主要有公司所得税，关税，增值税、特殊商
品和服务税、公共照明税、酒店住宿税、专利税、印花税、不动产税、土地
闲置税、政府合同税和香烟税等。柬埔寨货币是瑞尔（KHR）。在柬埔寨，
从授权的机构购买外汇没有任何限制。

一、柬埔寨的流转税政策

柬埔寨的流转税政策，这里主要介绍柬埔寨的增值税政策、消费税政策
和关税政策。

（一）柬埔寨的增值税政策

在柬埔寨境内销售商品、提供服务、使用自产产品或货品、以低于成本
价格赠与或提供的货物、进口商品和服务均属于增值税征税的范围中。从事
以上应税业务的实体和个人，均为增值税的纳税人。

柬埔寨企业必须在开展经营活动后的 15 日内到税务机关进行税务登记。
登记完成时，税务机关应出具税务登记证，其中包括纳税人身份识别号。

税务机关有权利要求依法应登记或未登记的柬埔寨企业进行登记。关于
地址、公司形式、业务转让或停业、企业主管或负责税务事项有关人员发生
变更，应在发生变更的 15 日内通知税务机关。

纳税人应当自登记之日起承担增值税的纳税义务。增值税纳税义务人在
30 日内完成增值税登记。应登记但未在税务机关登记的纳税人，税务机关可
以将其登记日期确定为其应当登记的日期。

当纳税义务人按照规定登记后，若预期当年和随后年度不会被归类为增
值税纳税义务人，应申请注销。

1. 增值税的税率

柬埔寨的增值税税率有 10% 和 0 这两种。其中，标准税率为 10%，适用一般的销售商品或提供服务。零税率适用于出口的货物或劳务、外包企业向属于鼓励类行业或向出口企业提供服务。

免税项目适用于公共邮政服务、医疗服务、公共交通、保险服务、金融服务、非营利性服务、教育服务、初级农产品、废旧物资回收等。此外，外国使节、领事人员、国际机构、技术合作代理机构，因执行其公务所必须进口的物品被列为免税物品。

2. 增值税计税的主要内容

增值税纳税义务发生时间又被称为"可征税时间"或"纳税时点"。纳税义务发生时间以开具发票日期和收款日期二者较早的一方为准。

进口货物的纳税义务发生时间为进口报关之时，由海关代为征收增值税。

企业出于生产经营活动目的而购入和进口的货物或服务，所产生的进项税可抵扣。企业通过抵扣销项税的方式来收回进项税，抵扣进项税必须以合法有效的发票为依据。

企业用于非生产经营活动的商品和服务而产生的进项税不得抵扣，例如，纳税人用于应酬、消遣和娱乐活动方面所产生的增值税进项税额。

若企业既提供增值税应税服务，也提供非增值税应税服务，该企业可申请抵扣增值税应税服务对应部分的增值税进项税。

采购的货物或服务一部分含税，另一部分免税的，在此种状况下，只能将含税部分视为可抵扣的税款部分。

进口商以再销售或加工为目的而进口的商品所产生的增值税进项税额可进行抵扣，但应提供增值税发票、进口货物所有的通关单据。

纳税人支付的进项税额大于该纳税人当月销项税额时，超过部分用于抵扣该纳税人在以前月份应缴未缴纳的增值税；未抵扣完的进项税额可作为次月的进项税额继续抵扣。

3. 增值税的税收征管

柬埔寨的税法规定，发票应在销售货物和提供服务时开具。所有已登记的增值税纳税人需按照柬埔寨税局提供的 4 类发票模板，就其所有货物销售及服务提供开具增值税发票，并列示了增值税发票所需包含的开票内容。未按照要求开具的增值税发票，不可作为增值税进项税抵扣凭据，也不可作为利得税的税前扣除凭据。

增值税纳税人应当正确记录和保存与其账户关联的每项交易有关的账簿。账户中应记录因货物销售或提供服务所产生的增值税销项税额和因采购货物或服务所产生的增值税进项税额，以及税务局对销售价值或税金做出的调整。纳税义务人应每月都准备增值税明细表。与增值税相关的发票、账簿和其他任何资料应按时间顺序保存，保存期限至少为 10 年。

纳税人须于每月结束后的次月的 20 日内填报上月的增值税申报表，并向税务机关申报。进口货物应在报关时由海关代征增值税。

纳税人未足额支付税款的，处以相当于欠缴税款的 10% 的罚款，另按每月 2% 的利率加征利息。情节严重者，处以相当于欠缴税款的 25% 的标准征收罚款，另按每月 2% 的利率加征利息；计算利息时，不足一个月的按一个月计算。在税务重估期间或收到税款收缴通知书的 30 日内补足税款的，不计算滞纳金。

逾期缴纳税款，处以相当于欠缴税款 10% 的罚款，额外按每月 2% 的利率加征利息，不足一个月的按一个月计算。在收到催款通知书后的 15 日内仍未缴纳的，处以相当于欠缴税款的 25% 的罚款，按欠缴税款的 15% 的标准加征滞纳金，不足一个月的按一个月计算。

纳税人未按规定提交纳税申报表的，税务机关追加评估税款的 40% 的附加税，如不足一个月，则按一个月计算，并另支付 2% 的月利息。

因阻碍税务机关执行税务评估，纳税人或代扣代理人将被处以 200 万瑞尔的罚款；因阻碍税务机关执行简易式或预估式的税务评估，纳税人或税务代理人，将被处以 50 万的瑞尔罚款。

（二）柬埔寨的消费税政策

特定商品和服务税（SPT）是针对进口商品或特定商品和服务征收的税种，税率在 3%~45% 之间；特定商品和服务税实质上是一种消费税。征税范围包括软饮料、含酒精饮料、香烟等产品，从事娱乐、国内国际机票服务以及电信服务。

国内生产商品的计税基础是以不包含增值税和特定商品和服务税的发票价格的90%；进口商品的计税基础是包含关税在内的成本、保险和运费的价格（以 CIF 为基础）；酒店和电信业务的计税基础是发票价格。本地及国际旅客的航空运输费用，税率为10%；计税基础以机票价格为计税依据，价格包括除增值税和特定商品和服务税的其他税费在内。

（三）柬埔寨的关税政策

柬埔寨对大部分的进口货物和少部分的出口货物征收关税，税率在0%~35%之间。柬埔寨仅对部分出口的货物征收关税，包括木材、橡胶制品及特定的动物产品（如大部分的海产品）等。

经柬埔寨发展理事会批准的合格投资项目（QIC）进口用于生产经营所需的设备、建筑材料、零配件和原材料时，免征进口关税。

柬埔寨加入了世界贸易组织和东盟，从以上组织成员国进口的货物，可享受优惠税率。

二、柬埔寨的所得税政策

（一）柬埔寨的公司所得税政策

居民公司指在柬埔寨组建管理，或主要经营地在柬埔寨的公司。居民公司就源自境内外的所得纳税，非居民公司仅就源自柬埔寨的所得纳税。

1. 公司所得税的税率

公司所得税（以前称为利润税）是对企业经营利润、资本利得和利息、特许权使用费、租金等所得征收的所得税。柬埔寨的利润税标准税率为20%。柬埔寨将企业分为大、中、小3类。年流转额在175000美元以下的，为小企业；年流转额在175000~500000美元之间的，为中等企业；年流转额超过500000美元的，为大企业。小企业的公司所得税税率在0%~20%之间，中等企业和大企业的公司所得税税率为20%。高税率为30%，适用石油、天然气、开采黄金、宝石、矿石、木材等自然资源的公司。保险公司的财产保险和财产再保险业务按5%纳税，人寿保险、再保险或其他非财产保险业务按正常税率的20%纳税，保险公司收到已经预扣4%~6%预提税的利息收入，不再缴纳公司所得税。

　　最低纳税额按照流转额的 1% 征收，涵盖除增值税以外税种的纳税额。当纳税金额大于最低纳税额时，则不再征收最低纳税额。公司向境内外股东分配利润时，分配利润的公司视不同的情况缴纳利润分配税额。若用于分配的利润已纳 20% 的公司所得税，则无须缴纳利润分配税；若用于分配的利润已纳税低于 20%，则需要缴纳利润分配税，以达到 20% 的税负。所有实现的资本利得均被视为经营所得，按照 20% 的标准税率缴纳公司所得税。居民公司收到居民公司发放的股利收入，免缴公司所得税。

　　2. 公司所得税计税的主要内容

　　应纳税所得额等于应税收入减去可扣除的成本费用。应税收入包括经营所得、资本利得、利息收入、租金收入和其他合法取得的收入。资本利得视同普通应纳税所得，按 20% 的税率征税。支付给非居民纳税人的股息需按 14% 的税率缴纳预提税。

　　可税前扣除的成本费用主要包括：与经营活动有关的合理费用开支、租赁费用、利息费用、折旧、差旅费、业务招待费（按规定比例）、公益性捐赠支出等。

　　向特定组织进行的公益性捐赠，不超过未计捐赠前的应纳税所得额 5% 的部分，可税前扣除。

　　柬埔寨允许无息贷款或低息贷款，但对高息贷款有限制，要求贷款利率不得超过同期的市场利率的 120%；关联方（持股 20% 以上）贷款不得超过同期市场利率。市场利率是由税务主管部门根据至少 5 家主要银行的市场利率确定的。可抵扣利息费用控制在"利息收入加息税前利润 50%"的范围内。税务主管部门要求贷款发生后的 3 天内向税务机关备案并提交有关贷款的详细资料。若企业未在规定时间备案或提交资料不齐全，利息支出不得税前扣除。

　　按税法规定的方法和税率计提的折旧，可税前扣除。有形资产的折旧分为四类：建筑物及构筑物，折旧率为 5%，采用直线法折旧；电脑、电子产品、软件和数据交换器材，折旧率为 50%，采用余额递减法折旧；小轿车、卡车、办公室家具和器材，折旧率为 25%，采用余额递减法折旧；其他有形资产，折旧率为 15%，采用余额递减法折旧。经柬埔寨发展委员会批准成立的合格投资者（QIC）享受优惠：购入资产的第 1 年或使用资产的第 1 年可一次性计提 40% 的折旧。使用寿命有限的无形资产，如专利、版权、图纸、模型和特许经营权等，采用直线法摊销，若无形资产的使用年限无法估计，可按无形资产价值的 10% 计提摊销。

为了维持正常生产和经营所需支付的贷款利息可在纳税年度内税前扣除。但利息支出不能超过纳税人该纳税年度净利润的总和或非利息纯收入的 50%，未扣完的利息费用可向后结转 5 年。

税前不得扣除的支出和费用包括：休闲娱乐活动或招待活动的费用；个人和家庭支出；关联方之间买卖或交换财产形成的损失；违反税法规定缴纳的罚款和滞纳金；向公益性组织以外的捐赠、赞助或资助等；法律明确规定在经营活动中实际发生且允许税前扣除事项外的其他任何支出。

柬埔寨出于税收目的，不允许企业为未发生的损失和费用计提准备金，但国内金融机构可以在规定范围内依法计提准备金。

经营亏损可以向后结转 5 年，且要求结转期间内股权不能变更，经营业务不能变更。

3. 公司所得税的税收优惠

经柬埔寨发展委员会批准成立的合格投资者（QIC）享受以下优惠：可选择适用特殊折旧率。免除最低税，免除一定期间的利润税，一定期间包括：激发期+3 年+优先期。激发期指实现盈利的第 1 年与取得收入的第 3 年以先到期的一方为准。优先期指在法律中已经明确，且依项目的不同而不同，可能持续 3 年。总体来说，利润税免税期为 7~9 年。合格投资者还享受免除关税的待遇，包括进口生产设备、建筑材料、原材料、半成品及为生产服务的附带料件。减免期内，可减免每月按照营业收入预缴税率为 1% 的公司所得税；利润用于再投资的，免征公司所得税；分配红利不征税。

在柬埔寨证券交易所首次上市发行股票的公司或企业，持有证券市场上的政府证券、股票的公共投资者（居民或非居民），在 3 年内可减半征收公司所得税；3 年内减半征收股息和利息的预提税。首次上市的公司或企业，在初期，可豁免全部的公司所得税、预提税、增值税和其他税。

从事水稻种植、收购水稻和精米出口的企业，可在 3 年内免征所得税，到期后可申请延期 3 年。免税期，可免缴 1% 的预缴税。

4. 公司所得税的税收征管

公司纳税年度与日历年度相同，但可根据行业特征申请不同的纳税期间。

需根据实际纳税评估或简化评估要求，计算应交的公司所得税。纳税人需在纳税年度终了后的 3 个月内向税务机关提交年度公司所得税的纳税申报表并完成税款缴纳。发生亏损的企业也应按规定提交纳税申报材料。

在实际纳税机制（查实征收）下，需向税务机关提交资产负债表、项目结算报表和辅助性凭证资料报表。在简化纳税机制（简易征收）下，需根据税务机关所提供的税务表格和所要求的附件资料进行填报。

纳税人应每月按照月营业收入的 1% 预缴利得税，且需在次月 20 日内完成申报。在年度汇算清缴时，已预缴的公司所得税可抵扣年度应纳公司所得税。在公司所得税免税期间，无须预缴公司所得税。

居民纳税人应在次月的 20 日前提交预提税的纳税申报表并缴纳预提税。自 2020 年 6 月起，月度纳税申报表在次月的 25 日前通过电子方式提交纳税申报表，也可在次月的 20 日前提交纸质版的纳税申报表。

（二）柬埔寨的个人所得税政策

居民个人指在柬埔寨拥有住所或在一个纳税年度内累计在柬埔寨居住超过 182 天以上的个人。不符合上述条件的个人为非居民个人。居民个人就其源自境内外的所得，缴纳个人所得税。非居民个人仅就其源自的所得，缴纳个人所得税。

1. 计税收入

雇佣所得是指通过临时或长期受雇取得的收入，包括现金和实物形式获得的工资、报酬、奖金、加班费、红利和其他额外利益。雇主提供给雇员的预付款项，例如借贷或分期付款，也在征税范围内。以外币方式取得的薪资和福利计税时应按法定汇率折算成瑞尔。雇主提供给雇员的附加福利，应单独征收附加福利税。

经营所得和自我雇佣所得指个人提供连续的个体经营活动而取得的收入，也包括个人提供服务取得的收入，适用 0% 至 20% 的 5 级超额累进税率。

投资所得包括利息、股息、红利、租金、特许权使用费等。特许权使用费和服务，税率为15%。利息收入，在柬埔寨国内银行的非定期存款利息，税率为4%；国内银行的定期存款，税率为6%；取得除银行以外的存款利息，税率为15%。租金收入，税率为10%，房地产公司转租物业取得的租金除外。

居民企业或非居民企业的永久性机构向非居民个人支付源自柬埔寨的收入，按14%的税率征收预提税。

资本利得是指转让资本形成的收入，主要包括销售不动产、固定资产等取得的收入。柬埔寨没有单独的资本利得税，出售固定资产形成的利得必须按规定缴纳个人所得税。

柬埔寨的个人所得税没有纳税申报程序，个人不需要提交纳税申报表。因此，税务机关对个人所得税通过征收预提税的方式来完成征收目标。

2. 税收扣除

妻子为全职太太、子女未满14周岁或25周岁以上仍然在经认可的教育机构就读的全日制在校学生的员工，每月可从其应纳税的薪金收入基数中，按人数扣除150000瑞尔。

免税项目包括：在劳动法所允许的范围内收到的赔偿金，雇员报销与雇佣相关的费用，根据劳动法被解雇后取得的赔偿，员工出差津贴，提供免费或购买低于实际售卖价的制服或专业仪器，国家参议院、议会、国外驻柬外交领事馆和国际援助机构的雇员取得的薪金。

居民纳税人，取得国外的薪金并根据国外税务机关的要求已付清国外的税款，则可在柬埔寨的应交薪金税中扣除，抵扣国外已缴税款，必须出具已在国外交缴纳税款的凭证和文件。

3. 个人所得税税率

居民个人的雇佣所得适用0%~20%的超额累进税率，具体如表3-18所示。非居民的个人所得税税率为20%。

表3-18 个人所得税超额累进税率表

应纳税所得额（瑞尔）	累计税额（按最高所得计算）（瑞尔）	税率（%）
≤120万	0	0
>120万，≤200万	40	5
>200万，≤850万	105	10

应纳税所得额（瑞尔）	累计税额（按最高所得计算）（瑞尔）	税率（%）
>850万，≤1250万	170	15
>1250万	—	20

个人经营者所得和非法人的组织经营分配的所得适用0%~20%的超额累进税率，如表3-19所示。

表3-19　经营所得累进税率表

应纳税所得额（瑞尔）	累计税额（按最高所得计算）（瑞尔）	税率（%）
≤120万	0	0
>120万，≤2180万	30	5
>180万，≤21020万	114	10
>1020万，≤21500万	186	15
>1500万	—	20

雇员或其他个人不需要提交纳税申报表，由雇主或支付款项方在次月的20日内完成纳税申报和代扣、代缴个人所得税的义务。

三、柬埔寨的其他税收政策

酒店住宿税的计税基础为酒店费用，包括服务费以及除酒店住宿税和增值税以外的所有税费，税率为2%。对雇主免费提供给雇员的车辆、住房、食物、优惠贷款、超过标准的保险费用和养老保险等，征收附加福利税（ToFB），以附加福利的市场价值为计税基础，税率为20%。柬埔寨对生产、销售含酒精饮料、香烟的各个环节，按3%的税率征收公共照明税，计税基础是发票价格（包括除增值税和公共照明税以外的所有税费在内）的20%。

柬埔寨对房屋、土地、建筑物等征收不动产税，税率为0.1%。计税基础是不动产的市场价值的80%减去1亿瑞尔。纳税人持有的在城市和指定地域的土地，未建设使用的，应缴纳土地闲置税。具体税额于每年6月30日由未用土地评价委员会决定，按照每平方米土地的市场价格的2%计算，1200平方米以内的土地免税。车船税是在卡车、公交车、船舶等运输工具注册时征收的一种税。

印花税是对特定的正式文书、特定的广告征收的税种，税额根据广告所设置的场所等因素确定，税率为 0.1%~4%。

社会保障税包括养老保险和职业风险计划两种，但目前，养老保险尚未开征。职业风险计划包括职业风险基金（ORC）和医疗保健基金（HCC）。职业风险基金主要用于防范工作事故、交通事故、工伤、职业病等。医疗保健基金主要与雇员的身体健康相关，以雇员月度的平均工资为计税基础（不超过 120 万瑞尔），税率为 0.8%~2.6%。

四、柬埔寨的涉外税收政策

柬埔寨对通过具有授权资质的金融机构购买外汇没有限制。

居民公司取得境外非居民公司的股利收入和其他收入，应缴纳公司所得税。已纳境外税收的居民公司，实行限额抵免。柬埔寨无受控外国公司规定。2017 年 10 月 10 日，柬埔寨颁布了转让定价规则，关联方交易需遵循转让定价指南，符合正常交易原则。转让定价纳税调整方法与 OECD 一致；关联交易价格不正常时，税务机关有权调整关联方之间不合理的收入和费用。柬埔寨没有资本弱化规则。

柬埔寨的法规规定：对居民支付利息、特许权使用费和服务费，预提税均为 15%；支付租金，预提税为 10%。对非居民支付股利、利息、特许权使用费、技术费、租金和管理费，预提税均为 14%。以上预提税就是最终税。

柬埔寨已经与文莱、中国、中国香港、印度尼西亚、韩国、马来西亚、新加坡、泰国和越南签订了税收协定，但与印度尼西亚、韩国、马来西亚的税收协定暂未生效。在已经生效的 6 个国家与地区的税收协定中，股息预提税、利息预提税均为 10%；特许权使用费预提税为 10%及以上。

柬埔寨与中国签订了双边税收协定，协定中约定股息、利息、特许权使用费、技术服务费的预提税，均为 10%。协定中约定对分公司利润不征收预提税。持股 10%以上的，可以间接抵免，有税收饶让条款的，饶让期为 10 年。利息免税规定：中央银行或者由缔约国另一方的政府主要拥有的金融机构或法定主体的利息免税。

第四章

投资东盟成员国的税务风险及防范

东盟成员国的各国税收制度、税收征管及 BEPS 行动计划的实施程度不同，因此，税务风险不同，防范方法也略有差别。

第一节　投资东盟成员国的税务风险

在投资东盟的过程中，税务风险逐渐显现，主要体现在税收征管风险、税务筹划风险、反避税风险、享受税收协定待遇风险这 4 方面。

一、税收征管风险

税收征管体系是否完善与征管力度的强弱，直接关系到国家的税收利益是否有利；东盟各国为了维护本国税收权益，均制定了专门的税收征管法、设立了专门的税收征管部门，并且部分东盟国家为达到遵循国际标准程序和提升税收便利性的目标，不断推进税收征管制度改革。如越南为提升税收政策透明度，简化行政程序，在 2011—2020 年实施税制改革战略，利用信息技术提高了税收征管的效率和效力。企业在东盟各国开展跨区域、跨境经营的过程中，面临着不同程度的税收征管风险。

东盟 10 国多为中央集权国家，经济发展参差不齐，税收制度各有不同。新加坡作为一个城市国家，不征收地方税，仅实施中央一级课税制度。马来西亚采取联邦和地方两级征税制度，税收立法权和征收权集中在联邦。印度尼西亚、泰国、菲律宾实行中央和地方两级课税制度，税收立法权和征收权集中在中央。文莱、越南无中央和地方税之分，税收立法权和征收权集中在中央。柬埔寨、缅甸、老挝采取全国统一的税收制度，柬埔寨采取属地税制；缅甸采取属地和属人原则；老挝则要求外国企业和个人与老挝本国企业与个人承担同等纳税义务。东盟 10 国中，除越南和缅甸制定了专门的《税收征管法》外，其余国家的税收征管规定均分散在相关的税收法律体系中，如表 4-1 所示。东盟大部分国家的税收征管法比较分散，企业难以全面理解和掌握，其面临的税收征管风险增大。

表 4-1 东盟各国税收征管法律环境

国家	专门的税收征管法	税收法律体系
印度尼西亚	无	税收征管规定分散在《所得税法》《增值税法》等税法中
新加坡	无	依据各税种的不同法，采取不同的法规进行征管，分散在《所得税法》《货物和劳务税法》《商品服务税法》《印花税法》等税法中
泰国	无	《税法典》作为税收根本法律
菲律宾	无	税收征管依据《国家税务法典》和其他法律执行
马来西亚	无	税收环境宽松，税种简单，征管法分散在《所得税法》《石油（收入）税》《不动产利得税法》《投资促进法》《印花税法》《纳闽岛商业活动税法》《销售税法和服务税法》《关税法》中
文莱	无	税法体系简单，主要包括《印花税法案》《所得税法案》《所得税（石油）法案》《投资激励条例》
越南	有	初步建立起来相对完善的税收体系，包括《个人所得税法》《企业所得税法》《增值税法》《特别消费税法》
老挝	无	税收征管规定分散在《投资促进法》《企业法》《老挝人民民主共和国税法》《增值税法》等税法中
缅甸	有	与外资直接相关的税法包括《联邦税收法》《外国投资法》《所得税法》《商业税法》《关税法》和《仰光市政发展法》

国家	专门的税收征管法	税收法律体系
柬埔寨	无	税收征管法规分散在《柬埔寨王国税法修正令》《所得税部长令》《商业法》《海关法》和《投资法》中

东盟国家对居民和非居民的税收征管有着不同的规定，对居民纳税人的征收管理环节主要包括税务登记、账簿凭证管理、纳税申报、纳税评估、税务稽查、税务代理、违法惩处等措施。非居民纳税人的税收征管主要是发生在纳税义务后的源泉扣缴或代扣代缴、缴纳预提税等。东盟各国对非居民企业的纳税征管规定差别较大，税收征管规定主要涵盖了非居民企业税务登记、源泉扣缴、代扣代缴、预提税等领域。老挝现行税法未对纳税人的居民身份进行明确定义，因此暂时没有针对非居民纳税人的明确的税收征管措施。泰国虽然也未对非居民身份做出明确阐述，但实际上将除符合居民企业要求之外的企业列为非居民企业。印度尼西亚、菲律宾、马来西亚、越南、缅甸明确要求非居民企业履行税务登记义务，新加坡则要求非居民企业在满足一定纳税义务时，履行登记义务。其余国家一般无税务登记要求。在对非居民纳税人的征管中，东盟各国对预提税有着严格规定，预提税率在2.5%~32%之间，征税范围主要包括股息、利息、特许权使用费、租金等。除新加坡、马来西亚、文莱对股息不征收预提税外，其余国家均开征股息预提税。此外，中国已经与除缅甸之外的其他9个东盟国家签订了税收协定，企业可申请适用税收协定的优惠预提税率。

东盟各国的税收征管制度、征管法律体系、征管措施存在较大差异，细则规定烦杂，企业想要全面理解和掌握税收征管规定存在一定的困难。企业一旦违反税收征管法，将面临税务处罚的风险，如表4-2所示。

表4-2　东盟各国对违法行为处罚力度

国家	对征管违法处理
印度尼西亚	未按期缴纳税款，处以每月2%（最高至48%）的罚息。未按期提交年度所得税纳税申报表且收到警告函未及时提交的，税务局签发纳税评估并另处评估额50%的罚款。收到应纳税额评估函将受其中一项处罚：每月2%的利息，最高期限为24个月；加征50%的所得税应纳税额；加征100%的预提税应纳税额；加征100%的增值税及奢侈品营业税的应纳税额。

国家	对征管违法处理
新加坡	不提交纳税申报表或延期申报，处以不超过1000新元的罚款，不缴纳税款的处以6个月以下的有期徒刑；被定罪后每延迟1日提交纳税申报表，处以50新元罚款。未按时提供货物和劳务纳税申报表，处以每月200新元的罚款，但总额不超10000新元。 到期未缴所得税税款将被处以应缴税款5%的罚款，处罚60天内未缴所得税税款，处以应纳税额1%的罚款，但总额不超未缴税款的50%。未履行代扣代缴义务或未保留预提所得税，处以应缴税款5%的罚款。若罚款后仍未缴，处以每月应缴税款1%的额外罚款，总额不超未缴税款的15%。
泰国	虚假申报所得税，处以逃税额100%的罚款，逾期申报所得税，处以200%的罚款。逾期纳税，处以每月1.5%的滞纳金，滞纳金不超过未缴税金额。对未按期申报及缴纳石油所得税，税务机关根据其是否存在主观逃税行为，决定是否处罚。违反增值税登记义务，处以应纳税额200%的罚款；逾期纳税申报和缴纳增值税、未按规定开具发票、未保留备查资料，处以应纳税额200%的罚款，申报及缴纳金额不正确、虚报进销项税，处以应纳税额100%的罚款；并对以上违法行为处以1.5%的滞纳金。违反营业税纳税规定，处以100%或200%的罚款，并处以1.5%的滞纳金。违反印花税纳税规定，处以200%至600%的滞纳金。逾期申报招牌税，处以10%的罚款，逾期纳税，处以每月2%的罚金。
菲律宾	违反税务登记规定，据情节严重程度处以1万至50万比索的罚款，6个月至2年的监禁。违反会计核算规定，据情节严重程度处以5万至30万比索的罚款，若情节严重，处以2~12年的监禁。 违反纳税申报规定，以未缴税额为基数，按2倍的央行贷款利率进行处罚；故意逾期提交纳税申报或错报、伪造纳税申报表，加征50%的罚金；其他违法，处以25%的罚金。未按期提交或保存税务资料，每次处以1000比索的罚款，合计不超2.5万比索。 不履行纳税义务，以不缴或少缴税款为基数，按2倍的央行贷款利率进行处罚；不履行扣缴义务，按未扣税额的1倍罚款。逃避纳税义务，处以50万~1000万比索的罚款，并处以6~10年监禁。 未按规定开具发票，处以应缴税款50%的罚款；未按规定使用票据，按初犯或累犯，处以1000至5万比索的罚款。未按规定传输电子销售数据，处以年度净收入的0.1%或1万比索罚款。

续表

国家	对征管违法处理
马来西亚	公司所得税迟缴或不足分期缴纳税款或应缴税款超过预缴税款的30%，处以应缴税款的10%罚款；逾期60天未缴纳税款，处以额外5%的罚款。非居民企业未正确履行预扣税义务的，处以应缴税款10%~100%的处罚。 销售税逃税，根据情节的严重程度，处以3万~5万林吉特的罚款（严重的处以10倍至40倍的罚款），或处以3~5年的监禁。逾期提交服务税纳税申报表，处以5万林吉特的罚款或3年以下的监禁；逾期未足额缴纳数字服务税，第1个30日处以应缴税款10%~100%的罚款，第2个和第3个30日各处以应缴税款15%的罚款。
文莱	违反公司所得税申报规定，处以1万文莱元的罚款，另处以少缴税额的2倍的罚款；逾期缴纳罚款，处以12个月的监禁。所得税税收欺诈，如逃税、提供伪造和虚假账簿等行为，处以1万文莱元的罚款，另处以少缴税款的3倍的罚款，若再犯，处以3年监禁。 违反石油所得税申报规定，进行内容不实的纳税申报，处以0.6万文莱元的罚款及少缴税款2倍的罚款，6个月内的监禁；欺诈方式逃避纳税义务，处以6万文莱元罚款及少缴税款的3倍，造成少缴税款的，处以3年的监禁。
越南	税收程序违法行为包括未履行纳税登记和信息变更登记，逾期提交纳税申报，虚假申报，错误申报，偷、逃、漏税等，根据情节严重程度，进行行政处罚或刑事处罚。 税收行政违法处罚形式包括警告和罚款。最高罚款限额按行政违法处罚条例的有关规定执行。海关对货物检查、稽查前自行补充申报的，处以少缴税额的10%的罚款；在检查和稽查之后发现的，处以少缴税款20%的罚款。对偷、逃、漏税的处以少缴税款的1倍至3倍的罚款。自行核算减免的企业，如被发现不符合减免规定的，补税且加收滞纳金，并处以少缴税款的1倍至5倍的罚款。
老挝	纳税申报不准确，或税种不全，或未按规定开具发票的，除追缴税款外，根据情节严重程度分别处以20%、40%、60%的罚金。逾期缴税，按日处以应缴纳税额的0.1%罚款。虚假报税，拒不配合税务检查，或拒绝在规定时间内提供税务资料的，按规定方法核定征收，强征利润税，根据情节严重程度分别处以30%、60%、100%的罚款。逾期不缴纳税额的，首次收到追索函或催缴通知单发出15日内缴纳，处以应缴税额的3%的罚款；第二次收到，处以应缴税额的6%的罚款；第三次收到，处以应缴税额的10%的罚款。除罚款外，视情节严重程度给予教育、警告、罚款、停业整顿等处罚。

国家	对征管违法处理
缅甸	未进行公司所得税申报，处以应纳税额的10%罚款；隐瞒收入被查，在规定期间主动申报，接受应缴税额的1倍的罚款；在规定期间未完全披露所隐瞒收入，补缴税款并支付罚金；情节严重的处以3~10年的监禁。违反个人所得税纳税申报，处以应缴税额的10%的罚款，若是故意行为，将被起诉。未履行代扣代缴社保税，处以应缴税额的10%罚款。未按规定保存会计资料，处以0.5万至10万缅元罚款。 税务机关可在纳税年度终了的6年内追征税款，若存在虚假申报或少申报情况，有12年的追征期。
柬埔寨	未严格履行纳税申报或缴纳义务属于违法行为。未履行税务登记或信息变更登记，处以500万至1000万瑞尔的罚金，并处以1个月至1年的监禁。未履行纳税申报义务，处罚金并按每月1.5%的利息征收滞纳金。根据情节严重程度，低于应缴税款的10%为违法行为，超过应缴税款的10%为严重违法行为；逃税等税收欺诈、故意阻碍税务执法行为被视为刑事犯罪，处以2000万瑞尔的罚款和5年的监禁。 违法或未足额支付税款，追加10%的税款作为附加税；严重违法，追缴25%的附加税；此外，按月征2%的利息。延迟纳税，追缴应缴税款的10%的附加税；被催缴后15日内未缴，加收滞纳金和25%的附加税；对未报税的纳税人采取纳税评估，追加40%的附加税；此外，按月征1.5%利息。妨碍纳税评估，处以200万瑞尔的罚款；妨碍简易式或预估式税务评估，处以50万瑞尔的罚款。

东盟各国经济发展水平和税收环境的差异较大，采纳BEPS行动计划的推动力度和侧重点也各不相同。东盟的印度尼西亚、新加坡、马来西亚、文莱和越南，先后加入了BEPS行动计划，东盟各国的国际税收征管环境进一步改善。随着东盟各国在税收征管上逐渐采纳BEPS行动计划，税收征管力度也不断加大；企业面对东盟各国日益完善和严格的税收征管环境，面临的税收征管风险也不断提升。

二、税务筹划风险

中国企业在东盟各国设立子公司，将利润汇回中国时，新加坡、马来西亚、缅甸、越南、文莱不需要缴纳征股息预提税；印度尼西亚、泰国、老挝、柬埔寨和菲律宾需要缴纳股息预提税。泰国与中国协定持股在25%以上，股息预提税为10%，否则为15%。虽然泰国与中国台湾协定持股5%

（持有子公司股份在25%以上），但中国台湾无法作为控股架构地。中国大陆与中国台湾于2015年8月签订了税收协定，但协定至今仍未生效；中国台湾对非协定方的股息预提税为20%。老挝国内法规定的股息预提税为10%，与中国协定的股息预提税为5%，这是老挝已签订税收协定中的最低税率。柬埔寨国内法规定的股息预提税为14%，与中国协定的股息预提税为10%，这是其已签协定中最低税率。中国—东盟自贸区协议生效后，中国企业投资新加坡、马来西亚、缅甸、泰国、老挝、柬埔寨、越南、文莱，可由中国公司直接控股。印度尼西亚的对外支付的股息预提税为20%，印度尼西亚与中国协定的股息预提税为10%，在印度尼西亚签订的双边协定中，股息预提税低于10%的只有中国香港（5%）和伊朗（7%）。伊朗地处中东，国际形势紧张，存在较大的风险。中国企业投资印度尼西亚可通过中国香港控股，可降低5%的股息预提税。菲律宾与中国协定，持股在10%以上，股息预提税为10%，否则为15%；在与德国协定的股息预提税为5%（持股超过70%）。德国与中国协定股息预提税为10%，可运用欧盟指令，中国企业设立荷兰公司和卢森堡公司，由其控股德国公司，再由德国公司控股菲律宾子公司，可降低5%或10%的税负。中国企业投资东盟成员国的股权架构如图4-1所示。

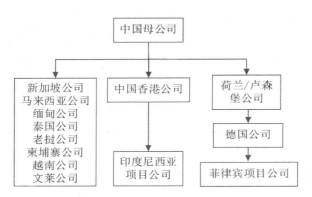

图4-1　中国企业投资东盟股权的架构

中国投资东盟的大部分国家，它们可由中国企业直接控股，税务筹划风险较小。投资菲律宾的税务筹划存在一定的税务风险，德国作为欧盟国家对免征预提税有严格的持股比例（10%以上）和持股期限（12个月）要求，并且规定专门获取税收优惠的税收安排不能享受免征预提税优惠。此外，符合商业实质是享受税收优惠的基本条件，设置荷兰控股公司和卢森堡控股公司、德国控股公司应具有场地、员工、真实业务，这些成本也是在税务筹划中需要考虑的因素。

新加坡规定对外支付利息的预提税为15%，与中国协定的利息预提税为10%（银行和金融机构为7%）；与捷克、格鲁吉亚、卢森堡、毛里求斯、斯洛伐克、南非这些国家协定为0。中国企业可借款给卢森堡控股公司，再由卢森堡控股公司转贷至新加坡子公司，可降低10%的税负。新加坡对外免征股息预提税，中国企业也可在新加坡设立财务公司，由财务公司借款给新加坡子公司。印度尼西亚、马来西亚的利息预提税为15%，与中国协定利息预提税均为10%。印度尼西亚与阿联酋、科威特协定的利息预提税低至5%，马来西亚与阿联酋、沙特阿拉伯、卡塔尔和巴林协定的利息预提税低至5%。阿联酋税制宽松，对境外收入不征所得税，对外付款不征预提税。中国企业可先借款给阿联酋控股公司，再由阿联酋控股公司转贷至印度尼西亚子公司和马来西亚子公司。中国企业也可以在阿联酋设立财务公司，由阿联酋的财务公司借款给印度尼西亚公司和马来西亚公司。缅甸尚未与中国签订税收协定，在缅甸签订的税收协定中，利息预提税最低的为新加坡（银行、金融机构为8%，其他企业为10%）。中国企业可由新加坡的财务公司借款给缅甸子公司。越南对非居民支付利息预提税为5%，与中国协定利息预提税为10%，实际上按孰低原则选择5%执行；越南与法国协定的利息预提税为0。中国企业可先借款给法国控股公司，再由法国控股公司转借给越南子公司。泰国和柬埔寨对外支付的利息预提税为15%，菲律宾对外支付的利息预提税为20%；泰国、柬埔寨和菲律宾与中国协定的利息预提税均已是最低（10%）。老挝与中国协定的利息预提税为5%，也是协定中最低税率。文莱对非居民支付的利息预提税为2.5%，远低于10%的协定税率。因此，泰国、柬埔寨、菲律宾、老挝、文莱应直接从中国母公司借款。中国企业投资东盟成员国的借款来源选择如图4-2所示。

以上税务筹划存在一定的税务风险，印度尼西亚债务权益比例为4∶1，并采取了BEPS 4中防止资本弱化的相关规则。其余东盟国家虽对资本弱化无明文规定，但税务实践中对债务权益比也有着相应的标准。阿联酋虽然税制宽松，但需要特别关注海湾地区存在的政治风险。法国作为欧盟国家，采取了严格的BEPS行动计划，对通过签订多个借款合同的转贷行为进行了严格的限制。近年来，印度尼西亚、新加坡、马来西亚、越南等先后采取了

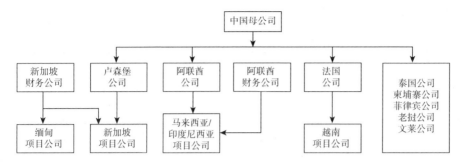

图 4-2　中国企业投资东盟借款来源

BESP 行动计划，使得其税务筹划风险进一步加大。

三、反避税风险

在东盟投资的企业面临的反避税风险包括转让定价调整风险、信息披露风险、融资方式的税务风险、常设机构认定风险。

在经济全球化的背景下，跨国企业的关联方交易，通过转让定价来完成利润输送并进行避税。为应对企业规避纳税、侵蚀税基和利润转移，维护本国税收权益，东盟各国对通过转让定价来达到避税行为的管控愈加严格。如表 4-3 所示，缅甸、老挝和文莱未对关联方的交易标准做出规定，其他东盟国家一般从控股比例、技术、参与管理、社会关系等方面作为标准进行判断。东盟 10 国中，除缅甸、老挝、柬埔寨和文莱未单独制定转让定价指南外，其余各国均有转让定价指南。老挝、柬埔寨虽然没有转让定价指南，但要求关联交易符合公平交易的原则。老挝规定，集团内有制定集团层面的转让定价政策，应妥善保管相关资料，以证明与老挝企业或关联方的定价是公平合理的。确定公平交易价格的转让定价方法包括可比非受控价格法、再销售价格法、成本加成法、交易净利润法、利润分割法这 5 种。缅甸、老挝、文莱对转让定价方法无具体规定，其他东盟国家对确定价格的方法各有侧重，越南和马来西亚对这 5 种方法的使用顺序有具体规定；新加坡、泰国、柬埔寨、印度尼西亚、菲律宾要求根据交易特定，在可比数据的有效性和可靠性的基础上确定转让价格方法。如果纳税人的交易被认定为不符合公平交易原则而需要进行纳税调整，则纳税人将面临补税、罚款，甚至监禁的处罚。企业在东盟投资，应防范被认定为东道国有关企业的关联方，进而引起转让定价调查和调整的风险，甚至出现重复征税的后果。

表 4-3　东盟各国转让定价规定

国家	关联交易判断标准	转让定价原则	转让定价方法	调查与调整
新加坡	一方直接或间接控制另一方；一方直接或间接被另一方控制；双方直接或间接同为第三方控制	有转让定价指南，可预约定价安排	A、B、C、D、E	对不符合公平交易原则的情形，进行转让定价调整，补税并处以应缴税额的5%的罚款
马来西亚	一方直接或间接控制第三方；双方均受第三方的直接控制或间接控制；双方共同直接控制或间接控制	有转让定价指南，可预约定价安排	A、B、C、D、E，优先使用传统交易法（A、B、C）	交易价格不公允，对转让定价调查调整，额外补税和罚款
印度尼西亚	（1）直接或间接持有其他方至少25%股权，两个及以上的纳税人被同一纳税人持有至少为25%的股权；（2）所有权、参股因素、管理或技术产生影响；（3）血亲或姻亲形成的亲属关系	有转让定价指南，可预约定价安排	A、B、C、D、E	关联交易，存在收入或费用被低估或夸大，导致应纳税所得额减少；税务局有权调整，根据调整金额要求，纳税人补缴税款
缅甸	无	无转让定价指南	无	根据独立交易的正常价格来评估管理方之间的交易价格是否合理。对不符合公平交易价格的，予以调整
泰国	一方直接或间接持有其他实体至少为50%的股本；一名股东直接或间接持有双方实体至少为50%的股本	2018年颁布了《转让定价法》，正常交易原则，可预约定价安排	A、B、C、D、E	交易价格不公允，同时不依据公平交易价格调整，评估人员可根据公平原则对收入和费用进行评估；虚报的，处以所漏税款的100%的罚金

续表

国家	关联交易判断标准	转让定价原则	转让定价方法	调查与调整
老挝	无	无转让定价指南，正常交易原则。	无	实践中，老挝税务机关一般依据税法来判断企业定价是否高于市场合理价格。企业向合伙人支付的利息不得税前扣除
柬埔寨	关联方指拥有 20% 以上的公司共同所有权的企业或个人。关联方之间直接或间接转让财产产生的亏损不得在税前扣除	无转让定价指南，参考 OECD 指南，独立交易原则	A、B、C、D、E	未出台转让定价调查具体程序、也无具体税务调整规定，处以 10%～40% 的附加税，严重的将被处以监禁
越南	（1）直接或间接持股至少 25% 的股权，双方共同控制或间持有第三方 25% 以上的股权，一方是另一方的最大股东，直接或间接持股至少为 10%；一方为另一方提供担保或借贷，额度超过借款方股东的 25% 且占借款方长期债务的 50% 以上；（2）一方或多方之间基于管理、控制、出资、投资形成的关系，一方执行董事成员的股权占另一方董事会成员的股权的 50% 以上且控制或领导另一企业，两方共同任命超过 50% 的董事；（3）两家企业在人事、财务、事业方面均受到个人管控，个人与他人具有关系密切的家庭或亲属关系	有转让定价指南，可预约定价安排	A、D、E 优先采用 A	根据独立交易原则和实质重于形式原则检查纳税人的关联交易，对减少纳税义务的关联交易进行价格调整。报送的纳税申报材料未对纳税申报表、纳税决算进行如实填报的，处以二十万到三百万越南盾的罚款

续表

国家	关联交易判断标准	转让定价原则	转让定价方法	调查与调整
文莱	无	无转让定价指南	无	无
菲律宾	判断标准为控制，包括共同控制与间接控制	有转让定价指南，参照OECD指南。虽无成文规定，但可进行转让定价安排	A、B、C、D、E，可使用转让定价方法的扩张适用，还可将上述方法结合或混合使用	对关联交易是否按公平价格进行交易进行测试，对非正常累计的应纳税所得，按10%征收累计盈余税

注：A 是可比非受控价格法；B 是再销售价格法；C 是成本加成法；D 是交易净利润法；E 是利润分割法

随着东盟各国税收体系的不断完善，BEPS 行动计划应用范围的不断加深，东盟各国对信息披露的要求越来越严格。此外，中国与东盟各国（除缅甸外）均签订了税收协定，国际税收情报交换网络也逐步建立起来，东盟各国可通过税收情报网络获取跨国公司的财税信息，经过分析，准确识别存在避税风险的企业，进而采取反避税措施。东盟各国除缅甸、老挝、文莱外，其余 7 国均对披露转让定价文档做出了具体规定：要求纳税人披露关联交易情况，提供主体文档、本地文档和国别报告等，如表 4-4 所示。东盟各国对违反披露义务的行为处以罚款，情节严重的还面临监禁处罚。东盟各国的信息披露环境日渐严格，企业应警惕信息披露风险。

中国已经与绝大部分东盟国家签订税收协定，协定一般规定只有中国企业在东道国被认定为常设机构的前提下才对该机构的利润征税。常设机构认定类型一般包括场所型常设机构、工程或劳务型常设机构、代理型常设机构的认定。为降低税负，企业一般通过独立代理人安排、关联企业之间活动拆分、工程或劳务合同拆分等手段规避被认定为常设机构。BEPS 7 为应对规避常设机构构成的行为，提出了通过修订税收协定的常设机构定义，包括修订独立代理人判断标准、应对关联企业之间活动拆分的反拆分规则、对合同拆分行为加入主要目的的测试条款等。

表4-4 东盟各国信息披露规定

国家	关联交易申报表	同期资料			转让报告提交日期	处罚
		主体文档	本地文档	国别报告		
新加坡	年度关联交易额超过1500万新元，需要提交		存在关联交易且营业收入超过1000万新元，或被要求提供以前年度同期资料时；与关联方发生购货、销货、借款、贷款超过1500万新元；其他大于100万新元的各类交易	纳税人是新加坡跨国集团最终控股公司	关联交易申报表在当年的11月30日前提交；同期资料在税务机关需要时30日内提交	未正确履行关联交易申报表提交义务的，处以少缴或未缴金额的1倍至4倍的罚款，严重的处监禁。违反同期资料提交规定，处以100至10000新元的罚款，未按规定交罚款，处以6个月的监禁
马来西亚	与马来西亚境内关联公司发生关联交易需要提交		营业收入超过2500万林吉特；受控交易额超过1500万林吉特；接受财政补助超过5000万林吉特	跨国集团位于马来西亚，在上个年度发生跨境关联交易且集团合并收入至少为30亿林吉特；外国总部跨国集团中，马来西亚组成实体须符合最终控股公司税务辖区规定的国别报告要求时，需要提供国别报告	国别报告在年度结束后的12个月内提交；转让定价文档在30日内提供	未按规定提供国别报告的，处2万至10万林吉特的罚款或6个月内的监禁，或二者并罚。无同期转让文件的，处以35%交易额的罚款，未按要求准备的，处以25%交易额的罚款；不属于免提交且未编制同期转让文件的，处以25%交易额的罚款

国家	关联交易申报表	同期资料			转让报告提交日期	处罚
		主体文档	本地文档	国别报告		
印度尼西亚	关联交易达到一定额度，需要提交	必须使用印尼语，除非经批准可用其他语言			本地文档和主体文档在年度终了的4个月内提交。国别报告在年度终了的12个月内完成，一般与下一财年一同申报	未按规定完成申报义务，处以10万至100万印尼盾的罚款
		上一个纳税年度中，营业收入总额超过500亿印尼盾，或有形商品交易超过200亿印尼盾，或服务、利息、特许权使用费等交易额超过50亿印尼盾。与税率低于印度尼西亚的关联方交易		集团母公司的合并总收入达11万亿印尼盾		
泰国	无	根据情况要求	销售额超过200万泰铢，与年度纳税申报表一同提交	跨国集团最终控股为泰国企业时很可能	税务机关首次要求的为180日内，非首次的为60日内	未履行信息披露义务，处以最高20万泰铢的罚款
柬埔寨	与年度纳税申报表一起提交年度转让定价申报表	无具体规定。税务机关要求时，提交转让定价同期资料			年度终了的后3个月内完成年度纳税申报。	违反纳税申报义务，警告并计入档案，处以200万瑞尔的罚款；或追征10%~40%的附加税，并按月利率的2%处罚
越南	汇算清缴时，按相应模板完成关联交易申报	发生关联交易时		纳税人为最终控股公司且发生关联交易。	关联交易的申报期限与企业所得税汇算清缴期限一致。同期资料在税务机关要求的15日内完成	违反纳税申报义务，警告并处以10万至100万越南盾的罚款

国家	关联交易申报表	同期资料			转让报告提交日期	处罚
		主体文档	本地文档	国别报告		
菲律宾	无	主体文档无要求，本地文档在实施转让定价时要求提供		无	按税务机关的要求	每次处以 1000 比索的罚款，年度累计不超过 25000 比索

在东盟投资的中国企业面临的常设机构风险，主要包括场所型机构风险、建筑或劳务型常设机构风险以及代理型常设机构风险。新加坡与中国签订的税收协定中，已经采纳了 BEPS 7 的措施建议。东盟各国为维护税收权益，在防止人为规避成为常设机构方面做出了严格的规定。新加坡为防止滥用豁免条款的反拆分规则的规定，如果某固定场所既从事辅助性业务活动又从事非辅助性业务活动，则被视为常设机构。除缅甸、柬埔寨和菲律宾外，其他东盟 7 国均对防止滥用独立代理人标准做出了规定。印度尼西亚、马来西亚、老挝、文莱和越南在税收协定中规定，如果代理人的活动全部或几乎全部代表被代理人在东道国开展业务，其则被认定为非独立代理人。新加坡的税收协定规定，如果代理人代表被代理企业在东道国活动，有权经常以该企业的名义签订合同且代理人与企业在财务和商业上关系密切，则成为非独立代理人。中国在东盟的 EPC 工程项目总额巨大，通过拆分合同规避纳税是常见的一种手段。东盟各国对建筑工程业务认定为常设机构的期限标准做了严格规定，超过期限的将被认定为常设机构，需要就该机构的营业利润纳税。新加坡税收协定规定，同一企业从事具有相关性或连贯性的若干项目将被视为一个整体。

四、享受税收协定待遇的风险

截至 2021 年 12 月末，中国与除缅甸外的其他 9 个东盟国家已签订税收协定且生效。享受税收协定待遇风险主要包括未正确享受税收协定待遇的风险和滥用税收协定的风险。

（一）未正确享受税收协定待遇风险

税收管辖权一般包括地域管辖权、居民管辖权和公民管辖权，由于税收管辖权存在重叠，容易导致重复征税。中国与东盟建立了比较完善的税收协定网络，但由于协定签订的时间较早，部分协定条款已不适用当今国际税收实践的要求。另外，部分中国企业对税收协定的掌握不全面，会进一步加剧企业未正确享受税收协定待遇的风险。

中国与东盟国家签订的税收协定规定，在东盟各国的非居民纳税人如果享受协定税率，应提供中国税收居民身份证明，如果不能提供税收居民身份证明，源自东道国的所得将无法享受税收协定的优惠。中国与东盟各国签订的税收协定，在股息、分公司利润、利息、特许权使用费等税率的优惠程度参差不齐，有的协定税率甚至高于东道国国内的税率，在税务实务中应采取孰低原则。如表4-5所示，中国与缅甸未签订税收协定；中国与印度尼西亚、老挝、柬埔寨、菲律宾签订的税收协定规定：股息、分公司利润税、利息和特许权使用费预提税等方面均低于其国内税率，中国与新加坡在利息、特许权使用费的预提税低于其国内税率。新加坡、马来西亚、越南（法人免股息预提税）、文莱均对外不征收股息预提税，但中国与这4国协定的股息预提税分别为5%/10%、10%、10%和5%。中国与文莱、越南协定的利息预提税高于其国内；与泰国协定的股息预提税高于国内税率，但协定的分公司利润税为0，低于国内税率；协定的利息、特许权使用费的预提税与国内一致。中国企业如果对税收协定和东道国国内的税收规定掌握不全面，可能导致未享受低协定税率的风险。协定税率与东道国国内法规比较，应使用孰低原则，企业若忽视此规定容易导致盲目适用高协定税率等风险。

中国企业在东盟投资，就源自中国境内和境外的所得税承担纳税义务。为防止同一笔收入既在中国境外缴纳税款，又在境内缴税，造成重复征税的风险，中国一般与东道国签订税收协定，该协定允许中国在境外缴纳的税款可间接抵免。除缅甸、老挝、文莱和菲律宾外，其他东盟国家的税收协定规定在东道国持股10%的中国企业可间接抵免。如果中国企业不熟悉税收协定间接抵免规定，将导致重复缴纳税款，造成损失。

中国企业还应关注"税收饶让"的相关规定，防止出现未充分享受税收饶让而多缴税款产生的风险。中国与马来西亚、泰国、越南和文莱签订的税收协定有税收饶让抵免规定，但与文莱的税收饶让抵免条款已过期。

表4-5　中国与东盟税收协定情况

国别	间接抵免	股息预提税		分公司利润		利息预提税		特许权使用费预提税	
		国内	协定	国内	协定	国内	协定	国内	协定
新加坡	持股10%以上	不征税	5%/10%	不征税	免税	15%	7%/10%	10%	6%/10%
马来西亚	持股10%以上	不征税	10%	不征税	免税	15%	10%	10%	10%
印度尼西亚	持股10%以上	20%	10%	分支机构为20%	10%	20%	0/10%	20%	10%
缅甸	未签	不征税	未签	不征税	未签	15%	未签	15%	未签
泰国	持股10%以上	10%	15%/20%	10%	免税	15%	15%	15%	15%
老挝	无	10%	5%	无资料	免税	10%	5%/10%	5%	5%/10%
柬埔寨	持股10%以上	14%	10%	14%	免税	14%	10%	14%	10%
越南	持股10%以上	法人免税	10%	不征税	免税	5%	10%	10%	10%
文莱	无	不征税	5%	不征税	免税	2.5%	10%	10%	10%
菲律宾	无	15%/30%	10%/15%	15%	10%	10%/20%/30%	10%	30%	15%

（二）滥用税收协定的风险

BEPS 6 在防止税收协定滥用上设置了最低标准，建议各国修订国内税法和税收协定中采取利益限制（LOB）和主要目的测试（PPT）的措施，以防止企业滥用税收协定。在东盟国家中，新加坡和马来西亚已经签署了《多边公约》，泰国正寻求加入《多边公约》，但马来西亚签订的《多边公约》尚未生效。中国与东盟的税收协定的签约时间大部分集中于 20 世纪 90 年代，当时反避税规则的理论体系不健全，反避税的实践经验缺乏，税收协定中缺少关于防止滥用税收协定的规定。目前，只有中国与新加坡签订的税收协定中采纳了主要目的测试的条款，该条款分别融合在股息、利息、特许权使用费的条款中，并且特别明确了税收协定不会阻碍缔约国执行国内反避税法规。从东盟各国内的税收法规来看，只有作为 G20 成员的印度尼西亚对防止税收协定的滥用做出了明确规定，规定中包括主要目的测试和受益所有人测试；只有外国的"受益所有人"达到受益条件时，才能享受税收协定优惠。菲律宾国内的税法对滥用财产收益条款做出了限制，缔约国一方居民购入非居民在菲律宾的财产或股权，再转让给他人，很可能面临转让定价调整的风险。

享受税收协定优惠需要取得"受益所有人"的身份认可。新加坡和印度尼西亚要求，缔约国获取股息、利息或特许权使用费等所得时，应向税务当局提供"受益所有人"的身份证明，如果不存在实质性的经营活动，则"受益所有人"的身份将被否定。中国与东盟其他国家的税收协定均规定，中国企业需要取得中国税务机关开具的税收居民身份证明，并由东道国认证通过后才能享受相应的税收协定优惠。为防止纳税人通过导管公司（仅注册空壳公司，该公司无实质生产、经营、管理活动）来避税，新加坡和印度尼西亚规定，被认定为缺乏商业实质的导管公司不能享受税收协定中应有的待遇，并且会对此类导管公司滥用税收协定行为进行补税、罚款的处罚。

第二节　投资东盟成员国的税务风险防范

随着经济全球化和 BEPS 行动计划的推广，全球税收规则体系正在发生重大变革。东盟各国日益重视自身的税收权益，税收征管和反避税力度不断加强，企业面临的税务风险日益增加。为维护自身的合法权益，中国企业应积极采取措施降低在东盟投资的税务风险。

一、投资决策阶段税务风险防范

东盟在投资决策阶段，应识别和预判出潜在的税务风险，特别要关注中国税收居民企业和/或受控外国企业的风险、税收协定的适用风险、境外税收的抵免风险等，并结合企业的商业计划与安排，对已识别的税务风险制定风险管理措施和预案。

（一）做好东道国税务环境调研

东盟各国的税务环境差距较大。新加坡、马来西亚、印度尼西亚和越南的国内税制完备，紧跟全球反避税步伐，积极落实 BEPS 行动计划；在转让定价、信息披露、资本弱化、常设机构认定等方面有着较为完整的规定，对外双边税收协定网络也比较发达。泰国、菲律宾和柬埔寨，近年来正密切关注着国际税收的发展趋势，并计划结合 BEPS 行动修订国内税法。缅甸、老挝和文莱由于缺乏外国投资，国内税制发展不完备，税收协定网络不发达；近年来专注于提升现有税制的竞争力、出台税收优惠政策、招商引资以及扩大税收协定网络。对受资国基本税制、税收优惠、税收协定、反避税规定等全面调研，重点关注拟投资项目的涉税实务和税务风险。涉及并购业务，还需对被并购对象的历史税收风险进行评估，防范因被并购对象的遗留税务问题而引起的税收风险。除考虑项目所处阶段的税务风险外，还应分别关注不同类型项目特有的税务风险，如表 4-6 所示。

表4-6　不同投资项目对应的税务风险

具体项目	税务风险点
获得境外土地的所有权、使用权、自然资源勘探或开发特许权，获得境外基础设施的所有权、经营管理权，获得境外资产的所有权、经营管理权益、新建或改扩建境外固定资产的境外投资活动	税收协定适用风险、派遣员工个人所得税风险
增加投资、新设或参股境外股权投资基金的投资活动	中国税收居民企业税务风险、受控外国企业税务风险、关联交易转让定价调整风险、境外税收抵免风险
通过协议、信托等方式控制境外企业或资产的投资活动	税收协定适用风险、一般反避税风险

（二）根据税务调研结果，做好税务风险防范

根据对东盟10国调研结果初步评估的税务风险可见，从集团整体出发建立一套税务风险管理和防控体系，并根据东盟10国税收环境的变化及时做出调整。首先，设立专门的税务部门，持续关注中国和东盟各国的税收征管动态及税收新规，根据变化及时调整税务风险管理措施；实时追踪财税项目和申报数据的变化情况，形成定期的分析和预警制度，以提前预知税务风险点并提出对策。其次，在集团总部和集团成员之间，按层次设立税务风险管理部门，定期开展税务风险防范培训，提升全员的税务风险防控意识。从源头把控税务风险，对预测或发现的关键税务风险点进行密切追踪，及时反馈和解决。再次，选拔和培养具备国际化视野，熟知中国和东盟受资国的税收制度、财会准则的财税人才，必要时在东道国派驻税务专员；在税收环境复杂的东道国可聘请专业税务代理机构或税务专家。财务人员应保持良好的职业习惯，保存好涉税和账务资料，以备东道国的税务检查，避免遭受不必要的税务处罚。最后，对内设立税务风险反馈系统，在充分高效沟通的基础上，通过内部信息交流系统完成税务风险清单填制和相互传递，以便全面、系统地监控风险。对外与税务机关实时沟通，及时和准确地提供所需税务资料；与关联企业定期沟通，降低转让定价调查风险。

从公司融资来源、组织形式、股权架构等方面做好税务筹划，综合考虑信息披露、转让定价、常设机构认定的要求，制订好防范反避税风险计划。

东盟10国针对特定行业、特定区域、特定类型公司和特定行为给予了不同程度的税收优惠政策。税收优惠主要适用居民企业，当中国企业在东盟各国设立居民企业时，应提前列出在东盟各国投资项目涉及的税种及享受税收优惠，并从主管部门取得有效的税收优惠文件，以备查验。中国已经与东盟9国（缅甸除外）分别签订了税收协定，中国企业应提前准备好税收居民身份证明，并及时在东道国完成认证，以充分享受税收协定的优惠。中国规定企业所得税间接抵免应持股比例超过20%且是3层以内的海外子公司，因此中国企业在东盟10国设立子公司时应避免控股层次过多或持股比例不足，以降低无法抵免的税务风险。债务融资能有效降低税负，关注东道国的资本弱化的规定和税务实践，在合规的基础上降低税负。

除新加坡外，东盟大部分国家的税制透明度低、征管能力欠缺、税收实体和程序有限，容易引发税收争议。发生税收争议时，可尝试通过沟通来解决争议，也可根据税收协定的相互协商程序解决。但相互协商程序一般无时限规定，存在程序久拖不决、效率低下的问题。防范税收协定争议的关键环节在于投资决策阶段，中国企业应在投资或经营决策阶段，对东盟税收环境及中国与东盟各国税收协定的具体规定进行充分调研和准确理解，根据拟定的潜在税务风险清单制订应对方案，严格按东盟各国的税法规定和税收协定安排投资和经营活动。

二、经营阶段税务风险防范

（一）提高纳税遵循意识，降低税收征管风险

东盟各国的税收征管体系和具体征管措施各异，但税收征管基本包括税务登记、账簿凭证管理制度、纳税申报、税务检查、税务代理和税收处罚等内容。防范税收征管风险，应提高纳税遵守度。首先，要履行好税务登记义务。东盟各国税务的登记规定不同，所要履行的登记义务也各不相同。例如，新加坡要求居民企业向会计和企业管制局注册，对个人无注册要求，可凭工作许可证作为征税依据；对非居民采取分类管理，在新加坡有机构场所的企业需要完成税务登记，无机构场所的企业仅需备案即可。而越南对境内经营企业要求履行税务登记，但对非居民未做出明确规定，也无专门针对非

居民税务登记的规定。因此,企业应充分了解东道国的注册登记制度,对无明文规定的登记要求,应咨询当地税务机关,根据沟通结果和税收实践要求履行税务登记。其次,财务人员应保持应有的专业性和谨慎性。企业财务人员应采取与东道国相符的会计准则进行核算,保存好账务资料、涉税票据等,根据税务风险清单定期与其他部门进行财务票据和业务票据核对,以备税务核查。最后,准确计算并按时完成纳税申报。按东盟各国规定及时足额完成纳税申报,避免由于超期申报而被罚款;掌握东道国的税制及规则,及时完成税务抵扣,以避免超期无法抵扣。保持与税务当局的沟通,化解税收征管纠纷。

(二)合规合理进行税务筹划,降低税务筹划风险

中国企业投资东盟,为降低税务风险,除印度尼西亚和菲律宾需要股权架构设计外,投资其余东盟国家可直接由中国母公司控股。德国执行欧盟指令,对适用免征预提税的企业的持股比例和持股期限有严格要求,并且禁止专门用于实现税收优惠的控股公司享受免税待遇。根据欧盟反避税指令的第一条(ATAD1),要求欧盟成员国采取收入法或实质法,将受控外国企业的收入纳入计税基础。如荷兰已经采取实质法,为应对滥用税收优惠情形,荷兰还引入了收入法作为补充。荷兰受控外国企业规则不仅限于直接(一级)子公司,还适用超过50%的间接利益外国实体。进行税务筹划时,设立在德国、荷兰、卢森堡的控股公司,应具备真实的场地、员工和业务,以符合实质性要求。

在发挥利息税的作用时,应充分考虑资本弱化的限制。为防止资本弱化,印度尼西亚明确规定债务权益比例为4∶1。柬埔寨、缅甸、菲律宾虽然对债务权益比例无明确说明,但在税收实践中仍有相应的债务权益比例标准。柬埔寨对利息扣除的上限为净非利息收入加上利息收入的50%;缅甸要求债务与股本之比不超过2∶1,债务与资本之比不超过3∶1,并且借款利率与市场利润的差距不能超过10个百分点;菲律宾在税收实践中以债务权益的3∶1为标准。为降低税务风险,企业应该将预测的年度利润与融资规模相匹配。关联方之间的借贷行为是税务当局重点的监管领域,如果企业不能证明关联借贷关系的独立交易原则,将面临纳税调整的风险。企业应保持与当地税务当局的沟通,根据独立交易原则去设置借款合同条款和利率,尽量

与银行贷款的条件一致；并向税务机关提供能够证明借款符合独立交易原则的材料。为降低税务风险，尽量少进行转贷业务，泰国、柬埔寨、菲律宾、老挝、文莱的项目应直接从中国母公司借款。此外，通过阿联酋向马来西亚和印度尼西亚转贷的公司，应及时关注中东地区的政治风险。

（三）多措并举，做好反避税风险管理

预约定价安排是降低企业转让定价调查风险的有效手段。中国企业要充分理解东盟各国的定价转让政策，确保集团内关联交易符合独立交易原则。企业应根据东盟各国对预约定价安排的适用范围、程序的具体规定，申请预约定价协议的谈签。如表4-7所示，新加坡、马来西亚、印度尼西亚、柬埔寨、越南这5国允许预约定价安排，菲律宾虽无成文规定，但在税收实践中也接受预约定价安排；中国投资者可与当地税务当局提前通过预约定价安排，减少重复征税风险和纳税调整风险。中国企业还应关注在东道国与企业达成预约定价安排之后，税务机关是否有权对按照转让定价进行的关联交易再度调查，进行二次调整，如印度尼西亚的纳税人即使按照预约定价安排进行定价，只要经过国家税务局的批准，也可对纳税人进行二次调整。国家税务局对关联交易进行转让定价调整时，除文莱、老挝、缅甸无具体规定外，其余东盟成员国均对转让定价方法有具体的要求。企业发生关联方交易时，尽量采用东道国税务机关优先采用的方法计算价格。税务机关在进行转让定价调整时，会根据风险收益原则衡量该企业所获利润与所承担的风险是否匹配，即转让定价价格与价值创造是否一致。因此，集团公司应根据各成员公司所处的价值链位置来确定利润分配额，并据此调整转让价格。

大部分东盟成员国对转让定价文档的披露有着严格规定，企业应提前掌握各国信息披露的门槛条件、提报时间、报告格式等，按规定及时、完整、准确地完成披露。随着全球税收情报交换机制的完善，对外披露的转让定价材料要保持一致性，以免遭到税务调查的风险。财务人员应保持应有的专业性和谨慎性，既要提前准备好需要报告的转计定价三层文档和其他披露材料，又要保存好披露资料，以备税务当局查验。此外，企业可建立统一披露体系，集团总部制要好需要披露的资料清单，由集团各成员根据清单及时提供涉税所需的信息和材料，既减少重复准备材料的成本，又提升了一致性。

表4-7　东盟各国常设机构认定标准

国家	场所型	工程型	劳务型	代理型
新加坡			为同一项目或相关联项目提供劳务，包括劳务咨询，12个月中连续或累计超过183天	有权经常以该企业的名义行权且代理人与企业在财务和商业上关系密切
马来西亚	有固定经营场所。仅从事准备性或辅助性业务活动的不构成常设机构	建筑工地，建筑，装配或安装工程，或相关监管活动连续6个月以上	为同一项目或相关联项目提供劳务，包括劳务咨询，12个月中连续或累计超过6个月	有权并经常以该企业的名义行权
印度尼西亚			为同一项目或相关联项目提供劳务，包括劳务咨询，12个月中连续或累计超过6个月	有权并经常以该企业的名义行权，或代理人能全部或几乎全部代表该企业
泰国			为同一项目或相关联项目提供劳务，包括劳务咨询，12个月中连续或累计超过183天	有权并经常以该企业的名义行权；或代理人能全部或几乎全部代表该企业
老挝		建筑工地，或相关监管活动连续12个月以上	无规定	有权并经常以该企业的名义行权
柬埔寨		建筑工地，建筑，装配或安装工程，或相关监管活动连续9个月以上	为同一项目或相关联项目提供劳务，包括劳务咨询，12个月中连续或累计超过90天	有权并经常以该企业的名义行权

续表

国家	场所型	工程型	劳务型	代理型
越南		建筑工地，建筑，装配或安装工程，或相关监管活动连续6个月以上	为同一项目或相关联项目提供劳务，包括劳务咨询，在任何12个月中连续或累计超过6个月	有权并经常以该企业的名义行权，或代理人全部或几乎全部代表该企业。
文莱	有固定经营场所。仅从事准备性或辅助性业务		为同一项目或相关联项目提供劳务，包括劳务咨询，在任何12个月中连续或累计超过6个月	有权并经常以该企业的名义行权
菲律宾	活动的不构成常设机构	建筑工地，建筑，装配或安装工程活动连续6个月以上；勘探自然资源使用的装置，钻井机、船只，使用期为3个月以上	为同一项目或相关联项目提供劳务，包括劳务咨询，在任何12个月中连续或累计超过6个月	有权并经常以该企业的名义行权，活动不仅限为企业采购商品
缅甸	中缅未签订税收协定，暂无常设机构判断标准			

169

除缅甸外，中国与东盟其他国家签订的税收协定对常设机构判定有着明确规定，如表4-7所示。在东盟各国开展业务，一旦被认定为常设机构，就承担该机构营业利润缴纳所得税的风险。为避免被认定为常设机构，企业如非必要，尽量不设置固定营业场所。中国企业可根据东道国常设机构的负面清单，做出合理商业安排，避免被认定为常设机构。将常设机构承担的辅助性或准备性活动，分散至其他非常设机构，以免该辅助性或准备性活动形成的利润被征税。建筑、工程项目所得是否具有纳税义务，由税收协定中的"期限"决定，若不超过该期限，则不承担纳税义务。企业应充分做好税务的调研工作，根据工程类常设机构认定的标准、期限等条款，在投标、洽谈和签订合同的过程中合理设置工程期限。企业应对关键业务流程进行梳理，在不影响经营的前提下，对职能进行分散和转移，以降低被认定为常设机构的风险。新加坡等国对大型基建项目有不同程度的税收优惠，部分税收优惠政策无明文规定，为避免工程完工后无法兑现，中国工程承包方应提前获取官方免税文件以备后期使用。此外，合法合理进行合同拆分和分包，从纳税主体选择、合同签订方式、采购方案、工程分包方式、会计核算形式、收入成本确认等环节，系统把控税务风险①。对派遣员工和当地分支机构进行持续性管理，对派遣员工的工作性质、参与项目、停留时间等进行严格监控，以防被认定为劳务型常设机构。

（四）关注 BEPS 行动计划和税收协定网络变化，正确享受税收协定待遇

在后 BEPS 时代，中国企业应持续关注 BEPS 行动计划及东盟各国税收协定网络的变更，及时掌握东道国的政治经济环境、税收制度和征管流程等变化，评估存在的潜在税务风险，提升自身整体的税务管理能力，正确享受税收协定待遇。

东盟各国在 BEPS 行动计划的应用程度参差不齐，新加坡、马来西亚、印度尼西亚、越南这 4 国紧跟全球反避税步伐，积极落实 BEPS 行动计划，在转让定价、资本弱化等方面做出了进一步的监督。菲律宾、泰国、柬埔寨

---

① 吴强，索文婷. 承包工程境外 EPC 项目税务风险及防范 [J]. 税务研究，2018 (07)：93-98.

近年来正探讨采纳 BEPS 行动计划的必要性；缅甸、老挝、文莱这些外资投资较少并且税制不完善的国家，暂未启动采纳 BEPS 行动计划的战略。除缅甸外，其余东盟 9 国均与中国签订了税收协定。东盟各国税收协定网络签订情况差异较大，新加坡、马来西亚、印度尼西亚、越南的税收协定网络完善，与世界主要经济体签订的双边税收协定的数量分别达到 87、80、69、73；泰国和菲律宾的税收协定正逐步完备，签订数量分别为 65 和 43；老挝、柬埔寨、缅甸、文莱签订的税收协定数量较少。

税收协定的优惠税率适应缔约国之间的居民企业，企业提前开具中国税收居民的身份证明，并准备相应的"受益所有人"的证明材料，以顺利通过税收协定待遇的身份认证。新加坡、马来西亚、印度尼西亚、泰国、柬埔寨和越南与中国签订的税收协定允许间接抵免，马来西亚、泰国、越南和文莱（已过期）与中国有税收饶让协定，企业应充分利用税收抵免和税收饶让规定，以降低重复征税的风险。在与东道国税务机关产生税收争议时，应保持与税务当局的持续沟通，可申请启动相互协商程序来解决。中国企业应尽量避免通过导管公司（或空壳公司）来享受税收协定优惠，以降低税务处罚的风险。在取得消极所得时，应主动向税务当局证明自身的受益所有人身份，以达到适用协定优惠税率和降低海外税负的目的。

三、利润汇回或退出阶段税务风险防范

（一）选择合适的利润汇回方式和时间

当中国企业的经营成果汇回中国时，应综合考虑在东道国的实际税负以及利润汇回的时间点，以降低双重征税的税负。中国与新加坡、马来西亚、印度尼西亚、泰国、柬埔寨、越南均协定可间接抵免，中国国内规定间接抵免应为持股比例超过 20% 且是 3 层以内的子公司；中国企业在新加坡等 6 国设立子公司时应避免控股层次过多或持股比例不足，以降低不能抵免的风险。中国采用分国限额抵免法，不同国家之间的分支机构或子公司的盈亏不得相互抵销，抵免额不超过该项所得按中国税法计算的企业所得税额，在国外缴纳的税款高于抵免限额的部分可按国别向后结转 5 年，低于抵免限额的部分需要补缴税款。中国企业应尽量避免在新加坡等 6 国的多家集团成员在

同一纳税年度出现互有盈亏，以避免回中国纳税申报时产生的双重征税的税负。中国与缅甸未签订税收协定，与老挝、文莱协定无间接抵免，如果将股息分回中国，企业则面临着双重征税的风险；在综合考虑间接抵免、预提税后，中国企业在缅甸、老挝、文莱的境外税负分别为25%、27.8%、25%①，当利润汇回中国时，除预提税可抵免外，还应在中国补缴25%、21.2%、25%的所得税。中国与菲律宾的税收协定中，无间接抵免和税收饶让，最终税负高达55%。为避免承担高税负，可将股息延期汇回中国，也可通过股权架构设计来降低双重征税税负。中国与马来西亚、泰国、柬埔寨、越南（固定协定税率为10%）、文莱（饶让过期）规定了税收饶让。中国企业应准备好东道国税收优惠证明文件，回中国汇算清缴所得税时要及时认证，充分享受饶让。

（二）选择合适的退出方式

当中国企业退出时，主要有转让股权和转让资产两种退出方式，不同的退出方式带来的税务后果不同。如表4-8所示，除文莱外，其余东盟国家转让资产均征税。通过转让股权退出的规定，马来西亚和文莱不征税，泰国对转让上市公司股权免税，新加坡对符合持股比例和期限的股权转让不征税；对其余国家均征税。中国企业若要马来西亚退出，应通过转让股权方式退出；退出文莱时通过转让股权或转让资产的方式均可；在新加坡投资应长期持有并且持股超过20%，以避免被征收公司所得税；其余东盟国家可通过股权架构设计来降低税负。例如，中国母公司通过中间控股公司投资老挝子公司，如果中间控股公司所在地与中国、老挝均签订了优惠的税收协定，在转让老挝子公司股权或转让中间控股公司股权而获得的资本利得所需缴纳的预提所得税均有可能被减免。

---

① 王素荣，赵珊珊. 中国企业投资东盟的税务筹划研究 [J]. 北京联合大学学报（人文社会科学版），2019，17（03）：81-90.

表 4-8　东盟各国不同退出方式的征税

国家	转让股权	转让资产
新加坡	短期股权转让征税。对持有超过 20% 且持股期限超过 24 个月的股权转让所得不征税	征税
马来西亚	不征税。出售不动产公司股权利得时，缴纳不动产利得税。	征税。出售与土地有关的不动产时，缴纳不动产利得税。
印度尼西亚	征税	征税
泰国	征税，在证券交易所转让的股权所得免税	征税
老挝	征税	征税
柬埔寨	征税	征税
越南	征税	征税
文莱	不征税	不征税
菲律宾	征税	征税
缅甸	征税	征税

（三）境外工程项目清算税务风险防范

海外基础设施建设是中国"一带一路"倡议的重要投资方向。2020 年，中国企业在"一带一路"沿线的 61 个国家新签订的对外承包工程项目合同 5611 份，新签订的合同额为 1414.6 亿美元。[1] 中国企业为避免海外工程项目被双重征税的风险，应根据税收协定和优惠税率，合理设置工程期间并根据认定期间安排外派人员的工作期间。在东盟各国的工程项目结束或清算退出时，应保持与税务机关的沟通，在规定期限内提供发票、账务凭证等资料，及时补缴或申请返还多缴税款。主动将企业的真实情况报告给税务机关，减少税务检查次数。尽快完成清算的注销手续，以防该项目工程再次成为调查对象而引起不必要的税务风险。

集团企业应从整个集团的角度出发，形成统一的内部票据交换系统，依

---

① 商务部合作司. 2020 年中国对"一带一路"沿线国家投资合作情况［EB/OL］. 中华人民共和国商务部，2021-01-25.

据税务风险清单，通过内部信息交换系统完成清算所需的票据、信息的汇集，以提高清算信息汇集的效率和一致性。加强与新加坡等东盟 10 国当地税务机关的沟通，积极配合税务机关的税务清算，履行补缴义务或申请退税；尽快完成税务登记的注销，以避免工程项目部再次成为检查对象，引起不必要的税务风险。

（四）避免外汇管制风险

外汇管理政策直接影响利润或清算收益的汇回。如表 4-9 所示，新加坡、文莱无外汇管制，资金可自由流动，企业利润汇出无限制且无特殊税费。马来西亚、印度尼西亚的外汇环境也相对宽松，但印度尼西亚规定不得将从税收减免中获得的投资收益汇出印度尼西亚。越南的外汇管制严格，在关闭投资项目时，需通知授权机构，遵循清算程序，退回投资证书，并在 6 个月内完成清算；中国企业在清算完成时，应及时将所得兑换成美元或人民币，以减少汇率不稳定造成的损失。老挝规定直接投资的清算资金、股息、利润等汇出，需经过老挝银行授权。泰国规定对外投资公司向海外总部汇出的利润征收 10% 的汇款税，中国企业应延缓汇回利润，或根据股权架构设计将利润投资至中间控股国。菲律宾要求通过授权的代理银行或外汇公司完成投资的外汇划转，中国企业应委托具备资质的中资银行处理外汇，以降低风险。柬埔寨外汇管理复杂，在要求转让海外子公司股权时，应向柬埔寨的外汇管理部门提交股权转让报告书，并且需要将所得外汇收益调回柬埔寨境内。中国企业从柬埔寨撤资时，应严格遵守外汇规定，委托专业机构处理外汇实务。

企业应根据东道国外汇管理规定，合理安排利润或清算收入的汇出，以免触及外汇管制禁令造成不必要的损失、影响经营成果向中国国内的转回。

表 4-9　东盟各国基本的外汇管理政策

国家	外汇管理
新加坡	无外汇管制，资金可自由流动，企业利润汇出无限制且无特殊税费
马来西亚	外企外汇进出需要核准。外国公民出入境携带超过 1 万美元，需申报。外国务工人员税后合法收入可汇出。位于纳闽（马来西亚联邦政府的直辖区）的公司不受外汇管制和外资股权的约束和限制

国家	外汇管理
印度尼西亚	正常交易、收益和经常转移的外汇无限制。外资可自由汇出或通过资本转让，但不得将从税收减免中获得的投资收益汇出印度尼西亚。出入境携带超过1亿印尼卢比（或等值外币），需经批准并报关
泰国	入泰外汇无限制，需在7日内兑为泰铢，或存入外汇账户。投资基金、分红、利润及贷款偿还和支付利息，税务清算后，可汇出。外资公司向海外总部汇出利润征收10%的汇款税，需在7日内完成纳税
老挝	外汇只用于对外支付，违规会被警告或处罚。利息、股息、资本和利润汇出，需申请。直接投资资金清算无金额限制，但对外转移需遵守外汇管理规定。个人出入境携带超过1万美元，需经批准。外国务工人员合法收入可全额汇出
柬埔寨	投资者用于清算其与投资活动有关的财政债务，无管制。进出口金矿原石和其他贵金属、境外直接投资超过1万美元需申报，个人出入境携带超1万美元，需报关。外商直接投资的清算收益可自由汇出
越南	外汇管制严格，境内的项目交易收益需立即调回。投资者使用大量美元时受到限制，越南盾的汇率不稳定。经政府批准的外商投资，在关闭投资项目时，需通知授权机构，遵循清算程序，退回投资证书，并在6个月内完成清算，此外汇可自由汇出。个人出入境携带超过1500万越南盾或0.5万美元，需报关并出具批准证明
文莱	基本无外汇限制。正常交易、境外投资、个人携资金出入境无限制
菲律宾	服务贸易、收益和经常转移，通过授权代理银行或外汇公司购汇等值在12万美元以上，或通过中介单笔购汇等值在1万美元以上，或按月累计购汇等值在5万美元以上，需提交相关材料。外汇兑换机构单笔交易在50万以上比索或等值外币，只能通过支票或账户交易。博彩业收入跨境转移需提供相关证明。居民对外直接投资购汇限额为6000万美元，如果投资境外房地产，超额部分应经中央银行批准。外商对菲律宾投资，应通过授权的代理银行或外汇公司进行
缅甸	直接投资的税后净利可汇出。居民与非居民之间发生的借贷、担保、保证、金融支持等，需中央银行批准。个人最长可6个月持有不超过等值为1万美元的外币；出境可携带不超过等值为1万美元的外币；非居民入境可携带不超过1万美元的外币

资料来源：国家外汇管理局《"一带一路"国家外汇管理政策概览（2018）》

第五章

东北亚国家的税收政策

中国作为东北亚国家的一员,自然与近邻国家的贸易往来较多。了解东北亚国家的税收政策,有助于中国与东北亚国家之间的贸易和投资的往来。

第一节　俄罗斯的税收政策

俄罗斯实行联邦和地方两级课税,税收立法权和征收权主要集中在联邦。俄罗斯联邦税主要有公司所得税、个人所得税、增值税、关税、矿产资源税和社会保障税等。地方税主要包括消费税、财产税、运输税、环境税。俄罗斯对居民公司以及外币交易有一定的管制,但非居民实体汇回利润不受管制。居民和非居民均可持有任何币种的外汇账户。

一、俄罗斯的流转税政策

关于俄罗斯的流转税政策,这里主要介绍俄罗斯的增值税政策、消费税政策和关税政策。

（一）俄罗斯的增值税政策

俄罗斯对境内销售商品或提供劳务、进口商品或接受境外劳务均征收增值税,从事上述业务的实体和个人都是增值税纳税人。

没有在俄罗斯税务机关登记的外国公司,在俄罗斯境内从事内陆运输需要缴纳增值税并由接受运输服务的俄罗斯客户履行代扣代缴义务。

所有纳税人均应办理税务登记，一般来说，仅办理增值税税务登记是不被允许的。只有提供电子服务的外国法人才被允许只办理增值税税务登记。俄罗斯无增值税登记门槛，无论企业规模是大是小，均要办理税务登记。最近连续3个月的销售总额不足200万卢布，可申请免缴增值税，但应提供相应证明。经批准后，纳税人可免缴增值税，但增值税进项税的抵扣将受限制。适用简易征税制度的私营企业主、法律主体或通过核定收入征税的经营活动也都免征增值税，但适用在海关缴纳增值税和反向征税制度的情形除外。

集团公司不允许合并登记，集团的成员公司必须单独进行增值税登记。

"非常设企业"是指在俄罗斯联邦没有固定机构的企业。外国法人或非常设企业可能需要在俄罗斯联邦进行税务登记。在俄罗斯仅提供电子服务的外国法人实体可单独进行增值税登记，但无法抵扣进项税；其他类型的外国法人实体通过分支机构、代表处等在俄罗斯开展经营活动，有义务在俄罗斯进行税务登记。通过分支机构、代表处开展业务的外国法人，必须向分支机构和代表处申请认可。如果外国公司在俄罗斯联邦拥有不动产或运输车辆，或在俄罗斯银行开立账户的，也负有税务登记的义务。如果提供劳务或货物的外国法人未在俄罗斯进行税务登记，购买方必须履行代扣代缴义务。未在俄罗斯进行税务登记的外国法人无法抵扣进项税。税务登记时，外国法人只能登记为普通增值税纳税人，如果其符合进项税抵扣条件，可以进行抵扣。

反向征税制度通常适用外国企业向俄罗斯境内的公司法人、私人企业家等增值税纳税人提供货物、劳务和工程等，由购买方履行代扣代缴增值税的义务。反向征税制度适用下列情况：①该法人实体在俄罗斯没有进行税务登记；②货物（工程和劳务）的供应地点是俄罗斯。反向征收的增值税被视为预提税。

在国内反向征税制度下，需要由货物（工程、劳务）接受方承担国内代扣代缴增值税的义务，包括以下情况：①政府、行政机关和地方政府租用联邦财产、市政财产等；②转让在俄罗斯境内的船舶，在所有权转移给客户后的90日内未在俄罗斯国际船只注册处进行注册；③纳税人（豁免履行增值税纳税义务的除外）在俄罗斯销售动物生皮、黑色金属和有色金属废物、再生铝、合金和废纸等。

非分支机构又非办事处的国外组织在俄罗斯开展经营活动，其应在 30 日内办理税务登记。外国组织的分支机构、代表处或其他独立分支机构终止或关闭时，需在 10 日内注销。

1. 增值税的税率

俄罗斯增值税的税率有 20%、10%、16.67% 和 0 这 4 种。其中，标准税率为 20%，适用一般的销售商品或提供劳务。低税率 16.67% 适用电子服务、转让持续经营中的企业；低税率 10% 适用基本食品、某些儿童用品、医疗用品和纯种牛等；零税率适用出口产品和为出口提供的服务（包括物流服务）。

免税项目包括发放贷款的金融服务、出口信贷再保险、公共交通、医疗、共同住宅开发等。不超过 200 欧元或等值其他货币，不超过 500 欧元的个人使用物品、药品，赠与文化机构的文化财产、图书资料等，免税。银行、保险等金融业、贵金属矿石、精矿石等可选择免税，一旦选择，免税期不少于 1 年。

2. 增值税计税的主要内容

增值税的纳税义务发生时间，一般来说为货物（工程和劳务）发出或财产权利转让的时间。对未来交付货物（工程和劳务）或转让财产权利的业务，以付款或部分付款的时间为纳税义务发生时间。收到预付款的时间为纳税义务发生时间。外国公司提供的电子服务，以收到服务款项之日为纳税义务发生时间。

预付账款的，以收到预付款或发出货物的时间中二者较早的一方为纳税义务发生时间。俄罗斯没有对持续服务、售后回购业务的纳税义务发生时间做出特殊规定，一律按正常纳税义务发生时间的规定来确定。

当纳税人之间适用反向征税机制时，增值税纳税义务发生时间为税务代理人向货物和劳务供应商支付款项的时间。

财产租赁由于所有权未被转移，提供劳务用来确定纳税义务发生时间；如果该货物租赁期满后所有权转移，销售货物用来确定增值税纳税义务发生时间。

进口货物的增值税纳税义务发生时间为报关进口时间。

纳税人的应纳增值税额通常为销项税额抵扣进项税额后的余额。增值税纳税人从事销售货物（工程和劳务）、转让财产权利等业务，可以从销项税中抵扣进项税。从 2019 年 7 月 1 日开始，在俄罗斯境外提供劳务所使用货物的进项税额也可以抵扣，但若在俄罗斯境内提供该劳务免税的情况除外。

销售货物（工程和劳务）取得合法的增值税发票，可以抵扣进项税。纳税人通过工程建设（包括建设自己使用的建筑物）、无形资产研发、预付款方式取得的增值税进项税，都可以抵扣。进项税抵扣额必须在增值税发票上单独注明。俄罗斯的法人实体和私营企业主通过外国法人实体购买电子服务，可要求外国电子服务供应商缴纳增值税。

不允许抵扣的进项税指购进货物或劳务用于非生产经营活动（如用于私人用途的货物）或免税项目产生的进项税。不可抵扣进项税的项目包括用于个人的消费支出、家庭电话费、停车费、餐饮费等。将外购货物（工程和劳务）用于生产经营应税项目的，其进项税可以抵扣，主要包括购买或租赁汽车、货车和卡车，用于生产经营车辆的燃料、车辆保养、通信费等。

纳税人同时经营免税和应税货物（工程和劳务）的，应分别进行核算；与应税项目相关的进项税可以抵扣，免税项目不可抵扣。应税和免税项目不能直接区分的，根据税法规定的分摊方法按各自价值所占比例来确定进项税抵扣的金额。

资本货物是指使用年限较长，价值超过 10 万卢布的资产。资本货物的进项税允许在购买货物的一个季度报告期内扣除。如果资本货物部分用于免税项目，则按比例计算出应税项目对应的进项税额，其允许抵扣，免税项目对应的进项税额不允许抵扣。如果在报告期内，资本货物的价格发生较大的变化，应按先前确定的比例计算调整应税和免税项目的价格，并调整抵扣的进项税额。

纳税人可抵扣的进项税额若超过该期间应付的销项税额，超额进项税可以退回或留到下期抵扣。如果纳税人不存在因为违反税法引起的罚款、罚金，税务机关会在收到纳税人退税申请的 1~16 日内返还至纳税人的银行账户内，或者继续留抵下期应纳税额。纳税人符合以下条件的可以享受加速退税：①前 3 个纳税年度缴纳的增值税、消费税、利得税、矿产资源开采税（不包括货物进出口和税务代理人缴纳的税款）超过 20 亿卢布，前提是公司自成立之日至提交增值税申报表之日，已经满 3 年；②纳税人已经向税务机关提交了合适的银行担保。

有形资产、无形资产、财产权利等作为出资额投资到其他公司和企业的，如果这些资产用于免税项目，则应补缴已经抵扣的进项税额；对于固定资产和无形资产，不考虑任何重估的账面净值，按比例确定应补缴的已抵扣的进项税。

外国法人实体无法享受增值税进项税的抵扣，除非其在俄罗斯进行增值税税务登记并依法履行缴纳增值税义务。税法规定，税务机关在其批准纳税人提出增值税退还申请的 5 日内予以退税。在实践中，税务机关常常延期完成退税；延迟退税的，由税务机关按日计算利息（年利率为 7.5%）一并退至纳税人账户。

3. 增值税的税收征管

纳税人必须根据俄罗斯发票规定为所有应课税商品和劳务采用俄语（可同时用另一种语言）开具增值税发票。提供电子服务的外国法人实体向个人（B2C）或向法人实体（B2B）提供电子服务的，无须开具增值税发票。

如果交易的销售额或价格发生变化，允许开具更正的增值税发票。交易价值发生正向变化的，可在开具更正后的增值税发票上注明正向变化的金额；供应商依据此凭证补缴增值税，购买方据此加扣进项税额。反之，交易价值发生负向变化，可在开具更正后的发票上注明负向变化的金额，供应商据此申请增值税退税业务，购买方需要据此退回已经抵扣的进项税。

俄罗斯允许使用电子发票，但不是强制实行。交易双方协商一致，并具备开具电子发票设备和资源的可以开具电子发票。俄罗斯财政部制定了电子发票开具的程序，税务部门对增值税电子发票开具格式、收发日记账、销售和采购的电子账务等做出了具体规定。

俄罗斯不允许开具简易发票，只能开具完整的增值税发票。俄罗斯出口的货物以及与出口有关的工程和劳务，适用的增值税税率为 0，销售方必须向税务机关提供相应的证明文件。

在俄罗斯开具发票采用卢布作为货币单位更为方便，因为采用外币开具的发票，还需要按照俄罗斯中央银行公布的汇率换算为卢布。供应商以货物（工程和劳务）发出之日的俄罗斯中央银行的汇率确定税基；在后期收到货款时，供应商也不得再调整税基。购买方使用达到抵扣进项税条件的中央银行汇率来计算可抵扣的进项税；在后期向供应商付款时，不得调整可抵扣的进项税。

企业向个人销售时，只能开具收据，不能开具增值税发票。纳税人应按会计准则保存会计记录、购销货台账；纳税人以个人名义提供中介代理服务的，应保存好开具和收取增值税发票的记录。纳税申报记录必须保存至少 4 年，会计凭证、会计账簿等应采用电子方式编制，上面要有合格的电子签名；如果无法采用电子方式保存，也可采用纸质方式保存。

一般来说，纳税人需要按季度提交纳税申报表，在每个季度最后一个月的 25 日之前完成提交。纳税人的购销分类账、所有的增值税发票信息均应包含在纳税申报表中。

纳税申报表中的应纳增值税必须在纳税期的申报期限结束后的 3 个月内完成支付。在反向征税制度下，应缴的增值税是单独核算的，由税务代理人在向销售方付款时完成代扣代缴义务。提供电子服务的外国法人实体，应在纳税申报季度结束后次月的 25 日前，提交季度增值税纳税申报表。纳税人应按季度提交电子形式的增值税纳税申报表，作为申报表的重要组成部分的购销分类账应以电子方式提供。提供电子服务的外国法人实体可通过税务系统的网络账户提交简化的纳税申报表。申报期内未发生应税业务且银行账户未收到任何营业收入的，可提交简化的纳税申报表。俄罗斯无须提供年度纳税申报表。在俄罗斯提交的纳税申报表必须通过电子方式提交。

纳税人超过期限未按规定办理税务登记，处以 10000 卢布的罚款。纳税人未按规定进行税务登记而进行经营活动的，处以此期间取得收入的 10% 且不低于 40000 卢布的罚款。

因逾期提交纳税申报表而少缴税款的，处以少缴金额 5% 至 30% 的罚款，具体金额根据延迟纳税义务发生时间来确定。未按时缴纳或部分未缴纳税款的，处以少缴或未缴税款 20% 的罚款；如果是故意未交或少缴税款的，处以少缴或未缴税款 40% 的罚款。

公司经营者或管理人员若违反税法规定，将面临下列处罚：纳税人未进行税务登记就从事经营活动的，处以 2000 卢布至 3000 卢布的罚款；未按规定及时提交纳税申报表的，处以 300 卢布至 500 卢布的罚款；未按规定报送税务稽查所需资料的，处以 300 卢布至 500 卢布的罚款；严重违反账簿记录和财务会计核算规定的，处以 5000 卢布至 10000 卢布的罚款；多次违反账簿记录和财务会计核算规定的，处以 10000 卢布至 20000 卢布的罚款或禁止该管理人员 1~2 年内担任该职务。

如果纳税人因未提交增值税纳税申报表而逃避纳税义务，或在提交的纳税申报表中包含虚假信息，导致未缴或少缴税款达到 500 万卢布或占应纳税总额的 25% 的，将被处以 10 万卢布至 30 万卢布的罚款，或对责任人处以相当于 1~2 年薪酬收入的罚款，或处以 2 年以下的强制劳动；或处以 6 个月至 2 年的监禁；或 3 年内被禁止担任某些职务和从事某些经营活动。如果纳税人因未提交增值税纳税申报表而逃避纳税义务，或在提交的纳税申报表中包含虚假信息，导致未缴或少缴税款达到 1500 万卢布或占应纳税总额的 50% 的，将被处以 20 万卢布至 50 万卢布的罚款，或对责任人处以相当于 1~3 年薪酬收入的罚款，或处以 5 年以下的监禁。

（二）俄罗斯的消费税政策

俄罗斯对含酒精饮料、烟草、轿车、摩托车、成品油、天然气等征收消费税。

2021 年消费税的征税范围和税率如下：

含酒精饮料，每升 0 至 566 卢布。烟草及其制品、吸烟工具，每千克 3299 卢布；加热吸用烟草、雪茄、小雪茄卷烟、香烟、电子烟、电子烟液，每支（毫升或千克）14 卢布至每支（毫升或千克）6282 卢布；不带过滤嘴的香烟、白杆烟，采用从定价和从量征税，每支 20 卢布加 14.5% 的税率。轿车、摩托车，每马力 0 至 1464 卢布。成品油，每吨 2800 卢布至 13624 卢布。天然气消费税税率为 30%。苯类化合物采用定额税率，按照固定公式计算的税率。

出口、以物易物的消费税应税商品（除天然气外），带有手动操纵系统的轻型汽车、酒精半成品、白兰地酒精和酿酒原料，境内用于生产其他应税产品的应税原材料，不征税。

消费税按月征收，纳税人应在纳税期满后的次月的 25 日内缴纳税款。

（三）俄罗斯的关税政策

俄罗斯对进口货物征收关税。根据原产国和资产类型的不同，税率在 0~20%。经批准的合格的境外投资俄罗斯公司，符合条件的进口商品可免税。俄罗斯加入了 WTO，对进口 WTO 成员的货物给予优惠税率。

俄罗斯加入了欧亚经济联盟（EAEU），欧亚经济联盟形成一个关税区，联盟成员国之间销售货物免于办理清关手续，采用统一的关税税率和关税计算方法。

二、俄罗斯的所得税政策

（一）俄罗斯的公司所得税政策

俄罗斯居民公司是指依照俄罗斯法律注册成立的公司，居民公司就源自俄罗斯境内外所得纳税，非居民公司就源自境内的所得纳税。

1. 公司所得税的税率

公司所得税的应税所得额包括经营所得、资本利得、利息、特许权使用费、租金等所得。公司所得税税率最高为 20%，最低为 15.5%，2017—2024年，联邦政府征收 3% 的税率，地方政府征收 12.5%~17%。外国法人在俄罗斯境内经营，构成常设机构的，征收 20% 利润税（分公司利润汇出，不再征收预提税），不构成常设机构的，征收 10%~20% 的预提税。

2. 公司所得税计税的主要内容

应纳税所得包括经营所得和非销售业务的所得。如果所得是用外币核算的，应将外币按规定汇率折算为卢布。

应税收入包括经营所得、资本利得、股息、利息、租金收入和其他合法取得的收入。

资本利得视同经营所得纳税。持股超过 5 年股票利得的免税条件如下：持有期间为非上市公司股票；公司为不动产在 50% 以下的非房地产公司。国际公司的股票利得免税条件如下：连续持有超过 1 年且持股比例超过 15%；公司为不动产在 50% 以下的非房地产公司；该股份不是在国际公司注册之前或之后的 1 年内出资或转让取得的，也不是在该公司注册为国际公司之前或之后的 1 年内通过重组取得的。

外国公司出售俄罗斯境内公司的股份所得，如果被出售股份的公司的不动产比例超过 50%，则税率为 20%。处置证券的资本利得按标准税率纳税。出售上市证券的损失可从一般利得中抵扣，非上市证券和非上市金融衍生品的损失只能在同类证券中单独抵扣。国家控股公司持股超过 1 年的股票利得的免税条件如下：上市科技公司的股票；购买时没有上市，但在后来上市的科技公司股票。

俄罗斯居民企业或个人取得境内外的股息预提税率为 13%；非居民从俄罗斯取得的股息预提税率为 15%。战略投资者（持股在 50% 以上且持股期超过 1 年）收到股息免税。持有国际公司股权在 15% 以上且持有超过 1 年，所得股息免税。

利息所得按权责发生制来确认收入，税率为 20%；国债和市政债券适用税务为 0、9% 或 15%。从境外取得的利息，税率为 20%，根据税收协定享受优惠。

可税前扣除的成本费用主要包括与经营活动有关的合理费用开支、租赁费用、利息费用、折旧和摊销、商誉、坏账、公益性捐赠、研发费用、资本损失等。

用于生产经营的贷款利息可税前扣除。俄罗斯的资本弱化比例为 3∶1，超过规定比例的债务产生的利息费用，不得税前扣除。以下贷款费用可扣除：俄罗斯企业之间或其他的卢布贷款利率是在央行基准利率的 75%~125%。以欧元、人民币、英镑为标准的外币贷款，利率为同业拆借利率加 4%~7%；以瑞士法郎和日元为贷款标准的外币贷款，利率为同业拆借利率加 2%~7%；其他外币贷款的利率，以美元为标准的外币贷款，利率为同业拆借利率加 4%~7%。

按税法规定的方法和税率计提的折旧，可税前扣除。俄罗斯将固定资产分为 10 个类别，折旧年限为 1~30 年。折旧可以采用余额百分比法或直线法，使用寿命超过 20 年的应采用直线法折旧。折旧方法一经确定，5 年内不得变更。为鼓励投资，企业购入的固定资产可享受加速折旧，一次计提 10% 的折旧（寿命在 3~20 年的固定资产计提 30% 的折旧）；购买之日起 5 年内固定资产各部分发生转移变化的，原加速计提的折旧将转回。无形资产按使用寿命摊销，使用寿命无法确定的，按 10 年摊销（某些类型的无形资产按 2 年摊销）。

俄罗斯的税法规定，注册为房地产的企业，可将购买形成的商誉在 5 年内摊销。俄罗斯对公司设立发生的开办费用是否扣除没有具体规定，实务中一般不允许扣除。

计提的坏账准备金不得扣除，只有发生坏账并核销时，该坏账才可税前扣除。向非营利性组织提供的公益性捐赠不超过应纳税所得额（扣除公益性捐赠前）的 1%。研发费用（包括未形成研发成果的研发费用）可在 1 年内按 150%的比例在税前扣除。企业依法缴纳的各种强制性保险费用、为雇员缴纳的社会保险费均可税前扣除。销售固定资产和其他财产的损失可税前扣除。

存货的核算方法可以是先进先出法、平均成本法和个别计价法。

以下支出和费用不得扣除：与生产经营无关的各项支出和费用。因违法合同向合作方支付的罚款可以税前扣除，但政府部门的行政罚款和滞纳金不得税前扣除。

经营亏损无限期向后转，但 2020 年以前亏损结转不得超过当年应纳税所得额的 50%。自 2021 年起，结转金额没有限制。组成集团且直接或间接持股 90%以上的俄罗斯公司可以合并申报纳税，但在前一个日历年度需满足以下条件：支付税款超过 100 亿卢布，利润超过 1000 亿卢布，资产超过 3000 亿卢布。

3. 公司所得税的税收优惠

区域税收优惠主要是降低公司所得税、财产税和运输税的税率，并且在土地租金、财政支持、部分资本补偿、银行担保等方面给予优惠。区域优惠通常要求投资额在 5000 万卢布以上，具体投资额和优惠政策可与地方政府谈判。

俄罗斯的特殊经济区（SEZs）主要包括工业园区、特定项目的技术研究和实验区、旅游娱乐区和港口区等。特殊经济区的居民公司除享受自由海关区待遇外，还享受免除公司所得税、运输税及降低社会保障税等优惠。在投资工业园区，投资额在 12000 万卢布以下的，要求前三年投资额到位 4000 万卢布以上；在投资港口区，要求前三年投资额到位 40000 万卢布以上。

投资先进发展区（ADZs）和自由贸易港口快速发展区起初是为了开发远东地区，后来扩展到科米共和国和俄罗斯的斯摩棱斯克地区。对快速发展区的农业、纺织、化工、制药、家具、电信、教育、科技等行业投资，享受公司所得税、财产税、关税、项目融资、简化雇用外籍人员手续等很多优惠。具体体现如下：5 年内免除联邦公司所得税；地方公司所得税，前 5 年不超过 5%，接下来 5 年为 10%；10 年内社会保障税降低至 7.6%。投资自由贸易港口——符拉迪沃斯托克（海参崴）港，也享受上述 3 项税收优惠政策。

特定激励机制，对 IT 行业降低公司税和社会保障税；研发服务收入免征增值税，研发费用税前扣除比例为 150%；科技行业固定资产加速折旧 3 倍；斯科尔科沃创新中心免除利润税、财产税、增值税，降低社会保障税。

4. 公司所得税的税收征管

俄罗斯的纳税年度为日历年度。纳税人按月纳税。每月预缴税款额度相当于上一季度预付税款的三分之一；纳税人也可根据上个月的实际利润在次月的 28 日前预缴。在俄罗斯有常设机构的外国法人和其他实体，按季度缴纳税款。

年度最终纳税申报表和应纳税额以实际经营所得结果为准。纳税人必须在纳税年度终了到次年的 3 月 28 日前提交年度所得税纳税申报表，未按规定时间提交纳税申报表的将受到处罚。

地方税务机关可要求纳税人在报送纳税申报表时，一并报送与纳税申报有关的文件和资料。企业所得税纳税申报表可以通过电子方式提交。在纳税年度之前的一个日历年度，雇员人数超过 100 人的居民企业纳税人，以及税法规定的纳税大户而无论其雇员人数有多少，必须以电子方式提交纳税申报表。

（二）俄罗斯的个人所得税政策

俄罗斯居民个人是指俄罗斯公民，以及连续 12 个月内在俄罗斯境内居住超过 183 天的外国公民或无国籍人士。其中，境外旅行、不到 6 个月的短期境外治疗或培训以及因用工合同或其他义务到境外工作或提供服务等情况按其不中止居住时间计算。居民个人就其源自俄罗斯境内外的所得，缴纳个人所得税。非居民个人仅就其源自境内的所得，缴纳个人所得税。

1. 计税收入

在俄罗斯，个人所得税的计税收入包括雇佣所得、经营所得、专业所得、资本利得、投资所得和其他所得。

雇佣所得是指雇主依据雇佣关系支付给雇员的现金或实物收入，包括薪金、实物津贴、商业保险给付的养老金所得等。

经营所得是指从事个体经营活动，承担风险而取得的收入。原则上，所有归属于个体经营的收入，包括来自出售经营实体财产的收益，都应缴纳个人所得税。

专业所得是指个人从事专业活动取得的所得，如设计师、建筑师的专业活动，艺术家的音乐创作、艺术创作等，专业活动所得与营业所得以相同的方式纳税。

资本利得是指拥有资本资产或而取得的收入，包括转让房屋不动产所得、转让股份和证券所得。

投资所得主要包括股息所得、利息所得、特许权使用费所得等。其中，居民个人取得股息按 13% 的税率征税，非居民个人从俄罗斯取得的股息按 15% 的税率征税。

个人取得不属于上述 5 类所得的，均属于其他所得。

2. 税收扣除

统计个人所得税时可以税前扣除的项目：

基本标准扣除额。子女抚养费，首个和第 2 个孩子每月各扣除 1400 卢布，第 3 个及 3 个以上的孩子每月扣除 3000 卢布。当纳税人当月应纳税所得额超过 35 万卢布时，此扣除标准将逐渐取消。符合特定条件的残疾人、退伍军人及自然灾害受害人可额外每个月再扣除 3000 卢布。

社会化扣除额。纳税人不超过应纳税所得额 25% 的慈善捐赠可税前扣除；纳税人本人的教育费用和不超过 5 万卢布的子女教育费；医疗费用，如医生费用、护理费、药物等。向具有资质的非国家养老基金缴纳的保险费用；补充国家养老保险费用。医疗费用、向非国家养老基金缴纳的保险费用、国家养老保险费用及纳税人本人的教育费税前年度扣除总额不超过 12 万卢布。

房屋等不动产的扣除。自 2018 年 1 月 1 日起，居民和非居民个人将拥有 5 年以上（特殊情况为 3 年）的房产出售的，免征个人所得税。纳税人在俄罗斯为取得或者建造房屋所发生的实际费用，包括抵押贷款本金和利息费用，可以扣除，最高扣除额为 200 万卢布（在 2008 年 1 月 1 日前建造或购买的住宅扣除额为 100 万卢布）。从 2014 年起，住房扣除额在纳税期间未使用完的，可以结转下期。例如，纳税人在取得或建造一个住宅时没有用完房屋扣除额，那么可以将剩下的部分用于另一个住宅。如果该住宅由多个共有人拥有，那么每个共有人可以使用 200 万卢布的扣除额；从 2014 年起，抵押贷款（按揭）利息扣除限额为 300 万卢布。然而，抵押贷款利息（按揭）的扣除只可用于一个住宅。

纳税人销售持有不足 3 年的动产（证券除外），销售所得不超过 25 万卢布的可免税，或者以实际销售收入扣减成本费用的差额来计税。

与个体经营活动直接有关的费用，可以税前扣除；如果无法区分费用是否用于经营活动，可按营业收入的 20% 作为税前扣除标准。

投资额扣除标准。①在 2014 年 1 月 1 日后取得且持有 3 年以上、在证交所上市交易的证券，或俄罗斯管理公司管理的开放基金，处置所得不超过 300 万卢布的，可按特定系数来扣减。②纳税期间个人转入个人投资账户的资金不超过 40 万卢布的，可在 2015 年及以后的纳税申报中扣除。③个人投资账户的经营收入。纳税人应在第①和第②项中选取其一作为扣除标准。

3. 个人所得税税率

外籍的高素质专家（HQSs）取得的受雇所得、以免签证形式停留在俄罗斯的非居民外籍人士和持有特殊许可证的个人在俄罗斯的受雇所得，税率为 13%。外籍专家取得的工资、假期津贴和奖金等适应的税率为 13%，其他福利和津贴按 30% 的税率征税。

非居民个人从俄罗斯取得的股息，税率为 15%；非居民取得的其他所得，税率为 30%。

特定类型的非雇佣所得的税率为 35%。如博彩、竞赛得奖、奖金收入和广告收入等超过 2000 卢布以上的部分；从自愿性保险合同中获得的超过《税法典》有关规定的保险赔款；纳税周期内超过中央银行规定的本币存款再融资利率或外币存款年利率为 9% 的卢布或外币存款获得的利息收入；纳税人个人借款所获得的利息收入。

从 2018 年 1 月 1 日起，纳税人从受雇公司、关联方企业或个体经营者处获得零息或低息贷款，将被视为其他所得并计入个人应纳所得税额中。

个体经营产生的亏损，不得向后结转。

纳税申报单提交的最后期限为次年的 4 月 30 日前。个体营业和专业活动终止时，纳税人必须在终止后的 5 日内提交纳税申报单，税款查定由当地税务机构根据纳税申报单完成。如果外籍公民为俄罗斯税收居民，在离境前的 1 个月内履行纳税申报义务。

三、俄罗斯的其他税收政策

俄罗斯对房屋、基础设施、建筑物等不动产（土地除外）征收财产税，税率最高不超过 2.2%，具体税率由各联邦主体的权力机关根据企业活动的类型确定，特殊财产（如公益性组织、社保基金的财产）和基础设施（如天然气管道）可享受免税或减税的优惠。

俄罗斯对境内注册的交通工具征收运输税，根据发动机排量、总吨位的不同，税率在 1～200 卢布/马力，联邦法律支持根据地区不同，对税率进行 10 倍以内的调整。

矿产资源税的征税方式包括从价计税和从量计税两种。石油，税率为每吨 1 卢布；天然气，税率为每立方米 35 卢布；凝析油，税率为每吨 42 卢布。矿产资源开采根据 23 种矿产分别加以规定，税率在 3.8%～30% 不等。矿产勘查项目在不同的阶段税率也不同，普查与评价阶段收费标准为 90～270 卢布/千平方米；而勘探阶段收费标准为 3000～18000 卢布/千平方米。

俄罗斯针对纸、纸制品、橡胶、塑料制品、纺织、皮革、金属和电子产品等征收环境税。

俄罗斯的社会保障税包括养老保险、社会保险和医疗保险，按雇员的工资收入总额的一定比例缴纳，如表 5-1 所示。

表 5-1　俄罗斯社会保障税税率

保险种类	不超过 86.5 万（%）	不超过 115 万（%）	超过 115 万（%）
养老保险	22.0	22.0	10.0
社会保险	2.9*	0	0
医疗保险	5.1	5.1	5.1
合计	30.0	27.1	15.1

注：持有标准工作许可证的外籍人士按 1.8% 计提

除上述社会保障税外，雇主还应为全体雇员缴纳工作场所事故保险，一般为 0.2%。对高危行业的雇员，雇主必须根据职业风险等级缴纳 2% 至 9% 的额外养老保险金。

四、俄罗斯的涉外税收政策

俄罗斯居民公司取得境外收入，需要缴纳公司所得税。对境外已缴纳的直接税实行限额抵免，俄罗斯无间接抵免。俄罗斯没有递延纳税规定，纳入合并报表范围的收入，都要在俄罗斯缴纳公司利润税。居民公司从境内、境外获得股利免征利润税条件如下：持股在 50% 以上且在一个日历年度内连续持股。有受控外国公司规定，居民公司或居民个人持有境外公司 25% 以上为受控外国公司。受居民公司控制的外国公司需要缴纳 20% 的公司所得税，受居民个人控制的外国公司需要缴纳 13% 的个人所得税。

俄罗斯的转让定价指南比较严格，与 OECD 转让定价指南基本一致。上年纳入合并范围的流转额超过 500 亿卢布的跨国公司，需要向税务机关提交主文档、地方文档和国别关联交易这 3 份报告。在俄罗斯纳税较多的大户公司，可以申请预约定价。在俄罗斯，直接或间接持股在 25% 以上的外国关联方及其在境内的关联公司，被认为关联方的担保公司等，需遵守资本弱化规则。通常，关联法人的债务权益比例为 3∶1，金融公司 12.5∶1。超过税法允许扣除的那部分利息，被视为股利，征收 15% 的预提税。

居民公司对境外付款的预提税：股利预提税为 15%、利息和特许权使用费预提税均为 20%。出售不动产或不动产公司股权的资本利得，预提税均为 20%。运输费预提税为 10%。分公司利润汇出，不征收预提税。

俄罗斯已经与 85 个国家和地区签订了税收协定，在俄罗斯与各国（地区）签订的税收协定中，股息预提税为 0 的有科威特、沙特阿拉伯、中国香港、新加坡和瑞士，股息预提税为 5% 的有卡塔尔、美国、中国、卢森堡、荷兰等 36 个国家和地区。利息预提税为 0 的有科威特、中国、中国香港、瑞士、塞浦路斯、亚美尼亚、韩国、德国、冰岛、卢森堡、荷兰、芬兰、瑞典、奥地利、法国、丹麦、匈牙利、爱尔兰、朝鲜、英国、摩尔多瓦、新加坡、捷克和斯洛伐克等 24 个国家和地区。

中国与俄罗斯协定：直接持股在 25% 以上且不少于 8 万欧元或等值其他货币可以的情况下，股息预提税为 5%，否则，股息预提税为 10%。分公司利润汇出，不征收预提税。利息预提税为 0，特许权使用费预提税为 6%。持股在 20% 以上，可以间接抵免，无税收饶让。

第二节 日本的税收政策

日本的主要税种有公司所得税、居民税、企业税、家庭公司税、销售税、关税、资本利得税、个人所得税、社会保障税、业务办公税、固定资产税、土地占用税、遗产税、注册执照税等。日本没有外汇管制，但有一些项目需要进行登记。

一、日本的流转税政策

关于日本的流转税政策，这里主要介绍日本的增值税政策、消费税政策和关税政策。

（一）日本的增值税政策

增值税在日本被称为消费税（consumption tax）。日本对境内销售的商品、提供的劳务、进口货物、适用反向征税的购买劳务等均征收增值税。从事上述业务的实体和个人，都是增值税纳税人。

日本根据上一年度的营业额，决定日本的小微企业是否可以免征消费税。在日本，年度应税销售额不超过 1000 万日元的经营者（上一会计年度前 6 个月销售额超过 1000 万日元的以及已被确定为征税经营者的除外），在满足一定条件的情况下可以免除此期间的纳税义务，相应的进项税额也不能被扣除。

符合应纳税条件的外国企业，应指定一名税务代理人向税务机关进行纳税申报和履行纳税义务。日本无针对企业集团集中注册登记的规定。

在反向征税制度下，由劳务的购买方进行纳税申报和支付增值税，此类劳务主要包括购买由外国企业提供的 B2B 数字服务；从外国企业购买的影视或戏曲演员、音乐家，其他演艺人员和专业运动员提供的劳务。但在下列情况下，接受劳务方无须对消费税进行自我评估：应税销售比率在95%以上；接收劳务方申请适用简易计税模式；接受劳务方不是消费税纳税人。

数字服务涵盖了通过网络提供的大多数服务，如电子书、在线报纸、音乐、视频、软件、在线广告、在线课程等。一般来说，数字服务的纳税地点为接受服务方的所在地点，如果向企业提供数字服务，则服务地点为接受服务方的企业总部、实际管理机构的所在地；但在某些情况下，以位于另一国家的机构所在地为准（该机构为其在日本的经营活动购买服务）。

B2B模式下的数字服务，提供数字服务的外国法人实体，应事先告知购买方，此业务适用于反向征税制度。接受服务方应在付款时一并履行纳税申报和缴纳增值税的义务。B2C模式下的数字服务，应由提供服务方履行纳税申报和缴纳增值税的义务，除非提供服务方享受小企业免税待遇。在日本，经过税务登记的外国法人实体可以抵扣进项税，未经注册的不得抵扣。日本未出台针对网络销售平台和电商的专门的税收法规。另外，电商平台为入驻平台的商户提供的服务属于B2B模式下的数字服务，如果提供电商平台服务的企业是外国法人实体，则适用于反向征税制度。

纳税义务人应及时向税务机关提交纳税人的注册登记申请表。符合免税条件的小企业也可自愿申请注册为消费税纳税人，自愿注册为增值税纳税人的企业，在注册登记2年后可申请注销登记。当纳税义务人符合免税资格时，应及时向税务机关提交不再成为应税人员的申请书。当纳税人员停止营业后，要及时提交注销申请。

1. 增值税的税率

2019年10月1日开始，日本的增值税标准税率由8%提升至10%（国税征收7.8%的税率，地税征收2.2%的税率）。另外，增加了低税率8%（国税征收6.24%的税率，地税征收1.76%的税率）。标准税率10%适用一般的销售商品或提供劳务。

适用于低税率8%的商品和劳务包括食品和饮料、报刊（每周至少发行两期，以政治、经济、社会和文化为主题）。

不征收增值税但可抵扣进项税的产品和劳务：货物出口、劳务出口、国际旅客和货物运输、免税商店的出口销售、向驻日外国领事馆提供的物资。

不征收增值税且进项税不得进行抵扣的产品和服务：银行利息、保险、教育服务、土地转让和租赁、社会福利服务。

2. 增值税计税的主要内容

一般来说，纳税义务发生时间为货物所有权发生转移、提供劳务或国外货物从保税区移出时。

日本对采用保证金、预付款方式的销售业务的纳税义务发生时间，没有特殊规定；应根据交易类型来确定款项支付时间，以此确定纳税义务发生时间。

对于提供连续劳务或货物的纳税义务发生时间，为所有货物或劳务交付完成的时间。已经批准的发出商品或退回商品的纳税义务发生时间为所有权转移的时间。在日本，没有反向征税制度纳税义务发生时间的规定，发生此类业务时，适应一般纳税义务发生时间确定的规定。

按日本的税法规定，融资租赁业务被视为租赁资产的所有权转让，增值税纳税义务发生时间为出租方将租赁资产交付给承租人的时间。经营性租赁的，纳税义务发生时间为出租方收取租赁费用的时间。

一般而言，进口货物的纳税义务发生时间为货物从保税区转移的时间。但在日本国内，未对进口货物的纳税义务发生时间做出特殊规定。因此，此类业务适用一般纳税义务发生时间确定的规定。

允许抵扣的进项税应符合以下条件：①纳税人将进口或购入的产品、劳务，用于增值税生产经营活动中；②具有相应的发票、账簿和海关报关的单据等。

纳税人将购进货物或劳务用于非应税项目的不允许抵扣相应的进项税，如用于企业管理者的个人消费、从未注册登记的国外法人实体处购入 B2C 数字服务。

以下用于生产经营活动产品或劳务项目的进项税允许抵扣：购入、租赁以及维修汽车、货车和卡车，用于生产经营车辆的燃料，会议和研讨会的费用，住宿费用，手机通信费，商业礼品，差旅费，业务招待费。

纳税人将外购货物或劳务用于非应税项目的，如果应税销售比例低于95%或者应税销售收入超过 5 亿日元，可按一定比例抵扣进项税，具体计算方法为①比例法，可抵扣进项税=进项税总额×应税销售比例，应税销售比例

=应税销售额/包括免税销售额在内的总销售额。②分项法（直接分配法），属于应税项目的进项税可以抵扣，属于非应税项目的进项税不可抵扣。进项税可以按应税项目和非应税项目的比例来确定各自的抵扣额。纳税人可以采用合理方法推出抵扣的比率，但计算方法必须经过税务机关认可。

年销售额不超过5000万日元的纳税人，可采用简化公式来确定可抵扣的进项税，即采用销项税乘以确定的比例计算出可抵扣的进项税。根据销售类型不同，抵扣比例从40%至90%不等。纳税人一旦确定采用简化公式，在2年内不得变换。

日本没有针对资本货物的定义，也没有相关的特殊规定。资本货物（如销售和租赁财产、大型设备和计算机等）按照正常的规定进行进项税抵扣。某些资本货物（如土地的出售及租赁）是免征消费税的，其进项税也无法抵扣。

当期可抵扣进项税超过销项税的，应予以退还。有退税的纳税人应在纳税申报表中，额外提交一份交易明细表，增值税将退至纳税申报表中列明的银行账户中。

不得抵扣日本企业在税务登记前取得的进项税。

因为重组计划的确认或其他原因导致的坏账核销，与坏账核销的增值税可以在坏账发生的期间扣除。相应的扣除证明文件应被妥善保存。

生产经营活动购进的货物或劳务的进项税可以抵扣，用于非生产经营活动的进项税不得抵扣。

对未在日本境内设立的企业或非居民经营者，如果进项税超过了销项税的，可以申请退税；但应指定具备资质的税务代理人来进行纳税申报和申请退税。

3. 增值税的税收征管

日本并没有明确要求纳税人必须向购买方开具发票（或用于纳税调整的发票）。但纳税人抵扣进项税，必须持有载明法定信息的发票，发票内容不能仅有要抵扣的增值税金额。此外，购买方还应编制企业采购报表、采购计算报表、由供应商确认后的应税采购报表，也可作为进项税抵扣的佐证材料。

从2019年10月1日起日本采用了多种税率，因此，日本实施了新的发票规定。如果交易中包含适用 8% 的优惠税率，则应在发票中注明具体的交易项目；并按 8% 的优惠税率和 10% 的标准税率分别合计交易金额和税额。自 2023 年 10 月 1 日起，原则上需要有合格的发票才能抵扣进项税。合格的发票应载明供应商的注册编号、适用税率、按不同税率列明的交易金额、总税额等信息。

只有经过税务登记的企业才能开具合格的发票，纳税人应向主管税务机关申请税务登记。经过登记后的企业必须开具合格的发票并保存好发票的副本。某些情况下，销售方可开具简化的合格发票。采用合格发票抵扣规定后，从享受免税的小企业处购入货物或劳务的进项税抵扣将受到限制，甚至不能抵扣。日本在 2019 年 10 月 1 日至全面实施合格发票制度期间，适用过渡性措施，对开具发票和会计核算具有要求，以便区分购买和销售的不同税率。对于难以区分的企业，可采用简易方法来计算销项税和进项税。

日本没有对纳税人员开具调整增值税的发票做出明确规定，但是必须保存供应商名称和交易说明等书面记录。外国法人实体提供 B2C 数字服务可以开具电子发票。其他情况下，在日本不允许开具电子发票。纳税人向不特定人员转让应税货物或提供应税服务的，如零售业务、出租汽车等，可不需在发票上注明购买方的姓名。日本禁止纳税人自己为自己开具发票。

日本出口的货物免征增值税，但必须有海关出具的出口文件，证明货物已经出口。如果发票是用外币开具的，必须按照交易日的国家银行公布的汇率折算为日元。账簿和发票等记录的保存期限最长为 7 年，如果企业将其中一项保留 7 年，另一项将保留 5 年。从国外法人实体处收到的发票可以以电子形式保存，而非纸质形式。一般来说，发票需要采用纸质形式保存，但经税务机关批准后，也可采用电子形式或将扫描后的纸制发票的电子版进行保存。

纳税人必须按时每年提交增值税纳税申报表。私人企业家必须在纳税年度结束后到次年的 3 月 31 日前提交纳税申报表。公司法人等应在纳税年度终了后的 2 个月内提交纳税申报表，并且一并缴纳增值税。税务机关不允许延长纳税申报期。在日本，没有对纳税人实时、在线提交数字报告的要求，但从 2020 年 4 月 1 日起，资本总额超过 1 亿日元的日本公司、保险公司或其他特定公司应提供电子形式的纳税申报表。

如果纳税人在上一年度存在以下情况，应提交中期纳税申报表并缴纳增值税：纳税人半年内产生的应缴国家征收的税款超过 48 万日元；一个季度产生的应缴国家征收的税款超过 400 万日元；一个月度产生的应缴国家征收的税款超过 4800 万日元。不受该强制申报要求约束的纳税人，也可自愿进行临时性的纳税申报。

日本不对逾期纳税登记的纳税人进行罚款，但对逾期提交纳税申报表和逾期缴纳税款的纳税人进行处罚。如果逾期缴纳增值税，须缴纳逾期罚息，按下列方法计算：逾期前 2 个月，按 7.3% 的年利率和特别标准利率加 1%，两者较低的一方为准；逾期 2 个月后，按 14.6% 的年利率和特别标准利率加 7.3%，两者较低的一方为准。特别标准利率由财政部部长在每年的 12 月 15 日公布，相当于前两个年度的 10 月至上一年度的 9 月的短期银行贷款的平均年利率。

逾期提交纳税申报表的，将按下列规定处罚：如果纳税申报表是在到期日后（收到税务稽查通知前）自愿提交的，按 5% 处罚；如果纳税申报表是在收到税务稽查通知后，但在稽查完成前提交的，按 10%（应纳税额超过 50 万日元的部分按 15% 进行处罚）处罚；如果是在税务稽查中发现的，则应按 15%（应纳税额超过 50 万日元的部分按 20% 进行处罚）处罚；如果纳税人在 5 年内因税务稽查发现未按时申报而被处罚过，再次逾期申报的将额外处以 10% 的罚款。

纳税人提交的纳税申报表中应纳税款被低估的，按下列规定处罚：在收到税务稽查通知前，自愿披露的，可免于处罚；如果应纳税人员在稽查通知要求的期限内自行披露的，按 5% 处罚；纳税人超过规定期限再披露的，按 10% 处罚。

除以上处罚外，如果纳税人在 5 年内因为虚假报税、逾期报税或不申报纳税受到过处罚而再次受到处罚的，将额外增加 10% 的罚款。

（二）日本的消费税政策

在日本国家层面（国税）针对酒、烟草和石油，分别征收酒税、烟草税和石油税。地方消费税主要包括都道府县烟草税和市町村烟草税。

酒税的纳税人为国内酒类制造商和酒类进口商。含酒精 1 度以上的饮料在酒税的征税范围内，包括清酒、合成清酒、白酒、料酒、果酒、威士忌类酒、烈酒类酒、利久酒类酒等 10 大类分别征税。酒税是从量计税，计量基础单位为升，税率按不同类别、不同等级的酒类设定，并且采取定额制，即每升若干日元。

石油税的征税对象为原油、进口的石油制品与碳化氢类。国产原油和进口石油制品为每千升 2800 日元，国产天然气为每吨 1860 日元，进口碳化氢类为每吨 1370 日元。日本国内生产的油品每个月末对上个月的石油税进行纳税申报，进口油品在进口环节缴纳消费税。

日本对雪茄、卷烟、烟斗、烟草、烟丝等征收烟草税，分为国家烟草税、地方烟草税（都道府县烟草税和市町村烟草税）、烟草特别税；采用从量和从价的混合计税方式。根据烟草种类的不同，税率也不同。

（三）日本的关税政策

从境外进口货物的个人和经营者是关税的纳税人，其从保税区取得进口货物时承担纳税义务。原则上，所有进口货物均为征税对象，对发展中国家的矿业及工业产品、旅游者携带的小额物品免税。日本的关税采用从价计税，计税基础为 CIF（Cost Insurance and Freight，成本加保险加运费）价格。

日本的关税税率有法定税率和协定税率两种。在法定税率中，《关税定率法》的附表规定了基本税率，关税暂定措施法附表规定了暂定税率和特惠税率。特惠税率针对的是发展中国家进口的商品，对农产品可减轻 10% ~ 100% 的税率，对矿产品原则上免税。日本的关税税率涉及 7000 多个货物品种，已进行多次调整。总体而言，在日本进口农产品的关税税率较高，如牛肉为 50%，进口工业品的税率较低，其关税水平在发达国家中处于低水平。

二、日本的所得税政策

（一）日本的公司所得税政策

居民公司是指总部或主要办公场所在日本的公司，居民公司就其源自境内外所得缴纳公司所得税；非居民公司仅就源自境内所得缴纳公司所得税。

1. 公司所得税的税率

从 2018 年 4 月 1 日起，公司所得税的税率为 23.2%，但实收资本在 1 亿日元以下的公司，所得在 800 万日元以下的部分，按照 15% 的税率征税。15% 的税率有效期为 2012 年 4 月 1 日至 2021 年 3 月 31 日。另外，依据公司所得税纳税额征收全国地方公司税，从 2017 年 4 月 1 日起，全国地方公司税 10.3%。

2019 年 10 月 1 日起，公司所得税的纳税人还需要按照应纳税额的 10.3% 的固定税率缴纳地方所得税。在 2019 年 10 月 1 日之前，地方所得税的税率为 4.4%。

日本地方政府还征收企业税、地方公司特别税和居民税。从 2019 年 10 月 1 日起，实行新税率，地方公司特别税被企业特别营业税代替。注册资产在 1 亿日元以下的一般企业税税率，以应纳税所得额为计税基础，所得额在 4 亿日元以下的部分，税率为 3.5%，东京的企业税率为 3.75%；所得额在 4 亿~8 亿日元的部分，税率为 5.3%，东京的企业税率为 5.665%；所得额在 8 亿日元以上部分，税率为 7%，东京的企业税率为 7.48%。另外，地方公司特殊税，税率为 37%，地方公司特别税额＝应纳税所得×标准所得税税率×37%。

实收资本超过 1 亿日元的大型企业，按规模确定企业税（Size-based Enterprise Tax）；计税基础分为应纳税所得、增值额（工资、净利息费用以及净租赁费用之和）、资本（实收资本与资本公积）这 3 类。以应税所得额为计税基础，所得额在 4 亿日元以下的部分，税率为 0.4%，东京的企业税率为 0.495%；所得额在 4 亿~8 亿日元的部分，税率为 0.7%，东京的企业税率为 0.835%；所得额在 8 亿日元以上的部分，税率为 1%，东京的企业税率为 1.18%。另外，地方公司特殊税，税率为 260%，地方公司特别税额＝应纳税所得×标准所得税税率×260%。以增值额为计税基础，企业税税率为 1.26%，以资本为计税基础，企业税税率为 0.525%。

居民税是由县政府和市政府征收的税收，自 2019 年 10 月 1 日起，县政府征收 1%~2% 的税率，市政府征收 6%~8.4%，东京征收 7%~10.4% 的税率。

日本实行分税制，向各级政府征收所得税，从 2019 年 10 月 1 日后，综合来看，名义总税率为 31.782%；实际有效税率为 30.62%。

2. 公司所得税计税的主要内容

日本的税务会计确认的收入以公认会计准则（GAAP）为准，会计基础是权责发生制。应税收入包括销售收入、资本利得、不动产转让收入、劳务收入、利息收入等，也包括会计核算中不列为收益的收入，如无偿转让资产和无偿提供劳务等的收入。

日本的资本利得视同经营所得纳税。但针对转让土地形成的资本利得征收特殊盈余税，土地不满 5 年转让的，税率 10%；超过 5 年转让的，税率为 5%；此税种已在 2020 年 3 月 31 日被废止。

股息征税规定，从日本国内取得的股息，对于来自实际控股在 5% 及以下的企业的红利，20% 的红利收入为免税收入；对于来自实际控股在 5% 到 33.33% 的企业的红利，50% 的红利收入为免税收入；对于来自实际控股在 33.33% 以上的企业的红利，税法允许将其全额列入免税收入。从国外取得的股息，如果持有超过 6 个月且持股不低于 25%，免税；有税收协定的，按其执行。

利息收入计入应税所得额，利息源泉扣缴的 15% 的全国预提税和 5% 的地方预提税允许在利息收入中抵减。2013 年 1 月 1 日至 2037 年 12 月 31 日，按利息和股息的预提税（国税）为计税基础缴纳 2.1% 的收入附加税。特许权使用费并入应纳税所得额计税。

税前扣除包括企业会计核算中与获取当年收入有关的生产成本、建设工程成本、销售费用、一般管理费、灾害损失等支出，还包括在一切企业会计核算中不作为当年费用的项目，如符合条件的各种准备金、特别基金等。

除法律另有规定外，经营过程中发生的各项支出均可税前扣除。支付给董事的报酬一般不能税前扣除，除非是固定、预先确定并报告的报酬或是基于业绩的报酬。

自 2014 年 4 月 1 日起，可税前扣除与餐饮相关的娱乐费用的 50%；中小型企业可选择按 50% 比例扣除或将不超过 800 万日元的固定金额税前扣除。

存货一般按照成本或按照成本和市价孰低法确认，不允许采用后进先出法核算存货价值。

按税法规定可计提的折旧或摊销可税前扣除。可计提折旧的资产包括建筑物、建筑附属物、构筑物、机器和设备等；可计提摊销的无形资产，如专利、商标、商誉等。固定资产可采用直线法或双倍余额递减法计提折旧，无形资产一般采用直线法摊销。根据资产类别不同，折摊年限也不同，例如，固定资产的折摊年限为 3~50 年，软件的折摊年限为 3~5 年，商誉的折摊年限为 5 年。企业购入的特殊设备和机械，可采用加速折旧法计提折旧。

因公司设立产生的开办费用，被视为递延资产，可在税前摊销。

用于经营活动产生的贷款利息费用可税前扣除，但集团内的关联方贷款产生的利息费用不符合条件，则不得扣除。

企业计提的准备金并不能全部税前扣除。允许列入当期费用的特种基金有呆（坏）账基金、退货处理基金和退职金基金等，允许列入当期费用的准备金主要有海外投资损失准备金、新事业开拓者投资损失准备金、特别修缮准备金和防止金属矿业等矿害准备金等。

企业的特定公益性捐赠，可税前扣除的限额＝（期末资本金额×0.375%＋当年所得金额×6.25%）×0.5；其他一般捐赠的税前扣除最高限额＝（期末资本金额×0.25%＋当年所得金额×2.5%）×0.25。

企业缴纳给行政机关的罚款和滞纳金，不得税前扣除。

在日本，分公司与法人公司适用同一税率，只是不征收家庭公司税。分公司利润汇出，不征收预提税。但集团内的不动产转移利得，可以递延到最后向集团外转移时缴纳。日本的母公司和直接或间接 100%控股境内子公司组成的集团，可以合并申报公司所得税。对于进行蓝色申报的公司，亏损额可以抵免公司所得税和企业税的应纳税所得额，从 2018 年起，其可向后结转 10 年，抵免额不得超过当年应纳税所得额的 50%。中小企业的亏损抵免和结转不受限制。

3. 公司所得税的税收优惠

股息税收优惠。持有国外公司 25%以上股权且持有期限超过 6 个月的，免征股息应纳所得税。

研发激励税收优惠。企业投入的研发支出可按 6%~14%（中小企业按 12%~17%）在税前抵免，最高不超过应纳税额的 25%。包括 B2B 外包研发在内的"开放式创新"研发（其中，包括与初创研发公司的合作研发和委托研发），按研发支出的 25%在税前抵免，最高不超过应纳税额的 10%。近 10 年内成立并发生亏损的研发创业公司（非大型公司的子公司），税前抵免额由原来的 25% 提高至 40%。

投资激励税收优惠。中小企业购入、改良机器设备和办公用具（购入后的 1 年内用于生产经营），可按购置成本的 7% 进行税前抵免，最高不超过应纳税额的 20%；也可按购置成本的 30% 计提特别折旧。其他企业按购置成本的 3% 进行税前抵免，也可按购置成本的 30% 计提特别折旧，最高不超过应纳税额的 20%。在 2021 年 3 月 31 日前，中小企业购入的指定设备，可按100% 的计提特别折旧或按购置成本的 10% 进行税前抵免，抵免最高不超过应纳税额的 20%。购置价值在 5000 万日元以上且与物联网有关的软件、机器和设备等，可按购置成本的 30% 计提加速折旧或按购置成本的 3% 或 5% 进行税前抵免。

4. 公司所得税的税收征管

公司的纳税年度为日历年度。公司应在纳税年度终了后的 2 个月内提交纳税申报表并缴纳税款。按期申报和纳税确实有困难的公司，向税务机关申请后得到批准的可延期一个月；特殊情况的可延期 4 个月。除新设立的公司及上一年度纳税额不足 10 万日元的公司外，应在纳税年度的上半年结束后的 2 个月内提交纳税申报表，并按上一纳税年度的应纳税额的 50% 或当年前6 个月的应纳税额的 100% 预缴公司所得税。

（二）日本的个人所得税政策

日本将个人所得税的纳税人分为永久居民、非永久居民和非居民这3 类。

居民是指在日本国内拥有住所（生活基本场所），或在日本拥有居所（居住场所，但未达到生活基本场所的程度）且常住日本 1 年以上的人。居民根据其有无长期居住的意愿及居住时间的长短，又分为永久居民和非永久居民。永久居民是指在日本有长期居住愿望，以及在日本国内连续居住一年以上且拥有住所的个人，其来自国内和国外的全部所得均属于征税所得，日本称这种人为负有无限纳税义务的纳税人。居民中没有日本国籍且于过去 10年内少于 5 年时间在日本国内拥有住所或居所者为非永久居民。非永久居民的课税范围与居民的课税范围相同，然而对于其源自国外的收入，只要不是在日本国内支付，或不是汇款至日本的部分，就不必在日本征税。但若国外为其支付的工资是基于日本国内的工作，该工资也属于源自国内的所得，也要与日本支付的工资合并后计算缴纳个人所得税。非居民个人仅就其源自日本境内的所得缴纳个人所得税。

1. 计税收入

个人所得税的计税收入包括雇佣所得、经营所得、资本利得、投资所得和其他所得。

雇佣所得是指雇主依据雇佣关系支付给雇员的现金或实物收入，包括工资、薪金、奖金、董事费等。雇主提供的福利，如为雇员提供的汽车、子女的教育费、私人医疗费等，都应计入应纳税所得额中；但某些福利无须计税，如探亲费、搬家费等。

经营所得是指个人从事农业、渔业、制造业、批发业、零售业、服务业等个体经营活动而取得的收入。所有归属于个体经营的收入，包括来自出售经营实体财产的收益，都应缴纳个人所得税。

投资所得主要包括股息所得、利息、红利所得等。持有上市公司股票的股息按 20% 的税率征税（15% 的国家个人所得税和 5% 的地方个人所得税），如果上市公司支付股息时依旧代扣个人所得税，纳税人无须将该笔股息再计入应纳税所得中。从公共债券、公司债券、存款等取得的利息，采取源头缴税的方式，由支付方代扣 15% 的国家个人所得税（另外代扣 5% 的地方个人所得税）。特定债券主要包括日本中央政府发行的债券、地方政府发行的债券、上市公司或公开发行的债券，以及在 2015 年 12 月 31 日前发行的债券；一般债券是指不属于特定债券的债券，如私募债。存款和一般债券产生的利息收入，如果是通过境外代理人支付的，则该笔利息应单独申报并按累进税率计算个人所得税。日本公司向非居民支付的董事费，即使在日本境外履行董事职责活动，也被视为源自日本境内所得，按规定计算和缴纳个人所得税。

资本利得是指拥有资本、资产而取得的收入，如出售土地、建筑物取得的收入。对于出售土地和建筑物，应分开征收个人所得税，出售持有不足 5 年的土地或建筑物取得的收益为短期收益；出售持有超过 5 年的土地或建筑物取得的收益为长期收益。短期收益按 30% 的税率征收个人所得税，另外加收 9% 的居民税；长期收益按 15% 的税率征收个人所得税，另外加收 5% 的居民税。

其他收入主要包括抽奖、赛马奖金、人寿合同到期给予的一次性收入。

2. 税收扣除

统计个人所得税时可以税前扣除的项目，主要有以下两类：

一类是对人的扣除，包括所有人可享受的基础扣除，如配偶扣除、抚养扣除、残疾人扣除等；另一类是对事的扣除，包括针对突发事件的扣除，如杂项扣除、医疗费扣除和针对纳税人参加社会保险或有关商业保险等支出的扣除。

对人的扣除：个人税前每月可扣除 38 万日元（最高 48 万日元）的基本生活费用。共同生活的配偶且月度总收入低于 38 万日元的，如果配偶年龄不超过 70 岁，每月扣除标准最高为 38 万日元；如果配偶年龄超过 70 周岁，可按每月 40 万日元的标准进行扣除。抚养家属成员的扣除，抚养亲属年龄在 16 岁至 19 岁或 23 岁至 70 岁的，扣除标准为每月 38 万日元；抚养亲属年龄在 19 岁至 23 岁的，扣除标准为每月 63 万日元；抚养亲属年龄超过 70 岁的，扣除标准为每月 48 万日元。

残疾人本人或与抚养残疾人亲属一起生活的，额外特别扣除标准为每月 27 万日元。鳏夫、寡妇按每月 27 万日元的标准进行扣除，如果寡妇还有需要抚养的子女，额外按每月 8 万日元的标准进行扣除。在校学生勤工俭学的，可按每月 27 万日元的标准进行扣除。以上扣除，均应满足年度总收入不超过规定的最高金额为条件。

对事的扣除：发生财产损失，如被盗、灾害等，可按"（灾害损失金额+灾害相关支出金额）-年收入金额×10%"和"灾害相关支出金额-5 万日元"两者较大的一方作为扣除额。

医疗费用支出，纳税人支付的本人、配偶及其他亲属的医疗费用准许税前扣除，扣除标准为"支付的医疗费用-10 万日元或年收入金额的 5%（以二者金额较低的一方为准）"，但最高扣除额不能超过 200 万日元。

按规定支出的社会保险费用可税前扣除，人寿保险、个人养老保险、医疗保险的扣除标准最高均为 4 万日元。2006 年 12 月 31 日前订立的地震保险费用的最高抵扣额为 5 万日元，之后订立的地震保险费用的最高抵扣额为 1.5 万日元。地震和长期意外伤害保险费用合计最高扣除标准为 5 万日元。

个人向政府机关、教育机构、科研机构和其他公益性组织捐赠的，以"捐赠总额或调整后的年收入总额的40%（以二者较低的一方为准）-2000"计算出可税前抵扣的标准。

与个体经营活动直接有关的合理费用，可以税前扣除。

在日本个体经营所得、转让所得、租赁所得等出现亏损的，可进行亏损抵扣，即按一定程序从其他所得中扣除。将个人综合所得分为经常性所得（如利息、股息、红利、经营所得、雇佣所得等）和非经常性所得（如资本利得和一次性所得），以便从经常性所得类中抵扣租金所得和营业所得的亏损，从非经常性所得中抵扣转让所得的亏损。在各类所得内部还不能全部抵扣的亏损，可跨类别进行抵扣。仍未抵扣完的亏损，被称为纯亏损，可向后结转3年。

出售非上市公司和一般债券形成的亏损，只能抵扣该类交易的亏损，不能抵扣其他类型的所得。

3. 个人所得税税率

日本的个人所得税由国家个人所得税和地方个人所得税组成。一般情况下，对支付给非居民的股息、利息、年金、工资和奖金等，不扣除任何项目，直接按20%的税率代扣个人所得税。

国家个人所得税税率是5%至45%的7级超额累进税率，如表5-2所示。

表5-2　日本个人所得税超额累进税率表

应纳税所得额（日元）	累计税额 （按最高所得计算）（日元）	税率（%）
≤1950000	97500	5
>1950000，≤3300000	232500	10
>3300000，≤6950000	962500	20
>6950000，≤9000000	1434000	23
>9000000，≤18000000	4404000	33
>18000000，≤40000000	13204000	40
>40000000	—	45

日本还开征个人居民税，其属于地方税，税法上并无个人居民税的称

谓，只有"都道府县民税"和"市镇村民税"的说法。税率分为按人头征税和按所得征税这两种情况，人头征税的额度为都道府县 1000 日元/年/人、市镇村 3000 日元/年/人，所得征税的税率在都道府县和市町村分别为 4% 和 6%。但在 2014—2023 年的 10 年间，人头税的额度分别为 1500 日元/年/人和 3500 日元/年/人。

日本的个人所得税基于自我评估的原则，纳税人需要自行提交纳税申报表，并按时支付到期的税款，如果个人除雇佣所得以外的收入不超过 20 万日元，应纳税所得额不超过 2000 万日元的，应由雇主完成代扣代缴义务。非居民个人不需要自行进行纳税申报，由支付给非居民个人的雇主来完成代扣代缴义务。已婚人士，需要单独提交纳税申报表，不应与配偶或家属共同纳税。个人所得税纳税申报表必须在纳税年度终了后的次年 2 月 16 日至 3 月 15 日期间完成提交，并按时缴纳税款。上一年度扣除代扣税后个人所得税超过 15 万日元的个人，应在本年度的 7 月 31 日和 11 月 30 日，按上一年度的个人所得税额分别预缴三分之一，在年度终了后再进行汇算清缴。

三、日本的其他税收政策

日本地方政府对用于商业目的的不动产和应计提折旧的固定资产征收固定资产税，房地产等不动产的税率为 1.7%，其他固定资产的税率为 1.4%。注册许可税是对接受与财产权的设置、转让、资质取得、事业的开始等有关的登记、注册、认定等征收的一种税，按件或按金额征税，税率为 0.1%~2%。

印花税是对书立的合同、收据、存折等文件征收的一种税，书立文书人承担纳税义务；税额一般为每件或册 200 日元每年，载明金额的合同，税额最高不超过 60 万日元。

日本对个人通过继承或遗赠获得的财产的继承人或受遗赠人征收继承税。继承财产的，扣除 3000 万日元后，再扣除按继承人的数量乘以 600 万日元，以此为税基；多个继承人，按继承财产比例分配纳税额。

除配偶、父母和被继承人以外，其他继承情形应额外缴纳 20% 的附加税。继承税的税率为 10%~55% 的 8 级超额累进税率，如表 5-3 所示。

表 5-3　日本继承税超额累进税率表

应纳税所得额（日元）	累计税额 （按最高所得计算）（日元）	税率（%）
≤1000 万	100 万	10
>1000 万，≤至 3000 万	400 万	15
>3000 万，≤5000 万	800 万	20
>5000 万，≤10000 万	2300 万	30
>10000 万，≤20000 万	6300 万	40
>20000 万，≤30000 万	10800 万	45
>30000，≤60000 万	25800 万	50
>60000 万	—	55

日本对个人接受他人赠与的，征收赠与税，实行 10% 至 55% 的 8 级超额累进税率，如表 5-4 所示。

表 5-4　日本赠与税超额累进税率表

应纳税所得额（日元）	累计税额 （按最高所得计算）（日元）	税率（%）
≤200 万	20 万	10
>200 万，≤300 万	35 万	15
>300 万，≤400 万	55 万	20
>400 万，≤600 万	115 万	30
>600 万，≤1000 万	275 万	40
>1000 万，≤1500 万	500 万	45
>1500，≤3000 万	1250 万	50
>3000 万	—	55

日本的社会保障税包括医疗保险、护理保险（适用年龄为 40 周岁至 64 周岁）、养老保险、失业保险和工伤赔偿保险。医疗保险按薪酬和奖金的 9.9% 缴纳，最高不超过 137610 日元（奖金计算的部分不超过 567270 日元）；护理保险按薪酬和奖金的 1.73% 缴纳，最高不超过 24047 日元（奖金计算的部分不超过 99129 日元）；养老保险按薪酬和奖金的 18.3% 缴纳，最高不超过 113460 日元（奖金计算的部分不超过 274500 日元）。以上保险，由个人和

企业各承担 50%。失业保险为 0.9%，雇主承担 0.6%，雇员承担 0.3%。工伤保险为 0.3%，全部由雇主承担。

四、日本的涉外税收政策

日本公司应就其源自境内外收入和资本利得纳税。根据参股免税规定，日本公司若持有境外公司的股权在 25% 以上且持股期不少于 6 个月，所获股息（不包括资本利得）的 95% 不计入应税收入。日本有受控外国公司（日本公司持股 50% 以上且在境外有效税负低于 20% 的公司）规定，在低税率或零税率的国家和地区不进行利润分配的子公司，按照权责发生制原则归集子公司利润所有，并且在日本母公司征税。日本对居民公司在税收协定国直接纳税，税收协定国允许抵免公司所得税和居民税。在非税收协定国已纳税，可以抵免或作为费用扣除。

从 2019 年起，日本采用基于 OECD 的转让定价指南。转让定价指南要求日本公司与境外关联方（直接或间接持股 50% 以上或有实质控制关系）之间的货物与服务价格，必须符合独立交易原则。资本弱化规则要求，日本对日本公司支付给外国控股股东或第三方的利息或保证金做出限定。外国控股股东是指直接或间接持股在 50% 以上，同为第三方持股在 50% 以上，对日本公司享有实际控制权。适用于第三方是指外国控股股东的背对背贷款，外国控股股东担保贷款，涉及债券及债券回购安排的第三方贷款。资本弱化安全港比例为 3∶1（债券回购交易 2∶1），即外国控股股东负债超过其净权益的 3 倍且总负债超过总权益的 3 倍。

2019 年税改后，日本基于 BEPS 行动计划对收入剥离规则做出最新规定：若对关联方的利息净支出超过调整后应纳税所得额的 20%，该超出部分不得被扣除，此项规定自 2020 年 4 月 1 日执行。若收入剥离原则计算出的数额小于资本弱化规则计算出的数额，其差额当年不得税前扣除，但可向后结转 7 年在税前扣除。

国内公司获得的股利和利息，预提税为 20%，国内公司获得特许权使用费，免征预提税。外国公司获得股利、利息、特许权使用费、设备租金，动产转移收益及其他收益，征收 20% 的预提税（另有 2.1% 的附加税），或按照税收协定减免。日本对分支机构的利润汇出不征税。

截至 2020 年 8 月 1 日，日本已经与 79 个国家或地区签订了税收协定，在日本与各国签订的税收协定中，股息预提税涉及 0 的有澳大利亚、奥地利、比利时、克罗地亚、智利、丹麦、爱沙尼亚、法国、德国、冰岛、拉脱维亚、立陶宛、墨西哥、荷兰、新西兰、俄罗斯、瑞典、英国、美国、赞比亚这 20 个国家。股息预提税涉及 5% 的有中国香港、卢森堡、新加坡等 30 个国家和地区。利息预提税涉及 0 的有澳大利亚、奥地利、比利时、克罗地亚、丹麦、爱沙尼亚、德国、冰岛、拉脱维亚、立陶宛、俄罗斯、斯洛文尼亚、瑞典、英国、美国这 15 个国家。

中国与日本协定：股息、利息和特许权使用费预提税均为 10%，分公司利润汇出不征税。持股 10% 以上，可以间接抵免，无税收饶让。

第三节　韩国的税收政策

韩国实行中央、省、市（县）三级课税制度。在韩国现行税制中，中央税包括直接税（个人所得税、公司所得税、遗产和赠与税、社会保障税）、间接税（增值税、特别消费税、酒税、印花税、证券交易税）、关税、3 个专项税（交通税、教育税、农业渔业社区特别税）和综合不动产税。另外，省税有 8 个税种，市、县税有 9 个税种。韩国有外汇管制，从国外借款和向外国贷款，均需要向财政经济部申报。

一、韩国的流转税政策

关于韩国的流转税政策，这里主要介绍韩国的增值税政策、消费税政策和关税政策。

（一）韩国的增值税政策

在韩国境内销售商品或提供劳务、进口货物、购买适用反向征税的劳务等均征收增值税。从事上述业务的实体和个人，都是增值税纳税人。

在韩国无任何豁免增值税登记的规定。因为没有增值税登记门槛，所有销售应税货物或提供应税劳务的企业都应完成增值税登记的义务。韩国不允许集团公司合并登记，集团的成员公司必须分别单独进行增值税登记。"非常设企业"是指在韩国没有固定机构的企业，非常设企业一般不需要在韩国完成增值税登记，除非该企业为韩国客户提供某些电子服务。

在某些情况下，纳税人应指定税务代理人来办理纳税申报、缴纳税款、进项税抵扣业务和其他事项，税务代理人的相关信息应向税务机关申报。

反向征税制度是指韩国企业从非居民或外国公司购买劳务和无形资产，并将购入的劳务和无形资产用于免税项目；购买方应代扣代缴增值税。如果购买方将购入的劳务和无形资产既用于免税项目又用于应税项目，反向征税的部分应采用免税营业额与总营业额的比例计算，以确定具体金额。国内反向征税制度规定，自 2019 年 1 月 1 日起，一般娱乐和饮酒场所、舞厅和酒吧等销售商品或提供服务并通过信用卡收款的，则由信用卡公司承担反向征税义务。

韩国企业从国外购买电子服务要缴纳增值税，提供电子服务的外国供应商必须通过韩国的简化的管理系统完成税务登记。如果外国公司通过网上商城或电商平台提供电子服务，则该网上商城或电商平台（而不是外国公司）将被视为在韩国提供应税服务。因此，该网上商城或平台需承担增值税的纳税义务。通过网上商城或电商平台提供电子服务的外国企业，不需要办理增值税纳税登记，但这需要根据不同的实际情况来确定。如果运行网上商城和电商平台的企业是外国公司，则需要完成增值税登记的义务。

任何从事应税活动的纳税人，应在经营活动开始后的 20 日内完成税务登记，纳税人也可在营业活动开始之前完成税务登记。纳税人同时在多个地区开展经营活动的，可将多处经营活动业务合并注册为一个纳税主体。

如果经营者上一年度全部经营地产生的货物或劳务的总营业额（或含增值税的销售收入）小于 4800 万韩元（被称为"符合简易征收条件的经营者"），以其营业额为基础征收增值税。但经营者从事矿业、制造业、职业经营（如律师、会计师）、适用个别消费税的娱乐业、批发或房地产销售业务不符合简易征收条件。

停止营业活动的企业，应将登记证交回税务机关来办理注销登记。

1. 增值税的税率

韩国增值税的标准税率为 10%，此外，还有 0 的优惠税率。标准税率适用一般的销售商品或提供劳务。适应于零税率的进项税还可抵扣，主要包括货物出口、在韩国境外提供劳务、通过船舶和飞机从事的国际运输服务、为取得外汇收入的其他提供货物和劳务行为。零税率一般只适用居民经营者和企业。对于通过船舶和飞机从事的国际运输服务、基于互惠原则的非居民或外国公司的经营也适用零税率。

免税项目产生的进项税不得抵扣，免税项目适用生活必需品，如自来水、食品、煤球、普通公共交通等，医疗服务，教育服务，报纸杂志和书籍，图书馆、科技馆、博物馆等公益场所的门票，科研、宗教、慈善机构提供的货物或劳务。

如果提供的货物或劳务符合免税条件的，免征增值税，经营者也可选择放弃免征待遇。如果放弃免征待遇，3年内无权再享受免税待遇。

2. 增值税计税的主要内容

增值税的纳税义务发生时间又被称为"可征税时间"或"纳税时点"。以下为销售货物的纳税义务发生时间：如果货物需要转移交付，则以交付的时间为纳税义务发生时间；如果不需要转移交付，则以购买方可以使用时为纳税义务发生时间；其他情况下，以货物完成销售时为纳税义务发生时间。

在现金销售和赊销的情况下，纳税义务发生时间按一般货物销售的规则为准，即货物交付或提供劳务。采用长期的分期付款方式销售货物的，以每次收款时间为纳税义务发生时间；按照完工百分比法来确定收款时间或期中付款的方式来销售货物的，以收款时间为纳税义务发生时间；提供货物加工劳务的，以货物交付时为纳税义务发生时间；将自产产品用于自用、个人消费或赠送的，以产品被消耗或使用时为纳税义务发生时间；公司停业的，以停止营业时间为纳税义务发生时间；通过自助售货机购买货物的，从售货机取出货物时为纳税义务发生时间；出口货物的，以转运日期为纳税义务发生时间；保税区内企业向保税区外发货的视同进口货物，以进口申报日为纳税义务发生时间。

提供劳务的纳税义务发生时间为劳务完成的时间。采用提供劳务完成百分比、期中付款、分期付款或其他付款方式的，以收到款项的日期为纳税义务发生时间；出租建筑物、土地或其他构筑物等预付的租金，通过递延方式确认租金时为纳税义务发生时间；其他情况下，以劳务价值已经确定且提供的劳务已经完成之日为纳税义务发生时间。

在企业收到部分或全部款项之前已经开具发票或付款凭证的，以开具发票或付款凭证之日为纳税义务发生之日。

如果销售方在发出货物或提供劳务之前就收到部分或全部预付款的，即收到预付款的时间发生在货物交付、提供劳务或转移使用权之前，以收到预付款的时间为纳税义务发生时间。收到预付款时，销售方必须开具增值税发票，并在收到预付款的纳税期间内申报此笔业务。如果销售未完成或者预付款被退回至购买方账户，销售方已经在纳税申报表中完成了纳税申报，则销售方应在下一次纳税申报中做出相应调整。

采用分期付款方式持续提供劳务或货物的，纳税义务发生时间为每期收到款项之时。提前开具发票或销售凭证的，以开具发票或销售凭证的时间为纳税义务发生时间。

已经批准的发出商品或退回商品、有确认条件的销售和时间限制的销售等，纳税义务发生时间为已经满足销售条件或时间限制期满后（例如，产品的试用期满后，可确认收货并发生纳税义务）。如果销售方出售的产品允许购买方在一定期间内退货，超过退货期限后未退货的，方可确认纳税义务的产生。

反向征税制度适用韩国的纳税人从非居民或外国法人购入的劳务，购买方在付款时应代扣代缴增值税。

韩国没有对资产租赁的增值税纳税义务时间进行专门规定，税务机关一般认为，融资租赁资产的纳税义务发生时间按一般规定来处理。

进口货物的纳税义务发生时间为进口报关申报的时间。

一般情况下，为生产经营活动而购入的货物或劳务、进口货物所产生的进项税可以抵扣，进项税抵扣必须附有有效的增值税发票、海关文件、合同及汇款凭证等。用于非生产经营活动的外购货物或劳务，其进项税不得税前抵扣，如购买和维护用于非生产经营活动使用的汽车产生的进项税、用于免税项目的货物或劳务产生的进项税、娱乐费用的进项税、在税务登记前发生的进项税。

部分可抵扣进项税的情况，是指将购入的产品或劳务既用于生产经营活动又用于免税项目；应计算出应税项目销售额与总销售额的比率，用该比率乘以进项税总额，以此确定可抵扣的进项税额。

资本货物是指使用年限比较长和计提折旧来收回资本的类似资产（如固定资产），购买资本货物的进项税可在购买货物的纳税期内抵扣。如果在纳税调整期内，将资本货物部分用于免税项目的，应根据用于免税项目的比例来调整已抵扣的进项税。

如果可抵扣的进项税超过了销项税，纳税人可申请退税；税务机关根据提交的增值税纳税申报表进行审核，符合退税条件的，税务机关将退税至纳税人账户。

税务机关可在预备纳税申报和最终纳税申报之日起的 15 日内将税款退至纳税人账户。出现以下情况可提前退税：①纳税人的销售业务适用于零税率；②纳税人是新成立的企业；③纳税人为购入、扩展新业务设施的。

如果企业的坏账核销符合税法规定，可申请退还已经缴纳的增值税。纳税人必须在增值税纳税申报期间的截止之日前申请，最早可追溯调整至 5 年内的增值税；但应向税务机关提供相关依据证明，如破产清算的裁定。

韩国企业在税务登记前取得的进项税不得抵扣，与生产经营活动项目无关的进项税也不得抵扣。

未在韩国境内建立企业、未在境内进行增值税登记的企业所在国与韩国签订了互惠国协议，即未建立机构的外国企业所在国对韩国企业给予增值税退税；韩国也将给予外国企业相同的增值税退税待遇。增值税退税的方式参照在韩国已经完成增值税登记的居民企业执行。在母国从事经营活动但在韩国未建立常设机构的外国公司，根据互惠协定收回下列项目的增值税时，将受到限制：餐饮和酒店住宿费用、广告费、电力和电信费、房地产租赁费、维持在韩国办公地点所需的某些商品和劳务。外国公司想要收回在韩国支付的增值税，应在支付增值税年度的次年 6 月 30 日前，将退税依据文件和退税申请一并提交给税务机关。税务机关应在收到申请的当年 12 月 31 日前将退税返还至纳税人。以下为申请退税所需的依据文件：外国公司在其母国注册为居民企业的证明、交易明细清单、增值税法发票原件、委托代理授权书。

3. 增值税的税收征管

纳税人必须根据韩国的发票规定为应课税的商品和劳务开具增值税发票，发票上应载明下列信息：纳税人的税务登记号码和名称、购买方的税务登记号码、交易金额和增值税额、发票开具的年月日、其他规定需要载明的信息。

纳税人有以下纳税行为的，不需要开具增值税发票：自产自用的货物、用于个人消费的货物、用于商业捐赠的货物、企业终止运营过程中使用的产品和自身提供的劳务。

想要进口货物，需要开具进口发票，这些票证必须根据海关规定签发并将票证交给货物进口的公司和个人。

纳税人如果发现开具的增值税发票存在错误需要进行更正的，应重新开具正确的增值税发票。如果要开具电子发票，根据增值税总统令的规定，所有经过税务登记的纳税人，必须在电子发票（ETI）系统下开具电子发票，并在开具电子发票后的次日向税务机关提交开具的报告。

纳税人可采用简易的方式开具发票，在月底将本月产生的销售交易汇总后，在次月10日前，统一开具增值税发票。如果货物或劳务的购买方未收到销售方开具的增值税发票，经过税务机关确认后该货物或劳务交易已经实际产生了的，可以自行开具增值税发票。

纳税人若想出口货物，应由其提供一份详细的出口声明，以证明出口的货物是符合资质的。如果增值税发票是用外币开具的，应按纳税义务产生时的汇率换算为韩币；折算汇率以首尔货币交易经纪公司公布的汇率为准。

在韩国的增值税法中，没有向个人消费者开具发票的规定。税法规定在销售方开具发票存在困难或者没有必要时，则可开具收据来替代增值税发票。销售方向简易纳税人、非商业实体销售货物或劳务的，只能开具销售收据，不能开具增值税发票。

纳税人记录交易明细的账簿、记录应纳税和退税的明细账簿，保存期限必须在交易发生的纳税期间的结束之日起满5年。记录交易明细的账簿必须含有增值税发票或销售收据的详细信息，账簿可采用电子方式进行保存。使用电子发票（ETI）系统开具的增值税发票则不需要保存相应纸质记录。虽然韩国税法并没有对电子文件是否可以保存在国外做出明确的规定，但通常情况下，需要保存在韩国的电子系统上。纳税人可将除合同等重要文件以外的数据以电子方式保存，但是电子备份文件应存储在韩国，并在存储文件上注明数据类型、纳税年度、负责人和具体日期等。

韩国的增值税纳税申报周期为6个月（第一个纳税期间为1~6月，第二个纳税期间为7~12月）。考虑到预备期纳税申报，纳税人应按季度提交纳税申报表。经营者应在每个预备申报期结束之日起的25日内到税务局完成纳税申报义务，申报税基和应纳税额，或应退税额。第一个预备纳税期为每年1月1日至3月31日，第二个预备纳税期为每年7月1日至9月30日。纳税人应在第二季度和第四季度的纳税申报期结束之日起的25日内提交最终的纳税申报表。纳税人应在纳税申报时将预备申报期中的应纳税款缴清，并在纳税申报期结束后的 25 日内缴清第二季度和第四季度的税款。增值税纳税申报和缴纳必须使用韩币完成。纳税人应在各自营业机构的所在地缴纳增值税，如果纳税人拥有 2 个及以上的营业场所，经过税务机关批准后其可在主要的营业场所的所在地缴纳增值税。

纳税人通过税务机关的网络信息系统提交报税，视同已经完成纳税申报义务。纳税人仍可将电子增值税纳税申报表打印后，采用纸质方式提交至税务机关来完成纳税申报义务。

对年度营业额低于 4800 万韩元的个人企业，没有必须开具增值税发票的义务，并且这类企业每 6 个月（而不是 3 个月）缴纳一次增值税。

在韩国不需要提交年度纳税报表。除了正常的纳税申报表之外，纳税人还应提供对于每笔交易的详细记录文件。此外，纳税人在申报涉及零税率的交易时，应一并提供其外汇账户的交易情况。公司及营业额超过 3 亿韩元的个人企业主，应开具电子发票并在开票后的一个工作日内以电子方式向税务机关报告。

纳税人提交纳税申报表以计算出销项税与进项税之差，也可以通过电子信息网络系统完成。进出口报关的税费计算可以通过名为"统一通行证"的电子清关系统进行，也可通过纸质形式完成。

如果纳税人在开始经营活动后的 20 日内未办理税务登记，则处以其相当于营业额 1% 的处罚。纳税人未进行税务登记或逾期税务登记就进行经营活动的，则以经营活动开始之日起至税务登记的前 1 日为止的货物或劳务的价值为罚款计算的依据。罚款金额将调整应纳税额或可抵扣的进项税额。罚款金额以 1 亿韩元（中小企业为 5000 万韩元）为限额，罚款限额以 6 个月为一个周期。

未按时提交纳税申报表的，将被处以少缴税款（或多抵扣的进项税）的 10%~40% 的罚款。对于不缴、少缴、多抵扣进项税的，按 10.95% 的年利率进行罚款。未按规定完成代扣代缴（反向征税）义务的，处以少缴税款的 3% 的罚款，另外，逾期按每天 0.03% 计算罚款，但总罚款金额不超过少缴税款的 10%。

未能开具正确的发票或未能提交正确的发票清单，将按交易金额的 0.5%、1%、2%、3% 进行罚款。如果开具的增值税发票后未实际销售货物或提供劳务的（虚开发票），则交易双方将按交易金额 3% 的标准分别处以罚款。如果销售货物或提供劳务后，销售方未开具发票的，将按交易金额 2% 的标准处以罚款。营业额超过 3 亿韩元的公司或个人企业家，开具纸质发票而不是电子发票的，将按交易金额 1% 的标准处以罚款；如果开具发票后次日未及时提交发票清单的，处以 0.3% 或 0.5% 的罚款。

如果是由于虚假报税导致的税基减少，将从重处罚。不是涉及欺诈报税的，将按 10% 或 20% 的标准予以处罚，如果涉及欺诈的将按 40% 的标准予以处罚。如果涉及国际贸易的，将按 60% 的标准予以处罚。

（二）韩国的消费税政策

韩国针对特定物品或进入特定场所及在特定场所产生的娱乐行为征收消费税。消费税的纳税人包括生产或进口应税货物（如老虎机、豪华家具/地毯或石油产品）、销售第三类应税货物（如珠宝、珍珠、琥珀等）、赛马场、高尔夫球场、赌场、夜总会等场所的运营商。

消费税具体应税项目及税率如下：老虎机、游戏机、猎枪或步枪等，税率为 20%。鹿角、蜂王浆、香水和古龙水等，税率为 7%。珠宝（不包括工业钻石、原石）、珍珠、玳瑁、珊瑚、琥珀、黄金类贵金属产品等，税率为 20%（售价超过 200 万韩元的部分按 20% 征税）。豪华相机及配件、豪华手表、皮草（不包括兔皮和未加工的皮毛）、豪华地毯、豪华家具等，税率为 20%（豪华家具是指每件超过 500 万韩元或每套超过 800 万韩元的家具，价值超过 200 万韩元的部分税率为 20%）。汽车等根据排量不同，税率为 5% 或 10%。成品油及天然气，税额为 17~275 韩元/升（千克）。此外，还对耗电量和容量超过一定标准的电冰箱、洗衣机、电视等家电开征消费税。赛马场、有老虎机场所、高尔夫球场、赌场，按进入场所的人数征收消费税，税额为 500~1.2 万韩元/人；按应税场所（赌场）的销售总额征收消费税，500 亿韩元以下的部分，免税；500 亿~1000 亿韩元的部分，税率为 2%；超过 1000 亿韩元的部分，税率为 10 亿韩元加上超过 1000 亿韩元部分的 4%。酒馆或沙龙等，税率为 10%。

针对以下特殊货物或行为免征消费税：出口货物或军用物资，外交人员使用的物资，专供外国人的销售网点销售的货物。符合一定条件免税的情况，包括工业或实验用的珠宝、残疾人购买的汽车、用于展览的样品或货物、国外捐赠的用于教育或学术研究的货物、保税区出口的免关税的货物、用于飞机和渔船使用的成品油等。无条件免税的情况，如捐赠给外国慈善机构或救援组织的货物、捐赠给政府的货物、军事援助进口的军需品、个人随身携带免关税的个人物品等。

（三）韩国的关税政策

韩国仅对进口商品征收关税，出口商品不征税。韩国的关税征税方式分为从价计税、从量计税和混合计税 3 种，韩国的平均关税税率为 8%。按照征收目的不同，韩国关税主要包括基本税率、反倾销税、协定税率、国际合作税率、特别紧急关税、紧急关税、调整关税、配额税率、简易税率、特惠税率以及韩国与其他国家的协定税率。

韩国对进口的某种商品征收关税，适用的税率依次为反倾销税、协定税率、调整关税和配额税率、特惠关税税率、暂定税率、基本税率。对进出境旅客及国际飞行器、运输工具上的乘务员所携带的进境物品、邮递物品、在国外修理交通工具或更换零配件时使用的物品、托运物品等适用简易税率。

韩国针对以下进口货物免征关税，包括进口未经加工的食品，书籍、报纸杂志，科研机构、教育机构或文化组织用于科学、教育或文化的进口商品，国外捐赠给宗教、慈善、救济或任何其他公益性组织的货物。

二、韩国的所得税政策

（一）韩国的公司所得税政策

居民公司是指总部或者主要机构设立在韩国的公司，以及有效管理地在韩国的公司。居民公司应当就其源自境内外所得缴纳公司所得税。非居民公司仅对源自境内的收入缴纳公司所得税。

1. 公司所得税的税率

公司所得税实行累进税率，自 2018 年 1 月 1 日起，全年应纳税所得额不超过 2 亿韩元的部分，税率为 10%；2 亿~200 亿韩元的部分，税率为 20%；200 亿~3000 亿韩元的部分，税率为 22%；超过 3000 亿韩元的部分，税率为 25%。非居民公司只就源自韩国且归属于常设机构的所得，按普通税率缴纳公司所得税。若协定国允许，则分公司税后利润征收 20%（或协定的低税率）的分公司利润税。中国与韩国协定，对分公司税后利润不征税。非居民公司的清算所得不征公司所得税。除中小企业、非营利性组织和特殊类型的公司外，净资产超过 500 亿韩元的公司和受垄断监管或公平交易法限制交叉持股的公司，应在 2020 年 12 月底以前缴纳 20% 的附加税。另有 20% 的农业和渔业附加税（依据减少的所得税税额计算）。

最低纳税额确定：应税所得额在 100 亿韩元以下，最低税率为 10%；应税所得额在 100 亿~1000 亿韩元，最低税率为 12%；应税所得额在 1000 亿韩元以上，最低税率为 17%。中小企业最低税率为 7%，超过中小企业标准后的前 3 年，最低税率为 8%，到了第 4 年和第 5 年，最低税率为 9%。

地方所得税的税率、税基、抵扣和减免与中央税都不相同。以下为地方所得税税率：2 亿韩元以下的部分，税率为 1%；2 亿~200 亿韩元的部分，税率为 2%；超过 200 亿韩元的部分，税率为 2.2%。

自 2015 年 1 月 1 日起，韩国开征留存收益税。所有者权益在 500 亿韩元以上或是集团公司成员企业，其超额利润需要缴纳 10% 的留存收益税。韩国分支机构税是应双边税收协定国的要求而征收的。下列国家在韩国的分支机构依据协定征收分支机构税：澳大利亚、巴西为 15%，菲律宾为 11%，印度尼西亚、泰国、秘鲁为 10%，加拿大、法国、塔吉克斯坦、摩洛哥为 5%，巴拿马为 2%。其他国家在韩国的分公司不征收分支机构税。

2. 公司所得税计税的主要内容

在计算应纳税所得额时，需要根据税法进行具体调整。公司所得税的应纳税所得额包括公司经营所得、资本利得、投资所得和清算所得等。

资本利得被视为正常经营所得纳税，非营业以土地和房屋利得，再征收 10% 的资本利得税（未经登记的土地或房屋为 40%）。股利所得根据持股比例的不同，纳税规定也不同。居民公司持有境内公司 80%（上市公司 40%）以上的股权，所获股利免税；居民公司持有境内公司 50%~80%（上市公司 30%~40%）的股权，对 90% 的所获股利免税；持股在 50%（上市公司为 30%）以下的，对所获股利免收 80% 的税。

利息、租赁所得、特许权使用费均属于应纳税所得。利息收入应计入应纳税所得额。出租财产所得，列入应纳税所得额，如果纳税人未设立账簿，则需要税务机关核定；公司收到的按长期贷款利率计算的租赁保证金，也应计入应纳税所得之中。在向外国公司支付特许权使用费时，预提税率为 22%（包括地方所得税），从 2020 年 1 月 1 日起，向外国专利所有者支付的专利费（在境外注册专利，在韩国使用）被视为源自韩国的特许权使用费。

纳税人在首次纳税申报时，就应确定存货估价规则并及时通知税务机关。存货采用成本与市价孰低法确定。如果纳税人未提前将存货估价规则上报给税务机关，则必须将先进先出法作为计价规则。

与生产经营活动相关的合理费用可税前扣除。公司发生超过 3 万韩元的费用支出，应有相应的证据证明，如果扣除的费用无相关依据，则处以相当于该费用 2% 的罚款。

用于生产经营活动（包括提供给高管和雇员的汽车）的汽车费用和折旧可税前扣除，但必须有相关证明。用于私人使用的汽车费用和折旧不得税前扣除。企业的商誉可税前扣除，但应按 5 年的时间采用直线法摊销。公司设立时产生的开办费用，如果按照公司章程规定记录并实际支付的，可税前扣除。用于正常生产经营活动的贷款产生的利息费用，可税前扣除。

企业发生的超过 1 万韩元的招待费用，必须有支付凭证作为税前扣除依据。超过下列总和的招待费不得扣除：①1200 万韩元（中小企业为 1800 万韩元）×本营业年度中的月份数÷12；②本营业年度总收入×招待费扣除比率（如果是与关联方进行交易获得的收入，则应为收入×招待费扣除比率×20%）。招待费扣除比率详见表 5-5 所示。

表 5-5　招待费扣除比率

总收入（韩元）	累计扣除额（按最高所得计算）（韩元）	扣除比率
≤100 亿	2000 万	0.2%
>100 亿，≤500 亿	6000 万	0.1%
>500 亿	—	0.03%

企业指定捐赠不超过应纳税所得额 10% 的部分可税前扣除，超出部分可向后 5 年内结转扣除，指定捐赠包括向社会福利组织、宗教组织、公众利益实体的捐赠，科技、文化、体育捐赠，总统令中规定的为公共实体提供的捐赠，向海外韩侨、韩国友好合作的非营利组织的捐赠。下列公共捐赠不超过应纳税所得 50% 的部分可税前扣除，超出部分可向后 3 年内结转扣除；包括向政府及其机构捐赠、国防捐赠、救灾捐赠、公共教育机构捐赠、社会福利捐赠、向三分之一收入来自政府的公共机构捐赠。

企业在合理范围内支付给职工的薪资报酬、雇员支付的各种法定社会保险费均可税前扣除。

企业发生的行政罚款、罚金和罚息均不得税前扣除。

企业计提的各种准备金，符合条件的可在税前扣除。退休津贴准备金，不超过支付给在职一年以上的员工和管理者的工资总额的 5%；如果员工在营业年度的结账日退休，则准备金累计总额不得超过应付所有职工退休金预算的 20%。此类准备金限额按每年 5% 的幅度递减。坏账准备金按以下二者中较高的一方为税前扣除标准：债务总额的 1% 或当年发生的坏账/上一年度债务的累计金额。金融机构的准备金，按以下三者中最高的一方为税前扣除标准：根据金融监管机构和财政部公布的法定准备金限额、会计期末应收账款账面价值的 1%、历史坏账率乘以期末应收账款账面价值。

用于生产经营的固定资产或无形资产的折旧或摊销可税前扣除，折摊方法主要有直线法、余额递减法、产量法。建筑物、无形资产必须采用直线法计提折旧。纳税人选择折摊方法和资产使用年限，应在首次提交纳税申报表时向税务机关报告。余额递减法下法定的折旧年限具体为商业和工业用建筑物，20 年或 40 年；办公设备、机动车辆，5 年；机械和设备，5 至 20 年。

自 2019 年起，外资企业每年抵免额不得超过当年应税所得额的 80%，内资企业每年抵免额不得超过当年应税所得额的 60%，中小企业不受该限制且可以向前结转 1 年。境内的全资子公司与母公司可以合并申报公司所得税，允许集团内的公司亏损与利润相互抵销。集团一旦选定合并报税，5 年内不得更改。

3. 公司所得税的税收优惠

截至 2021 年年底前发生的以下投资，公司所得税前可抵扣，未抵扣完的可向后结转 5 年：①居民企业提高生产力而投资购入的设备或设施，可按购置成本的 2%（中型企业为 5%，小微企业为 10%）抵扣公司所得税。②购置生产经营用的安保设施，可按购置成本的 1%（中型企业为 5%，小微企业为 10%）抵扣公司所得税。③研发创新设备投资额占年度收入的 2% 以上且占年度研发总投资的 10% 以上，研发年度员工人数无减少，按投资额的 5% 进行税前抵免（中型企业为 7%，小微企业为 10%）。④促进就业优惠，新增雇员按 400 万韩元/人进行税前抵免（中型企业为 800 万韩元/人，小微企业为 1200 万韩元/人）。⑤因怀孕、分娩、照顾小孩等原因离职的女职工，在离职后的 3~15 年内被中小企业再次聘用的，中型企业可按再聘女职工工资的

15%进行税前抵免（小微企业按30%抵免）。⑥投资节能设施，大企业按投资额的1%（中型企业为3%，小微企业为7%）抵减应税所得额；投资环保设施，大企业按投资额的3%（中型企业为5%，小微企业为10%）抵减应税所得额。

大企业的研发费用在2%以内的（中型企业为8%，小微企业为25%），可申请公司所得税前抵免；大企业也可选择按本年研发费用比上一年增加部分的25%（中型企业为40%，小微企业为50%）申请公司所得税税前抵免。中小企业的专利技术转让给其他居民企业，转让所得的50%可免征公司所得税；中小企业首次专利收入，减按75%计入应税所得额。居民企业与科技创新型企业合并，合并企业可按支付合并款项的10%进行税前抵免，最高抵免额不超过因合并而获取的专利技术价值。

企业合并以80%的合并方股票作为支付对价且保留80%以上的被合并方员工，合并收益可推迟至合并方以后对外处置该资产时再确认，相应的公司所得税也暂不确认。

此外，外国直接投资（FDI）免征地方税，自投资之日起的15年内免征房产购置税和房产税、免征进口资本货物的关税、增值税和个人消费税等。

韩国在2019年的税改中取消了大部分的外国直接投资（FDI）税收优惠和区域税收优惠政策，取消的优惠包括从事科技创新和在特定区域（包括外商投资区、自由经济区、自由贸易区等）投资的外商企业，前5年免征个人所得税和公司所得税，6~7年减半征收。

4. 公司所得税的税收征管

公司所得税纳税年度与日历年度一致。纳税人应在纳税年度结束后的3个月内提交纳税申报表，并完成税款缴纳义务。如果公司财务报表未完成外部审计，可申请延期1个月进行纳税申报，但拖欠的税款将按年利率1.8%的标准缴纳罚息。如果应纳公司所得税额超过1000万韩元，可在纳税期满后的1个月内分期缴纳（中小企业为2个月）。

营业时间超过6个月的，应在上半年度结束后的2个月内提交纳税申报表并完成税款缴纳。

韩国的居民公司税务诉讼时效一般为5年。纳税人未按规定日期申报纳税的，诉讼时效为7年（涉及跨境交易的为10年）。通过欺诈或不正当手段逃避纳税义务的，诉讼时效为 10 年（涉及跨境交易的为 15 年）。

（二）韩国的个人所得税政策

居民是指在韩国拥有住所或一年内实际居住超过 183 天的个人。非居民是指在韩国无住所且一年内实际居住未超过 183 天的个人。居民个人就其源自境内外的所得，缴纳个人所得税。非居民个人仅就其源自境内的所得，缴纳个人所得税。

1. 计税收入

在韩国，个人所得税的计税收入主要包括雇佣所得、经营所得（包括租赁所得）、资本利得、投资所得和其他所得。

雇佣所得是指雇主依据雇佣关系支付给雇员的现金或实物收入，除工资、薪金、奖金外，还包括报销的个人开支、招待费及其他不属于雇主合理范围的支出；雇员收到的关于家庭、职位、住房、健康、加班和其他类似的津贴。雇主为员工支付的意外伤害或疾病保险每年超过 70 万韩元的部分也需要缴纳个人所得税。

雇员从雇主处取得以下所得的，免征个人所得税：因公司经营活动需要使用雇员自己车辆的，雇主给予雇员每月不超过 20 万韩元的补贴；公司无法为雇员提供伙食而给予员工的伙食津贴，提供不超过 10 万韩元的补贴；雇主为海外务工的员工提供不超过 100 万韩元的补贴（远洋捕捞或海外航线、海外建筑等情况，给予不超过 300 万韩元的补贴）。

外籍雇员符合下列条件的，可免征个人所得税：根据两国政府协定，到任一协议国就业取得的收入；为韩国公司或个人提供服务的外国技术人员，2 年内减半征收个人所得税（2019 年 1 月 1 日之后，在韩国首次提供服务的个人，5 年内减半征收个人所得税）。外国技术人员必须在首次提供服务的次月的 10 日内向税务机关提出免税申请。

经营所得是指个人提供连续的个体经营活动而取得的收入，也包括个人提供服务取得的收入。此类人员包括演艺人员、运动员、律师、会计师、建筑师、在科学技术和商业管理等领域有着专业知识和技能的个人。

投资所得主要包括股息、利息、红利所得等。韩国国内公司支付给少数股东的股息、利息需按 15.4% 的税率代扣个人所得税，如果年度股息和利息总收入不超过 2000 万韩元,则无须额外进行纳税申报。非居民取得源自韩国的股息和利息,应按 22% 的税率缴纳预提个人所得税。

资本利得是指转让以下资本、资产而取得的收入,包括土地、建筑物、与房地产有关的权利、与固定资产一起转让的商誉、特许或优先使用权、非上市公司的股票等。虽然不征收转让上市公司股票取得的收益的个人所得税;但下列情况应缴纳资本利得税:至少与关联方一起持有上市公司至少 1%(或持有在 KOSDAQ 上市的公司超过 2% 的股份,或持有在 KONEX 上市公司超过 4% 的股份),或持有市值超过 15 亿韩元的股份(或持有在 KOSDAQ 上市的公司超过 15 亿韩元的股份,或在 KONEX 上市公司超过 10 亿韩元的股份市值)。转让非上市公司股份取得的资本收益必须按规定缴纳个人所得税。

2. 税收扣除

以下为工资薪金的扣除标准,如表 5-6、表 5-7 所示。

表 5-6 韩国工资薪金税前扣除

工资总收入(韩元)	扣除额
≤500 万	工资薪金的 70%
>500 万,≤1500 万	350 万韩元+超过 500 万的部分按 40%
>1500 万,≤4500 万	750 万韩元+超过 1500 万的部分按 15%
>4500 万,≤10000 万	1200 万韩元+超过 4500 万的部分按 5%
>10000 万	1475 万韩元+超过 10000 万的部分按 2%

表 5-7 韩国养老金所得税前扣除

工资总收入(韩元)	扣除额
≤350 万	100% 全额扣除
>350 万,≤700 万	350 万韩元+超过 350 万的部分按 40%
>700 万,≤1400 万	490 万韩元+超过 700 万的部分按 20%
>1400 万	630 万韩元+超过 1400 万的部分按 10%

个人所得税税前基本扣除为每人每年 150 万韩元,乘以符合条件的家庭人数来确定出可扣除的数额。具体符合条件的人员包括:纳税人本人、父母

或祖父母（60岁以上）、子女和收养的子女（20岁以下）、兄弟姐妹（20岁以下或60岁以上）、未满18周岁的被抚养超过6个月的儿童。

额外扣除标准：①年龄超过70岁的老人可额外扣除100万韩元；②残疾人额外扣除200万韩元；③对综合收入低于3000万韩元，家庭中有受抚养对象或有配偶的女户主家庭扣除标准为50万韩元；④单亲无配偶且有抚养子女（包括领养）的纳税人扣除标准为100万韩元。对同时符合③和④的，只能按100万韩元进行扣除。

按国家规定比例缴纳的医疗保险、护理保险、失业保险等，可全额在税前扣除。

2019年12月31之前，作为户主的纳税人年应税收入低于7000万且无自有住房的，其存入住房基金储蓄的40%（每年扣除限额为240万韩元）允许扣除。

无自有住房且签订了合格储蓄计划同意书的借款人，租赁符合标准的住房的借款，其借款偿还金额（包括应计利息）的40%（每年扣除限额为300万韩元）允许扣除。时限超过15年的抵押贷款，购入家庭唯一房屋且房屋价值不超过5亿韩元，抵押贷款利息可全部扣除。住房公积金贷款、住房租赁和长期住房抵押贷款的可税前扣除总额最高为500万韩元（如果以固定利率支付长期贷款利息，最高抵扣额为1800万韩元）。按固定利率支付贷款或按分期偿还本金的贷款且利息必须按固定时间支付，在10年内或10年以上，每年扣除300万韩元的贷款支出。

与个体经营活动直接有关的合理费用，包括折旧和坏账，可以税前扣除。

3. 个人所得税税率

个人所得税税率分为国家个人所得税税率（表5-8）和地方个人所得税税率（表5-9）。

表5-8　韩国国家个人所得税累进税率

应纳税所得额（韩元）	累计税额（按最高所得计算）（韩元）	税率
≤1200万	72万	6%
>1200万，≤4600万	582万	15%

续表

应纳税所得额（韩元）	累计税额（按最高所得计算）（韩元）	税率
>4600 万，≤8800 万	1590 万	24%
>8800 万，≤15000 万	3760 万	35%
>15000 万，≤30000 万	9460 万	38%
>30000，≤50000 万	17460 万	40%
>50000 万	—	42%

韩国地方个人所得税税率如表 5-9 所示。

表 5-9　韩国地方个人所得税累进税率

应纳税所得额（韩元）	累计税额（按最高所得计算）（韩元）	税率
≤1200 万	7.2 万	0.6%
>1200 万，≤4600 万	58.2 万	1.5%
>4600 万，≤8800 万	159 万	2.4%
>8800 万，≤15000 万	376 万	3.5%
>15000 万，≤30000 万	946 万	3.8%
>30000 万，≤50000 万	1746 万	4%
>50000 万	—	4.2%

退休金所得的应纳税额的计算如下：应税所得除以就业年数，确定适用税率后再乘以就业年数。

股息所得税率如下：大股东持有非中小型公司股份不足 1 年的，按 30% 的税率征税；持有中小型公司股份的，税率按 10% 的税率征收；其他股份的按 20% 的税率征税。

资本利得的税率如下：①转让不动产及附属不动产的权利（适用一般税率），拥有少于 1 年的产权，税率为 50%；拥有 1~2 年的产权，税率为 40%；拥有超过 2 年的产权，按表 5-10 所示。

表 5-10　韩国转让不动产（资本利得）税率

应纳税所得额（韩元）	累计税额（按最高所得计算）（韩元）	税率
≤11200 万	72 万	6%

应纳税所得额（韩元）	累计税额（按最高所得计算）（韩元）	税率
>1200 万，≤4600 万	582 万	15%
>4600 万，≤8800 万	1590 万	24%
>8800 万，≤3 亿	9010 万	35%
>3 亿	—	38%

个人向符合条件的公益性机构捐赠的，扣除限额为每年工资薪金收入的 10%，该扣除限额不适用特定福利设施的捐赠。

外国雇员或高管可选择对其薪金按 17% 的税率征税，也可选择以收入的 70% 作为计税基础。

经营所得和个人专业活动产生的亏损，可以抵扣综合收入；未抵扣完的亏损可向后结转 10 年，如果个体经营户符合小微企业的条件，也可向上结转 1 年。

韩国实行源泉扣税制度，应由雇主履行代扣代缴义务。纳税人取得如股息、利息或经营所得时，应在次年的 5 月 1 日至 5 月 31 日之间提交纳税申报表并完成个人所得税的汇算清缴。已婚人士需要单独提交纳税申报表，其不应与配偶或家属共同纳税。一般来说，居民纳税人应在离开韩国的前一天完成纳税申报义务。个人从事经营活动的，有可能在年度中期预缴个人所得税。

三、韩国的其他税收政策

韩国开征证券交易税，转让未上市的股票或债券，税率为 0.45%；韩国证券交易所和科斯达克上市的股票税率为 0.25%，在新交易所上市的股票税率为 0.1%。地方政府开征财产税，依据土地、建筑物、房产、船舶和飞机的价值，按 0.07%~5% 的税率，每年征收一次。综合不动产税征收对象为住宅和土地（别墅除外），对拥有规定标准的住房和土地所有制按不动产价值以 0.5%~3.2% 的累进税率征税。购买或继承取得了不动产、机动车、重型设备、树木、船舶、飞机、采矿权、捕鱼权需缴纳购置税，税率为 1%~7%。

印花税的征税对象是在韩国起草证明创建、转移、变更财产所有权而书立、领受税法规定凭证的单位和个人。分级定额税，按凭证所载金额确定；

定额税，按件计算缴纳；税率从 50～35 万韩元不等。

韩国税务居民的继承人和受赠人在境内外继承和受赠的资产均应缴纳继承税与赠与税，非居民仅针对位于继承和受赠韩国境内的资产纳税。韩国的继承税与赠与税是 5 级超额累进税率，如表 5-11 所示。

表 5-11　韩国继承税与赠与税税率

应纳税所得额（韩元）	累计税额（按最高所得计算）（韩元）	税率
≤1 亿	1000 万	10%
>1 亿，≤5 亿	9000 万	20%
>5 亿，≤10 亿	2.4 亿	30%
>10 亿，≤30 亿	10.4 亿	40%
>30 亿	—	50%

韩国社会保障税涵盖了养老保险、医疗保险、失业保险和工伤保险。养老保险根据雇员的月工资总额的 9% 缴纳，雇主和雇员各按 4.5% 分担，养老保险缴纳限额是每月不超过 21.87 万韩元。医疗保险（包括护理保险）根据雇员的月工资总额的 7% 缴纳，雇主和雇员平均分担，医疗保险缴纳限额是每月不超过 3453610 韩元，如果雇员有额外收入且其超过 3400 万，则需额外按 1.05% 缴纳额外保险。失业保险根据雇员的月工资总额的 1.3% 缴纳，雇主和雇员各按 0.65% 分担。工伤保险由雇主缴纳，一般根据工作危险程度的不同，按 0.75% 至 22.65% 来缴纳。

四、韩国的涉外税收政策

一般来说，境外收入被视为应税收入，需缴纳韩国税收，但控股公司从反垄断和公平贸易法律地区的子公司获得的股利不作为应税收入；非控股公司从子公司获得的股利（持股达到规定比例）不作为应税收入。韩国有受控外国公司规定，居民公司持有境外低税区（最近连续 3 年平均有效税率不超过 15%）公司 10% 以上的股份，则境外未分配利润视同分配，征收韩国税收。

转让定价指南比较严格，并且要求境内外关联方均需要遵守公平交易原则，与 OECD 中 BESP13 行动一致，要求报送国别关联交易资料。在年度纳税申报报告中，向税务机关提交合理定价的方法和利益。关联交易定价偏离公允价值的5%或者关联交易超过3亿韩元，会受到关联交易定价规则限制。资本弱化规则要求境外关联方借款或由关联方担保的第三方贷款，不得超过该关联方权益额的2倍，即债务权益比例为2：1（金融公司6：1）。超过规定比例的债务利息，视同股利征收预提税。

居民公司在境外已纳外国税收，实行限额抵免，不足抵免部分可向后结转5年。自宣布股息分配之日起被本国公司连续6个月控股20%以上的境外子公司在国外的已纳税额，如果双边税收协定允许，母公司可实行间接抵免，也可以被饶让抵免。

支付给非居民的股息和特许权使用费，需要缴纳20%的预提税。支付给非居民的利息预提税为20%，支付给非居民的债券利息预提税为14%。支付给非居民的个人服务收入，预提税为20%或3%（根据协定，在韩国境外提供服务产生的收入被视为源自韩国的收入，按3%计提预提税）。支付非居民租金收入，预提税为2%。非居民的股票和债券的转让利得，按总售价的10%和净利得的20%，两者较低的一方纳税。分支机构利润汇出，不征税。上述预提税税率，可以按照税收协定减免。除上述预提税之外，还需要缴纳当地附加税10%。

韩国已经签订了93个税收协定。在韩国与各个国家和地区签订的税收协定中，股息预提税涉及0的只有墨西哥，股息预提税涉及5%的有蒙古、科威特、中国、英国等50个国家和地区。利息预提税为0的有匈牙利、爱尔兰和俄罗斯。利息为5%的有蒙古、科威特、阿曼、沙特阿拉伯、巴林、克罗地亚、捷克、墨西哥、瑞士、乌克兰、斯洛文尼亚、巴拿马、乌兹别克斯坦这13个国家。特许权使用费预提税为0的有匈牙利、克罗地亚、马耳他和爱尔兰。

中国与韩国协定：持股25%以上的，股息预提税为5%，否则，股息预提税为10%；利息和特许权使用费预提税均为10%。分公司利润汇出，不征税。持股10%以上的，可以间接抵免。定率税收饶让10年（已经过期）。利息免税的银行，包括中国人民银行、中国国家开发银行、中国进出口银行、中国农业发展银行、中国出口信用保险公司、全国社会保障基金理事会，其所有权结构和职能相当于"韩国投资公司"的组织，执行银行业、保险和证券监管职能的组织，以及缔约国双方主管当局通过协商同意的其他金融机构。

第四节 朝鲜的税收政策

一、朝鲜的流转税政策

关于朝鲜的流转税政策，这里主要介绍朝鲜的增值税政策和关税政策。

（一）朝鲜的增值税政策

朝鲜的法规大部分不向社会公开，所以难以获取朝鲜全部的增值税政策。

朝鲜开征的交易税，实质上是增值税。朝鲜对生产部门和建设部门的外国投资企业征收交易税；朝鲜生产部门包括工业、农业、水产业等部门。交易税的课税标准为产品的销售收入金额和建设工程移交产生的收入金额。

罗先经济贸易区内的交易税的征税标准是生产部门每个月销售产品获得的收入金额。包括将生产部门生产的产品销往朝鲜国内获得的收益，将来料加工的产品销往朝鲜国内获得的收益和其他税务机关规定的收入。

外国投资企业和外国人应办理税务登记。设立或合并、分立、解散企业的，自相关登记之日起的 20 日内办理税务登记和变更税务、注销手续。

1. 增值税的税率

交易税税率为产品销售额或者建设工程移交收入金额的 1%~15%。奢侈品的交易税税率为产品销售额的 16%~50%。

生产部门的外国投资企业出口本企业生产的产品或出于国家要求，向朝鲜境内销售产品的，可以免征交易税。办理交易税减免时，应向税务机关提交交易税减免申请书并得到批准，同时需要提交相关的确认文件。在朝鲜罗先经济贸易区内拥有生产部门的外国投资企业，减半征收交易税。

2. 增值税计税的主要内容

每次取得产品销售收入或建设工程移交收入时，企业应主动申报缴纳，或由代理纳税人代扣代缴交易税，一般应在获得产品销售收入或建设工程移交收入之日起的 20 日内缴纳交易税。企业对外出口的货物免征交易税，但朝鲜规定限制出口的商品应按规定缴纳交易税。纳税人应当按月计算交易税，并在月度终了后到次月的 10 日完成税款清缴。

交易税以产品销售额或建设工程移交收入乘以适用税率的方法计算。兼营生产业务和劳务业务的外国投资企业应分别计算交易税和营业税。按照行业种类和产品种类的不同，各行各业的交易税按其销售额分别适用规定的税率予以计算。纳税人在销售不同种类的产品获利时，对于不同的产品各自适用不同的税率计算交易税。

3. 增值税的税收征管

生产部门和建设部门的外国投资企业应当申报缴纳交易税。

纳税人不按期缴纳税款的，自超过缴纳日期起，每日按应缴未缴税款的0.3%征收滞纳金。未及时办理税务登记的，未及时提交纳税申报书、年度会计决算书等税务文件时，处以 100 朝元至 1500 朝元的罚款。出现少扣税或欠缴税时，处以欠缴纳税额的 2 倍罚款。故意不缴或少缴税款时，处以欠缴税额的 3 倍罚款。

对处罚不服的企业或个人可在受到处罚的 30 日内向税务机关进行申诉。

（二）朝鲜的关税政策

对进出口朝鲜关境的货物均要征收关税。朝鲜的纳税义务人包括进出境的货物，进出境的运输工具，邮运国际邮件的机关、企业、团体与公民；属于机关、企业、团体和公民的也包括外国投资企业和驻朝鲜的外国或国际机构代表机关、法人、外国人。

货物的种类不同，税率也不同。若朝鲜同外国缔结的条约中有关税特惠条款时，适用特惠关税率；没有特惠关税条款时，适用一般关税率。未确定关税税率的物资，适用与其相似物资的税率。

以下情况不征收关税：根据国家政策运入关境的物资，外国或国际机构、非政府机构向朝鲜政府或有关机构无偿赠送或支援的物资；外交人员、领事馆、国际代表机构及人员在规定范围内消费或使用的物资；外国投资机构运入生产经营所需的物资；为出口、来料加工、转运贸易等运入的报税物资；国际展览会或展示会临时进出关境的物资。

二、朝鲜的所得税政策

（一）朝鲜的公司所得税政策

朝鲜的公司所得税是专门针对外国投资企业征收的。居民企业是指在朝鲜境内设立的外国投资企业，其在外国开设的分公司、办事处、代理处等也属于居民企业。非居民企业是指未在朝鲜设立企业，但在朝鲜有常驻机构，以及未设立常设机构但在朝鲜境内取得所得的外国公司、商社等经济组织。居民公司就其源自境内外所得缴纳公司所得税；非居民公司仅就源自境内所得缴纳公司所得税。

1. 公司所得税的税率

外国投资企业的公司所得税的税率为25%，设立在经济特区的外国人的投资企业，税率为14%；从事尖端技术、基础建设、科研等鼓励行业的企业，税率为10%。

外国企业在朝鲜境内设立常驻机构从事经营活动的，税率与居民企业相同。未设立常驻机构而又源自朝鲜境内，按应纳税所得计算，税率为20%，在经济特区，适用税率为10%。

2. 公司所得税计税的主要内容

居民企业的应税范围主要包括企业生产、经营所得和其他所得。具体为销售产品所得、移交建筑物所得、运费所得、经营所得以及利息所得、分配所得、租赁固定资产所得、出售财产所得、提供知识产权和专有技术所得、提供与经营有关的服务所得、赠与所得等。

外国企业在朝鲜境内设立常驻机构从事经营活动的，其生产经营所得和其他所得需要缴纳公司所得税；外国企业在朝鲜境内未设立常驻机构而取得的分配所得、利息所得、租赁所得，专利权使用费等其他所得需要缴纳公司所得税。

外国人投资企业的收入总额减掉成本，确定利润后，再从利润中扣除交易税或者营业税和其他开支的结算利润或者所得额，为公司所得税应纳税的所得额。收入总额包括外国投资企业在朝鲜境内所得的收益金和其他收益金以及在朝鲜境外取得的收益金。

3. 公司所得税的税收优惠

投资罗先经济贸易区的企业享受下列优惠政策：生产性外商投资企业，减半征收交易税。修建基础设施的企业，减免营业税；服务业（不包括商业、娱乐业），减半征收营业税。采用自有资金购置或修建的建筑物，5年内免征财产税。处于投产准备期的企业仅缴纳城市管理税、汽车使用税和资源税，其他税种暂免收税。股息收入免税。

属于鼓励行业的外商投资企业和罗先经济特区内的生产性企业，经营期超过 10 年的，从获利之年起其公司所得税 3 免 2 减半（前 3 年免征公司所得税，第 4~5 年减半征税）。投资铁路、公路、机场、港湾等基础设施的企业，从获利之年起其公司所得税 4 免 3 减半（前 4 年免征公司所得税，第 5~7 年减半征税）。外国投资者将利润再投资至境内企业，经营期在 5 年以上的企业，退还再投资部分已纳所得税额的 50%；再投资基础设施建设的企业，退还再投资部分已纳所得税的 100%。再投资未满 5 年撤资的企业，应缴回退税。外商投资的生产企业出口自产的产品或应国家要求向境内销售的产品，免征交易税。建设、交通运输、动力部门的外资企业应本国要求，向朝鲜的机关、企业提供服务；外资银行以低利率和缓期偿还 10 年以上等提出有利条件向朝鲜的银行、机关、企业提供贷款的，可减免营业税。外资企业为生产和经营而入境的物资和出口的产品、免税商店的物资等，均免征关税。

属于特殊鼓励行业的，享受特殊的税收优惠政策。开发石油、天然气等资源的企业，免征 5~10 年的资源税；将原矿深加工后出口，或者应国家要求向朝鲜的机关、企业、团体销售，减半征收资源税。鼓励行业的外资企业使用地下水，可减免资源税。服务业的外资企业运行超过 10 年，自获利年度起，其公司所得税 1 免 2 减半（1 年内免征公司所得税，第 2~3 年减半征税）。

4. 公司所得税的税收征管

外国投资者应按季度预缴公司所得税，在季度终了后的 15 日内提交纳税申报表并缴纳公司所得税。年度终了后汇算清缴，多退少补。

企业被解散的，需在自解散之日起的 20 日内向财税机关提供纳税单据，自结算终了之日起的 15 日内缴纳公司所得税。合并、分立的企业，应当结算至该时期为止的公司所得税，自合并、分立宣布之日起的 20 日内向所在财税机关缴纳公司所得税。企业承包作业 1 年以上的建设工程、组装工程、大型机械设备加工及制造工程的，1 年 1 次确定缴纳企业所得税。

（二）朝鲜的个人所得税政策

朝鲜个人所得税的征税对象主要为外国人。

居民纳税人是指在朝鲜境内逗留或者居住 1 年以上的外国人。在逗留或者居住期间临时离境的，不从逗留或者居住期间扣减其天数。在朝鲜境内逗留或居住不超过 1 年的外国人为非居民纳税人。居民个人就其源自朝鲜境内外的所得，缴纳个人所得税。非居民个人仅就其源自朝鲜境内的所得，缴纳个人所得税。

1. 计税收入

在朝鲜，个人所得税的计税收入主要包括劳务报酬所得、投资所得、资本所得、租赁固定资产所得、经营所得、提供知识产权和专有技术所得和其他所得。

劳务报酬所得包括工资、津贴、奖励金、奖金等雇佣所得，也包括从事讲学、讲演、著述、翻译、设计、制图、安装、刺绣、雕刻、绘画、创作、表演、会计、体育、医疗、商谈等劳务取得的所得。

投资所得主要包括利息、红利和其他分配所得。

资本利得是指转让资本资产而取得的收入，包括销售建筑物、机器、设备、汽车、船只等财产取得的收入。

租赁固定资产所得包括个人出租建筑物、机器、设备、汽车、船只等财产取得的所得。

提供知识产权和专有技术所得包括个人提供或者转让其专利权、实用新型权、工业图案权、商标权取得的所得，提供未办理专利手续或者非公开的技术文献和技术知识、熟练技能、经验等取得的所得，创作小说、诗篇、美术、音乐、舞蹈、电影、戏剧等文学艺术作品取得的所得。

个人经营所得包括未成立法人依靠自己的专业知识独立从事服务、生产、买卖的所得收入，也包括提供的服务所得。

其他所得包括他人向本人赠与现金、实物、知识产权、非专利技术等财产和权利产生的所得。

2. 税收扣除

固定资产租赁以租金扣除人力费、包装费、手续费等费用的 20% 之后的所得为应纳税所得额。

全月雇佣和劳务报酬所得低于 7.5 万朝鲜元的，免征个人所得税。接受赠与的价值低于 75 万朝鲜元的，免征个人所得税。

纳税人取得以下范围内的收入，免征个人所得税：属于朝鲜政府与其他国家政府签订的协议中规定免税的，从朝鲜金融机构取得的储蓄存款的利息和保险赔偿金，非居住者存入在罗先经济贸易区内从事非居住者之间的交易业务的银行的款项的利息；外国人在本国领工资，而在朝鲜境内不领工资时，税务机关批准的减免款额。

3. 个人所得税税率

劳务报酬所得的税率，按应纳税所得额的5%~30%收税；利息所得、分配所得、租赁固定资产所得、提供知识产权和专有技术所得、提供有关经营的服务所得，税率为应纳税所得额的20%；赠与所得的税率为应纳税所得额的2%~15%；财产出售所得的税率为应纳税所得额的25%。

三、朝鲜的其他税收政策

继承朝鲜境内财产的外国人或在朝鲜的外国人继承境外财产的，应当缴纳继承税，税率为6%~30%，税额超过375万朝鲜元的，可申请3年内分期支付。在朝鲜登记拥有建筑物、船舶、飞机的外国人，应当缴纳财产税，按建筑物已登记价格的1%征税，船舶和飞机按其已登记价格的1.4%征税。在罗先经济贸易区内用自有资金购建的建筑物，5年内免征财产税。

在城市登记的外国投资企业和居住在城市的外国人，缴纳城市管理税；外国投资企业的税率为其月工资总额的1%；外国人个人的税率为全月总收入的1%。拥有汽车的外国投资企业和外国人使用汽车时，应当缴纳汽车使用税。汽车使用税，按每辆或者每个座位、每载货吨数适用20~220朝鲜元来计算。

当外国投资企业以出口或销售（包括自用）为目的开采资源时，应当缴纳资源税。资源税按照资源的种类不同，适用不同的税率，税率由内阁制定。开发石油、天然气的企业，可免征5~10年资源税。不出售原矿而以现代技术工艺制造高价加工品出口或者依照国家政策向朝鲜的机关、企业、团体销售时，可以减征资源税；属于鼓励发展的行业的外国投资企业生产可利用的地下水，可以减征资源税。

四、朝鲜的涉外税收政策

虽然朝鲜规定外国投资者可以将利润免税汇出，但外国投资者在兑换成外汇汇出时，实际上面临着较大困难。

朝鲜对外支付股息的预提税为 0。截至 2020 年 8 月，朝鲜尚未与中国签订有关预提税的协定。朝鲜已与白俄罗斯、保加利亚、捷克、蒙古、俄罗斯、塞尔维亚、越南、印度尼西亚、黑山共和国、罗马尼亚这 10 个国家签订了税收协定。但由于朝鲜对外公布的税务资料较少，无法获取朝鲜对协定国的预提税税率。

第五节　蒙古的税收政策

蒙古的主要税种有公司所得税、个人所得税、社会保障税、增值税、消费税、不动产税、空气污染税、印花税。蒙古的货币是图格里克（MNT），在蒙古的居民企业和非居民企业都可以持有任意货币单位的银行账户。对汇出利润、股利、利息、特许权使用费，蒙古没有外汇管制。

一、蒙古的流转税政策

关于蒙古的流转税政策，这里主要介绍蒙古的增值税政策、消费税政策和关税政策。

（一）蒙古的增值税政策

蒙古对境内销售的货物或提供劳务，进口商品或劳务，接受适用反向征税的劳务等均征收增值税。增值税的征税范围较广，包括下列的商品和劳务：①在蒙古境内销售的所有商品；②为销售、使用或利用，从蒙古出口的所有商品；③为销售、使用或利用，从国外进口到蒙古的所有商品；④在蒙古境内完成的劳务、提供的劳务（包括未居住在蒙古的外国法人以及在蒙古没有居住权的外国人，在蒙古境内完成劳务、提供劳务的价值超过 1000 万图格里克的外国人）。

蒙古向以下商品销售征收增值税：①转让企业或其具体业务经营权；②停止营业而被注销增值税纳税人资格时，从业务资产中留作自用的商品；③作为清偿债务的商品；④不在蒙古居住的人应蒙古公民、法人定购而销售商品。

需要征收增值税的劳务包括：①供电、供暖、供气、供水、污水净化、邮政、通信及其他公共服务；②出租或以其他方式提供用益权、使用权；③

在旅馆或类似房屋场所内出租房间或以其他方式提供用益权、使用权；④出租动产和不动产（包括出租住宅等房屋），或以其他方式提供用益权、使用权；⑤转让、出租和出让发明创造、外观设计、实用新型和受著作权保护的作品、商标、新技术、资产信息等知识产权；⑥发行彩票抽奖、组织有偿猜谜和赌博游戏、提供中介服务；⑦提供劳务清偿债务；⑧不在蒙古居住的人应蒙古公民、法人的要求完成劳务或提供服务。

一般而言，在蒙古境内从事生产销售货物和提供劳务，经营进出口商品业务的法人或个人都是增值税纳税人。根据劳动合同的签订期限长期或临时受雇的个人，不属于增值税纳税人。

当经营者的年度营业额超过5000万图格里克的，必须进行增值税税务登记。年度营业额未达到5000万图格里克的纳税人，可不进行增值税税务登记。当年度营业额达到1000万图格里克时，纳税人可以自愿到税务机关进行增值税税务登记，但要提供其在未来12个月内，营业额能达到5000万图格里克的证明，如销售订单和合同等。在蒙古，集团公司不允许合并登记，集团的成员公司必须分别进行增值税登记。

无固定营业机构或场所的外国企业或个人，在蒙古销售货物或提供劳务的应缴纳增值税，由蒙古境内的购买方完成代扣代缴增值税的义务。除非外国企业或个人在蒙古具有常设机构并依法进行纳税登记，否则，不允许抵扣进项税。

反向征税制度是指未进行纳税登记的外国企业或个人向蒙古境内的增值税纳税人提供货物、劳务和工程等，需要由蒙古境内购买方完成代扣代缴增值税的义务、提交税务报告。适用反向征税制度产生的进项税不允许抵扣。蒙古没有针对税务代理人、国内反向征税制度的专门规定。

增值税纳税人向税务机关申请增值税税务登记，应提交税务登记申请表，如银行对账单、收款单、销售合同、公司资质和电子发票等相关证明。

如果纳税人的财务报表、纳税报表能证明纳税人在税务登记后的12个月内，应税收入小于5000万图格里克的，应向税务机关申请注销税务登记。

1. 增值税的税率

蒙古增值税的标准税率为10%，优惠税率为0。一般情况下，进口或生产、销售商品及完成劳务和提供劳务的增值税税率为10%。下列出口商品和劳务的增值税税率为 0，其进项税也能抵扣：①销售出口并向海关报关的商品；②根据蒙古已经签订的国际协定，从蒙古出境、入境或过境的国际旅客、货物运输服务；③境外提供的劳务（包括免税劳务）；④向境外非居民公司、个人提供的劳务（包括免税劳务）；⑤向国际航运和国内外航班提供的导航、技术、燃料、清洁服务及在飞行过程中提供给机组和旅馆的餐饮服务；⑥蒙古政府和银行在国内定制的政府勋章、纪念币等；⑦出口的矿产品成品（属于政府批准的矿产品清单的产品）。

免征增值税的商品和劳务，其进项税不能抵扣。蒙古对下列商品免征增值税：经海关批准的旅客定量免税通行的个人携带的物品；从外国政府、民间组织、国家组织和慈善机构无偿获得的捐助物资；残疾人专用设备、器具和交通工具等；民用客机及其零配件；出售房屋住宅或其部分设施的收入；医疗所需的血液、血液制品和器官；燃料气体及存储容器、设备、专用器具、机械、材料和配件等；出售的黄金、报刊；科学研究实验产品；除矿产品以外的产品出口；农民在国内种植销售的农产品、土豆、蔬菜、水果和经过加工的面粉；银行、非银行金融机构和其他法人为银行、专门公司、住宅投资公司提供有资产担保证券的发行而转移的贷款及融资租赁合同所产生或主张的其他权利；进口原木、木料、切割木料、木板、木制品和经过半加工的木制品；出口未经加工（清洗和拉绒）的皮革和羊毛；由承包商或分包商进口用于不超过 5 年的石油勘探或非石油行业勘探的专用机械、机器设备、零件、原材料、化学物质或爆破物质；可再生能源的生产和研究设备、工具及零配件的进口。

下列劳务免征增值税：外汇兑换服务；收款、转账、担保、追偿、票据及存折等银行服务；保险、再保险、资产登记服务；证券和股票发行、转让、接受和承销；发放贷款；支付社会医疗保险存款的利息和转账服务；支付银行及融资租赁利息、分红、贷款担保费、保险合同服务费；出租房屋和住宅；医疗健康服务（不包括药品、制剂、医疗器械、机器、设备的生产、销售等）；宗教团体服务；政府服务，包括中央政府及直属部门和预算内机构的服务；公共交通服务；旅游经营服务。

对年收入在 1000 万图格里克或以下的，从事生产、劳务、服务的企业免征增值税（从事进口业务的企业除外）。

2. 增值税计税的主要内容

增值税的纳税义务发生时间又被称为"可征税时间"或"纳税时点"。一般情况下，纳税义务发生时间，以最先发生的时间为准：①纳税人收到销售货物和提供劳务的款项时；②纳税人为销售的货物、提供的劳务或劳务开具发票时；③购买货物（如货物发出）或劳务完成时。对供电、供暖、供气、供水和提供邮政、通信以及其他固定服务行为，以开具发票或收到款项，二者先发生的时间来确定纳税义务发生时间。停止营业而被注销增值税纳税人资格时，从资产中留作自用的商品，计征增值税时以留作自用日为准。进口货物以报关日为计征日。

纳税人采用保证金、预付账款方式销售货物、提供劳务的，即使货物未发出、劳务未提供，纳税义务发生时间也被定为收到预付款项的当月月末。

蒙古对连续提供劳务和货物（采用定期付款的结算方式）、提供劳务的反向征税制度的纳税义务发生时间，无特殊规定，此类业务适用上述一般纳税义务发生时间的规定。

蒙古对已经批准的发出商品或退回商品的纳税义务发生时间，没有特殊规定，适用上述一般纳税义务发生时间的规定。蒙古采用增值税电子信息系统来记录交易和劳务纳税义务，买卖双方可通过增值税电子信息系统进行退货和退税。

租赁资产需要缴纳增值税，涉及所有权转移的租赁将按融资租赁业务来确定纳税义务发生时间。

若要进口货物需要在清关时缴纳增值税。进口货物的纳税义务发生时间为下列较早的时间为准：销售方收到销售收入的时间；销售货物和提供劳务开具发票的时间；销售货物和提供劳务完成之时。

一般情况下，为生产经营活动而购入的货物或劳务、进口货物或劳务、作为税务代理的买方从外国公司购入货物或劳务代扣代缴时所产生的进项税均可抵扣。

购入货物或劳务用于非生产经营活动的，不允许抵扣其进项税，如购入用于股东及员工个人消费商品和劳务、轿车及其零部件的增值税、非居民提供的劳务所征收的增值税、矿产勘探和开采前产生的增值税、免税项目产生的增值税。购入货物或劳务用于生产经营活动的，允许抵扣其进项税，如用于生产经营活动的水电费、公共服务费、存货等产生的进项税。

纳税人同时经营免税项目和应税项目的，应分别进行核算；直接与应税项目相关的进项税可全部抵扣，与免税项目相关的进项税不能抵扣。不能直接区分为应税项目和非应税项目的（如企业的间接费用）应根据应税销售额与总销售额的比例来确定进项税的抵扣额。

企业购入的资本货物（如固定资产）无论是否用于生产经营活动，均不得抵扣资本货物的进项税。

如果当期可抵扣的进项税额超过该期间应付的销项税额，则超额进项税可以退回。纳税人应将退税申请提交至税务机关，税务机关在 15 个工作日内审核完毕后将审核结果提交至蒙古国家税务局（MTA）。蒙古国家税务局在 7 个工作日内审核，在 2 个工作日内将退税信息（包括纳税人姓名、注册号、银行账户、可退税额等）提交给财政部门。财政部门将在 45 天内完成退税。但退税金额不得超过纳税人按月度、季度、年度上交增值税额的30%。如果申请退税的金额较大，退税将花费更长的时间。虽然税法规定，在税务部门做出退税决定后的 45 天内完成退税，但实际上，退税时间往往超过法定期间。

纳税人在税务登记前发生的进项税不得抵扣，与生产经营活动项目无关的进项税也不得抵扣。发生坏账核销后，其对应的已缴增值税不允许申请退回。只有在蒙古完成税务登记的纳税人才能享有进项税抵扣的权利，在蒙古未建立机构的外国企业或个人不能抵扣进项税。

3. 增值税的税收征管

纳税人必须根据蒙古的发票规定为所有应课税商品和劳务开具增值税发票，开具发票必须采用蒙古文字，同时可采用其他语言开具。开具发票的形式既可以是电子的，又可以是纸质的。

蒙古不允许针对折扣、退货和价格变动等开具贷项或借项增值税发票，纳税人应注销原来的发票，再按调整后的金额重新开具发票。如有必要，还需要提交增值税纳税申报表。

在蒙古纳税人可使用电子发票，增值税电子发票系统能有效减少违规行为。无论纳税人的增值税地位、经营的货物或劳务类型如何，所有业务的销售信息都应被输入系统。

蒙古不允许开具简化的增值税发票，必须开具完整的增值税发票。蒙古不允许自我开具增值税发票。

从蒙古出口货物或劳务适用的增值税税率为 0，为了确认零税率的适用性，纳税人必须提供海关的报关单。对外提供劳务的，还应提供书面合同、发票、账单等书面证明。

开具增值税发票使用的货币单位必须是图格里克。

B2C 业务中已进行税务登记的纳税人向个人消费者销售货物或提供劳务时，可以开具收款收据，但必须从指定的设备上生成，收据应载明付款编码、付款日期、销售方名称、纳税号码、地址、交易数量和金额等信息。

纳税人的税务记录应至少保存 4 年。蒙古的税法规定，存档的税务资料必须采用纸质方式，不允许采用电子方式存档。在实践中，纳税人要保存纸质的增值税发票，因为增值税的电子信息在系统中已经存在；但根据法律要求，纳税人仍然应保留增值税发票的复印件。

纳税人必须通过在线方式按月提交纳税申报表，填写完整的销售额和费用等；纳税人的购销业务必须符合电子发票系统开具的要求才可以提交。

纳税人必须在纳税月度终了到次月的 10 日内提交增值税纳税申报表，适应反向征税制度的应交增值税应在同一纳税申报表中提交。蒙古的增值税纳税申报表是通用的，没有针对不同行业特殊设计的纳税申报表。蒙古不需要提交年度纳税申报表，也不需要提交其他的补充申报。

纳税人达到税务登记条件但未向税务机关申请登记的，由税务检查人员负责评估和征收增值税，并处以相当于应纳增值税的 1 倍的罚款。未向税务机关缴纳税款的，自纳税月度终了的次月 10 日开始，按每日 0.1% 的标准征收滞纳金。对应缴而未缴增值税的，处以相当于未缴增值税的 30% 的罚款；该违法行为包括达到登记增值税代理人条件而未登记者，还包括由此导致的未代扣代缴增值税。对纳税人的偷税逃税行为将依法追缴税款并处以补缴税款 30% 的罚款。偷税漏税的表现包括在会计核算中隐瞒应纳税收入、多报费用、少报销售、故意销毁账簿资料等。参与税务欺诈的，税务顾问将被处以 150 美元的罚款，企业法人将被处以 1500 美元的罚款。

（二）蒙古的消费税政策

消费税是针对在蒙古制造或进口烟、酒、成品油、汽车、赌博用设备和装置等征收税率不等的消费税。

酒精和烟草的消费税税率，每升或每百支香烟 320 图格里克至 19140 图格里克，2019 年该税率提升至 5%，2020 年及随后几年改至 4%。赌博用具的技术装置和设备，根据不同类型，每项税额为 435 万至 1.16 亿图格里克。汽油，型号为 90 号的税额为每吨 0~15950 图格里克，型号 90 号以上的税额为每吨 0~17400 图格里克。柴油，税额为每吨 0~21750 图格里克。进口的汽油和柴油，税额为每吨 0~850000 图格里克。进口汽车的消费税，根据生产年份、汽车类型及发动机气缸容量，税额为每吨 37.5 万~6597.5 万图格里克。

对下列商品免征消费税：在蒙古境内生产并出口的应征收消费税的商品；用普通方法酿制的满足自己生活所需的奶酒；鼻烟；海关限量准入的旅客自用的免税白酒、香烟；混合燃料汽车。

（三）蒙古的关税政策

蒙古根据进口商品类型的不同，征收 5%~40% 的关税。蒙古的关税税率分为普通税率、最惠国税率和优惠税率 3 种。原产于给予蒙古最惠国待遇的国家的货物，蒙古同样给予最惠国税率；原产于给予蒙古国优惠税率的国家的货物，适用优惠税率；原产于给予蒙古最惠国待遇或给予蒙古优惠税率以外的其他国家的货物，适用普通税率，普通税率比最惠国税率高出 1 倍。

进口气体冷凝器、石油、原油、沥青矿物提炼的原油、自动数据处理机、电机、电机设备及零部件、纯种牲畜等，免征进口关税。

蒙古对部分出口商品，征收出口关税，如未加工的驼绒、木材和木质材料。

二、蒙古的所得税政策

（一）蒙古的公司所得税政策

在蒙古注册成立的公司为居民公司，居民公司应就其源自全球的所得纳税，非居民公司只就源自蒙古国内的所得纳税。

1. 公司所得税的税率

公司所得税实行累进税率，应纳税所得额在 60 亿图格里克以下的部分，适用 10% 的税率，超过 60 亿图格里克的部分，适用 25% 的税率。除矿产勘探和开采、销售或进出口酒类、烟草、原油及成品油的企业外，其他应纳税所得不超过3亿图格里克的小微企业按1%的税率征税。蒙古居民公司的下列收入实行特定税率：股利、利息和特许权收入，税率为10%；出售不动产利得，税率为2%；赌博和博彩收入，税率为40%。转让权利，如采矿许可证、特殊经营许可证等，税率为10%。

投资者购买在国内或国际证券交易所上市交易的蒙古债务工具（不持有矿产资源、石油勘探和开采许可证），产生的利息收入按其5%征税。

2. 公司所得税计税的主要内容

公司所得税的应纳税所得额为经营收益、投资收益、资本利得和其他所得。

经营收益包括基本或辅助性生产、劳务、服务、销售收入。此外，还包括博彩收入，从他人处无偿获得的商品、劳务、服务收入，销售无形资产收入；提供技术、管理、咨询或其他服务所得收入等。与财产相关的收入，如租金收入、特许权收入、股息和利息收入；蒙古居民向居民支付股息，预提税率为10%，向非居民支付股息，预提税率为20%。

资本利得视同经营收益纳税，主要包括出售动产、不动产、无形资产等取得的收入，但若出售不动产，将依据总收入的2%征税。

以下收入免征公司所得税（包括但不限于）：政府债券（包括蒙古开发银行发行的债券）利息，在石油领域与蒙古政府签订有关产品制定合同开展业务活动的，非居民企业销售属于自己分成产品的收入；某些教育和卫生机构取得的收入。

蒙古对公司所得税税前可扣除的项目进行了明确规定，不符合税前扣除规定的，在计算公司所得税时应加回。税前可扣除项目应符合以下条件：于本期发生的；与生产经营活动相关且是为取得收入而合理发生的支出和费用；符合会计准则和税法规定；由纳税人负担或预期负担。

定期维护费用、自愿性保险费用、银行及非银行金融机构的准备金、折旧等，在符合特定条件的前提下可税前扣除。

从事基本和辅助性生产、工作、服务所需以及为购买产品而获得的贷款利息。蒙古居民个人以借贷方式向自己控股的公司发放的借款形成的利息，不得税前扣除。当投资者的债权比超过3∶1时，将不符合蒙古的资本弱化规定，超过该比例形成的利息不得税前扣除。此外，关联方的贷款利息不得超过息税前利润的 30%，超过的部分不得税前扣除。

用于生产经营活动的非流动资产的折旧和摊销可在税前扣除，一般采用直线法计提折旧和摊销。采矿类建筑设施，折旧年限为 40 年，非采矿类建筑物，折旧年限为 25 年；车辆、机械、机器、设备，其他固定资产及使用期限不明的无形资产，折摊年限为 10 年，无形资产使用寿命确定的，按使用寿命计提摊销；工业技术园区内的建筑物，折旧年限为 20 年，园区内的机械和设备，折旧年限为 3 年。

公司开办费用、慈善捐赠、坏账准备、预提费用和或有负债，不得税前扣除，除非有确定的证据证明费用已发生。蒙古对商誉税前抵扣没有做出具体规定。计提的坏账准备不得税前扣除，在发生坏账核销时才能税前扣除。

一般企业经营亏损可以向后结转 4 年且不得超过当年所得额的 50%。从事基础设施和开采业公司亏损的，可以向后结转 4~8 年且没有 50% 所得额的限制。蒙古不允许集团申报，各子公司应自行申报。

3. 公司所得税的税收优惠

在自贸区内的公司享受公司所得税的税收优惠。投资不低于 50 万美元且用于能源和热能、管道网络、自来水供应、污水处理、公路、铁路、机场和基本通信线路等基础设施的，可按投资额的 50% 抵免公司所得税。投资超过 30 万美元且用于仓库、装卸设施、宾馆、旅游营地以及进口替代品生产的，可按投资额的 50% 抵免公司所得税。企业亏损向后结转 5 年。创新和技术开发企业自运营之日起，5 年内免征公司所得税。

年应纳税所得不超过 15 亿图格里克且不属于采矿、石油、酒精饮料、烟草等行业的纳税人，可按收入的 90% 进行税前抵免。雇用丧失能力超过 50% 的残疾员工，可按残疾员工占全部员工的比例进行税前抵免。政府的债券利息免税。向民间的残障人士、公益性组织有不低于 1000 万图格里克的公益性捐赠，可将捐赠额从该年度的应纳税所得额中扣除。

从事鼓励行业的公司，如蔬菜、土豆、谷物、牛奶、水果、集约化家禽养殖等生产的公司，减征 50% 的所得税。

持有政府颁发的"稳定证书"的纳税人，在证书有效期内，国家提高税率时仍按原有优惠税率纳税。对符合特定条件的投资者的扶持包括免税、减税、加速折旧、从未来收入中核减亏损、从纳税收入中核减员工的培训费。

4. 公司所得税的税收征管

蒙古的纳税年度与日历年度一致。公司所得税实行按月预交、按季申报、年度汇缴的程序进行申报缴纳。税务机关将税务年度内的月、季税款指标分摊至纳税人。纳税人于每月 25 日前向主管税务机关预交当月税款指标，于次年 2 月 10 日前向主管税务机关报送年度税务报表并进行年终结算。应纳税所得额不低于 60 亿图格里克的，应在每季度结束后的 20 日内完成纳税申报；应纳税所得额低于 60 亿图格里克的，应在每年 7 月 20 日前提交半年度纳税申报表。

外国公司常设机构向境外支付股息、特许权使用费、销售权利、转移利润及非居民纳税人取得源自蒙古的其他所得，应在业务发生的 10 个工作日内完成预提税的缴纳。季度预提税报表应在季度结束后的 20 日内提交，年度预提税报表应在次年 2 月 10 日前提交。税务机关会对纳税人提交的纳税申报表进行检查，以确保符合纳税申报的要求。在后期，税务机关还会对纳税申报表进行更为详细的税务审计。

在蒙古，欠税、罚款和罚金的诉讼时效为 4 年，但诉讼程序不影响纳税人按规定继续缴纳税款、罚款和罚金等。

（二）蒙古的个人所得税政策

蒙古的税收居民是指在蒙古拥有住所或一个纳税年度内实际居住超过 183 天的个人。非居民是指在蒙古无住所且一年内实际居住未超 183 天的个人。居民个人就其源自蒙古境内外的所得，缴纳个人所得税。非居民个人仅就其源自蒙古境内的所得，缴纳个人所得税。

1. 计税收入

在蒙古，个人所得税的计税收入主要包括雇佣所得、经营所得、投资所得、资本利得和其他所得。

雇佣所得是指雇主依据雇佣关系向雇员提供的现金或实物收入，主要包括工资、奖金、津贴、休假补贴等类似的其他收入；雇主发给雇员及其家属的礼品；董事会、监事会或类似委员会成员取得的报酬；从国外或当地法律实体取得的奖励。

经营所得是指未成立法人实体依靠自己的专业知识独立从事服务、生产、买卖的所得收入，主要包括①医生、律师、工程师、会计、教师等靠其专业技能获得的服务收入；②个人完成工作、生产和销售产品及提供服务获得的生产贸易收入；③从事不固定工作所获属于营业收入性质的所得。

投资所得是指获得的股息、利息、权益提成收入（如著作权使用费、专利权使用费等）、分红利润收入，需缴纳10%的预提税。

资本利得是指转让资本时形成的收入，主要包括销售不动产、动产、股份和有价证券取得的收入。出售股票、证券或动产取得的收入按10%的税率征税，销售位于蒙古的不动产，按2%的税率征税。

其他收入主要包括①科学技术、文学作品、文艺创作、发明创造、设计成果和实用新型权、体育竞赛、文艺演出及参与以上活动所获收入和类似其他收入；②文艺演出、体育竞赛及在那达慕获得的奖金收入；③付费猜谜、赌博、彩票的抽奖收入。其中，①和②适用5%的税率；③按40%的税率征税。

从2018年1月1日起，土地所有权和土地使用权的转让被视为权利的销售，按交易总价值计算个人所得税，适用10%的税率。

雇主提供给雇员的股票期权，在行权时纳税；如果股票期权有等待期的，则在等待期纳税。税基是股票期权的市场价值，按10%的税率征税；如果该股票行权后又出售的，则属于资本利得应税项目，按10%的税率再次计征个人所得税。

2. 税收扣除

计税个人所得税时可以税前扣除的项目，主要有以下几个方面：

居民年度扣除额如表5-12所示。

表5-12　居民个人所得税年度基本扣除额

应纳税所得额（图格里克）	年度扣除额（图格里克）	年度累计扣除额（图格里克）
≤600万	24万	24万
>600万，≤1200万	21.6万	45.6万
>1200万，≤1800万	19.2万	64.8万
>1800万，≤2400万	16.8万	81.6万
>2400万，≤3000万	14.4万	96万
>3000万，≤3600万	12万	108万
>3600万	—	—

依法缴纳的医疗保险和社会保险可在下列两类收入中扣除：雇员根据雇

主的劳动合同取得的基本工资、津贴、奖金等;除固定工作外,与其他法人和个人签订的合同完成工作获得的劳务报酬、津贴、奖金等。

与个体经营活动直接有关的合理费用,与经营活动无关的用于私人支出的,不能税前抵扣。

个人取得以下收入,免征个人所得税:国债利息收入,依法发放的养老、抚恤、补偿和给予的减免、补助和一次性无偿援助;献血补偿、因公出差的差旅费、保险赔款、依法享受的劳保和制服、解毒饮料费以及类似的其他供给费用。

租赁取得的租金可税前扣除有关租赁费用;转让股份和有价证券的,可扣除原取得成本;转让动产的收入可扣减原购入该动产成本以及有关费用。

在蒙古发生的亏损无法向以后年度结转。

3. 个人所得税税率

居民的雇佣所得、经营所得、投资所得、资本利得等个人所得税的标准税率为10%,转让不动产的销售收入为2%,科学技术、艺术作品、发明创造、实用新型设计、体育竞赛、文艺演出等收入,均按5%的税率征税;有偿游戏、彩票、赌博按40%的税率征税,其他间接收入按10%的税率征税。非居民个人在蒙古境内取得的收入按20%的税率缴纳个人所得税。

雇员或其他有纳税义务的个人,应在年度终了后到次年2月15日前提交纳税申报表。投资收益(如股息、利息、权利使用费等)和其他特殊收入应通过预提所得税系统缴纳,付款人负有代扣代缴义务。

三、蒙古的其他税收政策

蒙古针对土地或者其他不可移动的资产征不动产税,计税基础为评估价值或会计入账价值,税率为0.6%~1%。蒙古对石油、天然气、铜、金等一系列矿产资源征收矿产储备使用费,计税基础为开采运输或销售金额,税率为2.5%~5%。对矿产资源开发占用的土地由县级地方政府收取土地使用费,土地位置不同,税率也不同。

蒙古针对特定合同、文书征收印花税,如各种特殊许可、版权或商标认证授予、证券发行等,税率根据不同征税对象设定。

蒙古的社会保障税包括养老保险、医疗保险、互助保险、工伤保险和失业保险。社会保障税的一般缴费标准为 11.5%，由雇主和雇员共同承担，但雇员缴纳的保险每个月不超过 3.68 万图格里克。根据行业不同特征，雇主承担的缴费比例为 12.5% ~ 14.5%。个体经营者可自愿参加和缴纳社会保障税。雇主每月计算应缴纳的社会保障税，在每月 5 日前提交报告，并按时缴纳社会保障税。

四、蒙古的涉外税收政策

蒙古居民公司取得境外收入后同境内收入一样缴纳公司所得税，并且，无论是否与蒙古签订税收协定，蒙古允许单方面的外国税收抵免。无受控外国公司规定。持股超过 20% 的关联方受转让定价规则限制，要求关联交易遵守独立交易原则。资本弱化规则要求债务权益比例为 3∶1，限制对每一个直接控股股东的债务与公司总体债务的比例，不限制对非股东的借款。

股息支付给居民的预提税为 10%，支付给非居民的预提税为 20%。对分支机构利润汇出，征收 20% 的分支机构税（实质上，蒙古不允许建立外国公司分支机构）。对非居民支付利息、特许权使用费、租金、技术费等各种款项，预提税均为 20%；向居民支付以上款项，预提税为 10%。向非居民支付由蒙古商业银行发行并在国内外证交所上市的债券所产生的利息，预提税为 10%。非居民出售股权，预提税为 20%。

蒙古已经与 26 个国家和地区签订了税收协定，在蒙古与各国和地区签订的税收协定中，股息预提税涉及 0 的仅有新加坡（与新加坡协定付给政府机构的股息预提税为 0）；股息预提税涉及 5% 的有澳大利亚、比利时、加拿大、法国、德国、匈牙利、意大利、韩国、朝鲜、新加坡、瑞士、英国。利息预提税为 0 的只有意大利（支付给意大利政府或某些公共机构的利息预提税为 0），利息预提税为 5% 的有朝鲜、韩国和新加坡。特许权使用费预提税为 5% 的有新加坡、波兰、意大利、匈牙利、法国、英国、瑞士和比利时等。

中国与蒙古协定：股息预提税为 5%，利息和特许权预提税为 10%，分公司利润汇出免税，持股 10% 以上的可以间接抵免，无税收饶让。

第六章

投资东北亚国家的税务风险及防范

东北亚各国税收制度、税收征管及 BEPS 行动计划的实施程度不同，税务风险及其防范方法略有差别。

第一节　投资东北亚国家的税务风险

正如习近平总书记所说的一样，世界正处于"百年未有之大变局"。在共建"一带一路"倡议的大背景下，中、俄、蒙的经济走廊和中、日、韩自贸区的建设进程不断推进，中国企业投资东北亚各国时面临着巨大机遇，但东北亚地区因存在着领土争端、朝鲜半岛分裂对立和历史和解等问题，中国企业投资东北亚各国时也会面临一些麻烦。东北亚国家经济政治体制与中国不尽相同，税收法律与税收征管与中国有较大差别。这就要求中国企业需要熟知东北亚各国的税制、税种、税收优惠政策、涉外税收政策及双边税收协定，降低跨国交易税务争议风险，做好税务风险的识别和防范工作。

一、税收征管风险

东北亚国家征管规定和发展程度各有不同，日本、韩国、俄罗斯等国的税收法律体系完善、征管程序严格、税务系统机构设置齐全、征管机构职责清晰，如果企业能严格遵守税收征管规定，面临的风险便较小。蒙古自 1992年颁布各项税收法律后，逐渐建立和完善了税收征管法机构和征管法规；蒙古在 2019 年税改后，优化了税务法规体系，加强了执法监督，征管力度进一步提升。朝鲜虽然也有税务征管机构和征管法规，但在税收征管操作中有较大的不确定性，企业面临的税收征管风险较大。

　　税收征管法规对居民和非居民有不同的规定。居民纳税人的税收征管环节包括注册登记、账簿凭证管理、纳税申报、税务检查、税务代理以及违法惩处措施等。非居民纳税人征管措施主要包括登记备案和分类管理，日本对持有永久性设施的非居民的登记备案要求较严格，需要在 2 个月内完成备案，对无持久性设施的非居民的登记相对宽松。韩国对非居民根据税收协定申请免税的程序有着严格规定；韩国针对近年来滥用税收协定以达到避税目的的现象，推出了一项针对代扣代缴所得税的新程序，此程序涵盖了被视为避税天堂的国家和地区，大大减少了滥用税收协定的可能性。为更好地达到征管目的，韩国对非居民源自境内的收入，采取全球征税和分类征税两种方式。日本、韩国、俄罗斯、蒙古这 4 国在对非居民所得税征税采取源泉扣缴的方式，以减少逃避纳税义务的风险，代扣代缴义务人如果未履行扣缴义务，将面临罚款、监禁等处罚。蒙古税收征管法近年来也逐渐趋向于完善和严格，2019 年蒙古加入《多边税收征管互助公约》，成为该公约第 158 个国家；蒙古自 2020 年起在新版税法中引入了 BEPS 行动计划中的内容，税收征管执行力得到有效提升。随着东北亚各国税制不断完善，征管力度不断加强，中国海外投资企业面临更加严格的征管环境和更高的征管风险。

二、税务筹划风险

　　日本与中国香港、阿联酋协定，持股超过 10% 且达 6 个月的，股息预提税为 5%，中国与日本协定，股息预提税为 10%；中国企业投资日本可通过中国香港或阿联酋控股，能降低 5% 的股息预提税。韩国与墨西哥协定，股息预提税为 0，因为墨西哥对境外所得征税而不适合作为控股架构地。中国与韩国协定，持股 25% 以上的，股息预提税为 5%，是其双边税收协定中股息预提税比较低的。中国企业投资韩国，应由中国母公司或子公司直接控股。俄罗斯与中国、新加坡协定的股息预提税均为 5%，中国香港和新加坡对中国支付股息免预提税，中国企业投资俄罗斯，可直接由中国母公司或子公司直接控股，也可由中国香港或新加坡的控股公司控股。蒙古与中国（无持股要求）、比利时（持股 10% 以上）、英国（持股 10% 以上）协定股息预提税均为 5%，股息预提税是其双边税收协定中最低的。中国企业投资蒙古应由中国母公司或子公司直接控股。中国企业投资东北亚国家的股权架构如图 6-1 所示。

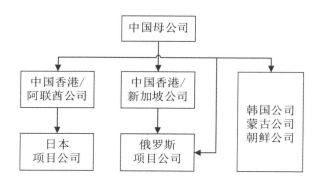

图 6-1 中国企业投资东北亚国家的股权架构

中国投资东北亚国家的税务筹划存在一定的风险，如中间控股公司阿联酋虽然税务环境宽松，但依然存在政治稳定和国际关系风险，可能影响经营成果汇回中国。如果税务筹划安排不符合所在国的具体税务规定，可能无法达到税务筹划的目的。

在与日本协定利息预提税为 0 的国家和地区中，奥地利、丹麦、德国、拉脱维亚和瑞典对外免征利息预提税，立陶宛对外支付的利息参股免税，英国对外支付的股息免税。中国企业在日本投资，可通过奥地利、丹麦、德国、拉脱维亚、瑞典、立陶宛转贷，也可在英国设立财务公司来借款。与韩国协定利息预提税为 0 的有匈牙利、爱尔兰和俄罗斯。匈牙利对外支付的利息免税，爱尔兰对外支付的利息实行参股免税。集团内融资可通过匈牙利和爱尔兰转贷。俄罗斯与中国等 27 个国家和地区协定利息预提税为 0，中国企业在俄罗斯投资，可由中国境内的银行、财务公司、母公司或子公司提供，也可由中国香港、荷兰、卢森堡、瑞士和瑞典等国家和地区的子公司提供。蒙古与中国协定利息预提税为 10%，蒙古签订的其他协定低于 10% 的只有新加坡，因此，中国企业可通过新加坡的财务公司借款。中国企业投资东北亚国家的借款来源选择如图 6-2 所示。

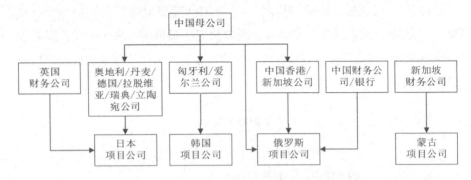

图 6-2 中国企业投资东北亚国家的借款来源

转贷的税务筹划存在一定的税务风险，中国、日本、韩国、俄罗斯以及欧盟各国已先后执行 BEPS 计划行动，企业通过签订一项借款合同，又与另一国签订类似合同的税务筹划行为，在很多国家被视为税基侵蚀和利润逃避行为，进而被禁止享受免征预提税优惠，即使是有"经济实质"的公司，此类转贷业务也会被重点监管，存在税务风险。此外，即使利息预提税为 0，通过政治不稳定的国家进行税务筹划，风险也会随之变大。

三、反避税风险

BEPS 行动计划的实施使避税空间进一步变小，中国、日本、韩国、俄罗斯、蒙古均加入了 BEPS 行动计划，东北亚各国针对跨国企业的反避税力度不断提升。截至 2021 年 12 月末，中国已经签订 3 个多边税收条约、正式签署 109 个避免双重征税协定，其中，有 102 个协定已生效，与香港、澳门两个特别行政区签署了税收安排，与台湾地区签署了税收协议；税收协定网络的建立为全面打击跨国企业避税行为提供了基础。日本自 2016 年基于 BEPS 进行税制改革，2017 年公布了严格的《转让定价指南》，并形成了包括主体文档、本地文档和国别报告等完整的转让定价档案；目前，日本已经先后采取了 BEPS 行动计划中的 BEPS 3、BEPS 8、BEPS 8~10、BEPS 13、BEPS 14。俄罗斯自 2017 年 6 月签署了《实施税收协定相关措施以防止税基侵蚀和利润转移（BEPS）的多边公约》，已于 2019 年 10 月开始执行。2019

年蒙古也加入了BEPS行动计划，从税收情报交换、受控外国企业、税收透明度调查、转让定价、国别报告等方面制定法律规范，积极打击跨国企业的避税行为。中国、日本、韩国、俄罗斯、蒙古均基于BEPS 13，引入了转让定价文档制度，对跨国企业的转让定价和国别报告均有严格的规定。

东北亚各国从转让定价、成本分摊、资本弱化、受控外国企业等方面采取了严格的反避税措施，如表6-1所示，跨国公司若不认真遵守税务规定，可能面临着较大的调查调整风险。

表6-1　东北亚各国反避税措施

国家	转让定价	成本分摊	资本弱化	受控外国公司
日本	控股母公司年收入超过1000亿日元的跨国企业，提交主体文档和国别报告；与境外关联方交易金额超过50亿日元且无形资产交易金额高于3亿日元的企业，提交主体文档	成本分摊安排，进行详细的评估和测算，考虑合理的商业假设发生的变化对经济预期和分摊成本的影响。成本分摊的合理性可能面临税务机关的相关调查风险	债务权益比为3∶1。超过对应的应付利息，存在不能为税前列支的风险	针对境外实际税率显著低于日本税率的子公司的所得进行税务调整。受控外国企业的所得合计数额，按支配企业所在地的税法执行；受控外国企业所得，仅允许与该受控外国企业在同一国家的其他受控外国企业所得进行抵减；所得计算标准应考虑相关控制基准、所得总额并按所有权和影响力的比例进行计算
韩国	转让定价高于或低于独立交易价格（ALP）时，将面临基于独立交易价格调整转让价格，核定或重新计算应税所得	居民企业与国外关联方共同开发无形资产并约定分摊成本的，应按独立交易价格进行调整，基于独立交易价格分摊的成本可税前扣除	债务权益比为3∶1。从海外控股股东处获取的借款数额超过3倍的，超出部分的借款利息将被视为股息，存在不能税前列支的风险	将位于"避税地"（税率明显偏低）的子公司的不合理的留存收益视为支付给韩国母公司的股息，对其进行征税

	转让定价	成本分摊	资本弱化	受控外国公司
俄罗斯	关联交易应于次年5月20日前完成，提交关联交易报告，税务当局可要求关联交易纳税人提供上年度转让定价文档。转让定价原则基本采用OECD的独立交易转让定价原则	暂无规定	债务权益比为3∶1，银行和租赁公司的该比例不超过12.5∶1。从关联方获取的借款数额超过3倍（或12.5倍）的，超出部分的借款利息将被视为股息分配，征收股息预提税。	税收居民控制的境外法人和非法人分支机构的未分配利润，因无正当理由不分配利润的，视同支付股息进行征税。参股国外企业10%以上股份或创建外国非法律实体或称为该实体受益人时，应主动报告受控信息
蒙古	受控交易下的税基如果少于独立交易下的税基时，按独立交易原则进行调整。在进行转让定价调整时，可使用OECD的"转让定价指南"作为参考	暂无规定	债务权益比3∶1。关联方之间产生的利息费用超过当年息税前利润的30%以上的部分不得扣除且投资者向纳税人借出的资金超出该投资人投资额的3倍的，支付给投资人超出部分的利息不得扣除	暂无规定

　　东北亚各国采取了较为严格的反避税措施，以避免纳税人滥用税收协定套取税收优惠。税收协定的"常设机构的认定"条款是企业享受税收协定优惠的前置条件，只有该企业被认定为属于缔约国一方的居民企业，才能享受相应的税收协定优惠。"数字经济模式"下常设机构的认定存在更大的风险，2018年日本税改后，日本对于认定常设机构内容进行了修改，可能会导致常设机构认定风险提升。韩国为避免滥用税收协定套取税收优惠，采取了一系列措施确保韩国税法与国家标准保持一致；针对设立在避税港以避税为目的的皮包公司，对投资人申请享受税收协定待遇，按"实质重于形式"的原则

征税；对支付给特定地区或国家的外国公司在韩国取得的股息、利息、特许权使用费或财产收益，实行代扣代缴的特殊程序。部分中国企业在英属维尔京群岛、百慕大群岛、开曼群岛、中国香港、新加坡等避税地设立公司，以达到减轻税负、规避外汇管制、取得外资身份等目的。韩国规定，在税率明显偏低的境外投资公司（过去3年平均实际税率不超过15%），无正当理由将利润留在受控外国公司的，尽管该利润未实际分配仍被视为支付给韩国企业的股息。选择在避税地注册母公司再控股韩国子公司的股权架构，较易被认定为受控外国公司。俄罗斯为避免滥用税收协定引发的侵蚀税基，税收协定规定了利益限制条款及相应的反避税措施。中蒙税收协定规定，如果不能提供税收居民的身份证明，源自蒙古的所得应按照蒙古国内税法规定的税率缴纳预提所得税。

中国企业投资东北亚各国面临着常设机构认定风险。除朝鲜外，中国与东北亚其他国家签订的税收协定对常设机构的认定有着明确规定，如表6-2所示。

表6-2　东北亚各国常设机构认定标准

国家	场所型	工程型	劳务型	代理型
俄罗斯	有固定经营场所，仅从事准备性或辅助性业务活动的不构成常设机构	建筑工地，建筑、装配或安装工程，或相关监管活动连续18个月以上	为同一项目或相关联项目提供劳务，包括劳务咨询，12个月中连续或累计超过183天。	有权以该企业的名义行权
日本		建筑工地，建筑、装配或安装工程，或相关监管活动连续6个月以上	为同一项目或相关联项目提供劳务，包括劳务咨询，12个月中连续或累计超过6个月	
韩国				
蒙古		建筑工地，建筑、装配或安装工程，或相关监管活动连续18个月以上	为同一项目或相关联项目提供劳务，包括劳务咨询，连续或累计超过18个月	无规定
朝鲜	中朝未签订税收协定，暂无常设机构判断标准			

中国企业在东北亚各国开展经营活动，一旦被认定为常设机构，就承担该机构营业利润缴纳所得税的风险。税收协定对工程型业务认定为常设机构的期限标准做了严格规定，俄罗斯、蒙古规定以 18 个月为限，日本、韩国以 6 个月为限。日本、韩国对劳务型常设机构认定期限均为 6 个月，蒙古最长以 18 个月为限。中国与俄罗斯、韩国、日本协定，代理型常设机构的认定以是否有权以被代理企业的名义行权为标准，中国与蒙古的协定中无具体规定。中国企业一旦超过相应期限将被认定为常设机构，需要就该机构的境外营业利润纳税，这可能会导致中国企业面临境外和境内双重征税。

四、享受税收协定待遇风险

中国已经与日本、韩国、俄罗斯、蒙古签订了税收协定，中国企业在东北亚国家投资往往重视按照投资国当地的税法缴纳税款，但对国际税收协定的重要性认识不足。如果忽视税收协定对自身合法权益的维护，可能存在未正确享受协定待遇的风险；同时，有些中国企业过分追求享受税收协定待遇，产生了滥用税收协定待遇的风险。

（一）未充分享受税收协定待遇多缴税款的风险

日本、韩国、俄罗斯、蒙古国内的税法均规定，中国居民从东道国境内取得股息、利息、特许权使用费、转让财产收益、营业利润等所得需要在所得来源国缴纳税款。但根据中国与东北亚各国签订的税收协定规定，此类所得在满足一定条件时，可享受不征税、免税或降低税率的协定待遇。如果中国企业未按税收协定享受协定优惠，则存在多缴税款的风险。

同时，根据中国境外所得税收抵免规定，中国对按照税收协定不应征收的境外所得税税款不得进行税收抵免，即税收协定规定不属于对方国家的应税项目，却被对方国家就该项目征收了企业所得税，企业应向征税国家申请退还不应被征收的税款；该项税额包括企业就境外所得来源国纳税时使用税率高于税收协定限定税率所多缴纳的所得税税额。

综上，中国企业在取得源自东北亚各国境内所得时，按照税收协定可享受不征税、免税或低税率优惠的，应充分享受税收协定待遇，以维护自身权益；对应享受而未享受协定待遇多缴的所得税税额，中国企业可在规定年限依照东北亚各国的税法规定程序及时申请退税。

（二）未享受税收抵免而重复征税的风险

中国企业所得税法规定，源自中国境外的应税所得已在境外缴纳所得税税额的，可从当期应纳税额中抵免，抵免限额为该项所得依照中国企业所得税法规定计算的应纳税额。中国企业在东北亚各国投资时，源自东北亚各国的应税所得已经在境外东道国缴纳所得税款的，可以从当期应纳企业所得税额中抵免。如果未享受税收抵免的，则面临着重复征税的风险。

（三）未享受税收饶让抵免税款的风险

中国与东北亚各国签订的税收协定中，一般都有"消除双重征税方法"的条款，中国企业在东北亚各国缴纳的税额，可以在对该企业征收的中国税收中抵免，抵免额不超过该项所得按中国税法计算的中国税收数额。同时，中国境外所得税收抵免政策规定，中国企业从与中国政府签订税收协定的国家取得的所得，按照该国税收法律享受了免税或减税待遇，并且该免税或减税的数额按税收协定应视同已缴税额在中国的应纳税额中抵免的，该免税或减税的数额可作为企业实际缴纳的境外所得税额用于办理税收抵免。截至2021年12月，中国与日本、俄罗斯、蒙古签订的税收协定中，均无税收饶让；中国与韩国签订的税收条约中规定，订立税收饶让为10%，此规定已于2015年1月1日失效。

中国企业在东北亚投资时，如果未及时关注中国与东北亚各国的税收协定中有关税收饶让的变化，则可能导致其未享受税收饶让抵免税款。

第二节　投资东北亚国家的税务风险防范

关于税务风险防范，本节从投资决策阶段的税务风险防范、经营阶段的税务风险防范、利润汇回或退出阶段的税务风险防范这三个方面进行分析。

一、投资决策阶段的税务风险防范

（一）防范投资前缺乏税务评估的风险

在投资前，应制订东北亚各国投资项目税务环境调研和税务风险管理计划。针对中国与东道国的税收环境的差异，制订完备的税务环境调研计划。根据调研结果，对税收法规及管理制度进行深入研究，充分了解投资项目的涉税实务，为后期经营做准备。中国与东北亚各国在税收制度、税收协定、税收政策上存在较大差别。

例如，朝鲜国内企业不缴税，现有的税收体系是为外资企业量身打造的，虽然税收要素规定明确，但实践操作存在较大的不确定性。因此，在投资东北亚各国时，要在掌握各种税收政策和政治经济环境的基础上，充分对东道国进行税务风险评估，以降低税务成本，做好税务风险防范工作。

（二）建立海外税收管理机构，强化涉税风险应对能力

中国企业防范和化解投资东北亚国家的税务风险，还可从内部机制和人才培养入手。中国企业应建立风险控制和管理机制，强化税务风险管理能力，做好税务风险应对方案。集团内部培养跨国税务处理人才，应建立良好的涉税风险联动机制，提高税务信息的交互沟通；完善内部控制制度与税务风险管控体系的构建，将税务风险降到最低。还可成立专门海外税务筹划部门或聘请专业的税务服务机构进行税务风险评估和管理，收集和了解在东北亚各国投资涉及的特定税收基本信息，梳理中国与东北亚各国的税收协定及税收争议解决机制，重点关注投资中潜在的重大税收风险，动态把握税收政策变化，强化涉税风险应对能力。

二、经营阶段的税务风险防范

（一）税收征管风险防范

在东北亚国家投资的中国企业应严格遵守东道国的税收法规，履行信息报告和纳税申报义务。财务人员需保持良好的职业习惯，依法设立、保管账簿和有关财税资料，按规定购买、开具、使用、取得和保管发票，使用的财务会计制度和财务核算软件及时向税务机关备案，并按规定使用、安装税控装置。在东北亚各国设立子公司、分公司或代表处的中国企业，应依法履行税务登记手续的各项条例并提交纳税申报书、账务资料，如实进行纳税申报，以避免受到税收处罚的风险。中国企业在东北亚国家开展投资合作，要客观评价当地投资环境，准确判断所获信息的真实性和合法性，充分核算税

负成本，合理控制税务风险。

（二）税务筹划风险防范

东北亚各国加强了利用海外控股架构进行税务筹划的监管，引入了严格的反避税规则。东北亚和欧盟的大部分国家有受控外国公司的规定，要求投资架构必须具备商业实质。而作为股权架构所在地的欧洲各国对免征股息预提税在持股比例和持股时间上有不同规定，如卢森堡规定持股在10%以上，满12个月的免征股息预提税，比利时、英国要求持股在10%以上的，免征股息预提税。此外，通过专门的税务安排来实现税收优惠的控股公司不能享受免征预提税。韩国针对滥用税收协定的避税行为，采取代扣代缴的特殊程序。在税务筹划时，对设在捷克、立陶宛、拉脱维亚等国的控股公司应确保其有场地、员工、真实业务，以避免其被认定为空壳公司而无法享受税收优惠政策的风险。在进行税务筹划时，控股公司应具备经济实质，并符合东道国的要求，以降低税务筹划风险。此外，阿联酋等海湾国家政局动荡，应尽量避免其成为股权架构地。

为降低税务风险，中国企业投资日本应通过中国香港控股公司控股。中国投资蒙古，应通过在比利时和英国设立控股公司控股，虽然也可免预提税，但综合考虑设置的控股公司的成本和满足商业实质的要求，投资蒙古应直接由中国母公司控股。投资韩国、俄罗斯可不进行股权架构设计，而是直接由中国母公司控股。投资俄罗斯，也可由中国香港、新加坡的控股公司控股。

中国与俄罗斯协定免征利息预提税，最好由中国境内银行、财务公司、母公司或子公司为投资俄罗斯的公司提供借款。中国与日本、韩国、蒙古协定的利息预提税均为10%。通过奥地利、丹麦、德国、拉脱维亚、瑞典、立陶宛、匈牙利转贷，虽然能够免预提税，但除了存在转贷成本外，税务当局还要求提供税务资料，这存在一定的税务风险。科威特、阿曼等国存在政局动荡的风险，也不是作为税务筹划地的首选。新加坡与蒙古协定的利息预提税为5%，虽然低于10%，但仍不是最优选择。为降低税务筹划风险，应尽量减少转贷业务；中国与日本、韩国、蒙古协定，由中国境内国有全资银行提供的贷款，可免征利息预提税。因此，中国企业投资日本、韩国、蒙古的资金来源最好由中国境内的政府全资控股银行来提供贷款。

（三）反避税风险防范

中国企业应熟知东北亚各国的转让定价、成本分摊、资本弱化及受控外国公司的规定，防范因违反相关规定造成的纳税调整风险。日本、韩国、俄罗斯和蒙古的转让定价指南均比较严格，基于 OECD 的转让定价指南，要求遵循公平交易原则，按时提供转让定价报告和国别报告。投资东北亚国家的中国企业，应严格遵守转让定价指南，避免由于集团内关联交易的价格不被东道国接受，或者没有按时提供报告引起税务部门介入导致的关联交易纳税调整的风险。日本、俄罗斯和蒙古的资本弱化规则对一般公司均要求债务权益比例为 3∶1，韩国对一般公司要求债务权益的比例为 2∶1。中国企业投资时的项目借款应在其资本弱化约束比例的限定范围内，以防止发生利息不允许税前扣除引发的纳税调整风险。日本、韩国、俄罗斯均有受控外国公司的规定，中国企业在海外投资时尽量避免选择避税地作为注册地，应按实际经营的需求合理选择注册地点，以减少受控外国企业调查风险。

为避免境外短期项目被认定为常设机构而面临的双重征税风险，中国企业在东北亚各国的项目应尽量不设置固定场所。中国与东北亚各国协定：有固定经营场所，但仅从事准备性或辅助性业务活动的不构成常设机构；中国企业应将该机构的辅助性活动与非辅助性活动分离，以免业务交叉被认定为常设机构。中国企业应根据税收协定规定的工程型常设机构认定标准，在投标、洽谈和签订合同方面合理设置工程期限。在根据工程项目规划和业主要求的基础上，将境外承包工程项目进行"合理拆分"，以降低境外税费支出。对境外派遣员工的工作性质、项目性质、停留时间做出合理规划，根据成本效益原则定期轮换外派员工，以防引发被认定为劳务型常设机构的风险。

（四）关注 BEPS 行动计划和税收协定网络最新进展，减少税收协定适用风险

在后 BEPS 时代，中国企业应充分熟悉东北亚各国的 BEPS 计划行动和税收条约协定的内容及变化，在依法履行纳税义务的同时，依协定享受税收协定待遇。中国企业与东北亚各国税务机关产生税收协定争议时，应尽量通过启动相互协商程序解决。依据税收协定启动的相互协商程序结束前，东道

国的国税和地方税将暂缓征收。但协商程序缺乏时限约束，可能会导致争议解决效率低下，对中国企业产生更为不利的影响。中国企业应注重增强防范和避免税收协定争议的能力，在投资决策和经营决策环节，对东北亚各国的税收制度及与中国的税收协定的具体规定进行全面理解，严格按照东道国税法和税收协定的具体规定安排投资、经营活动。中国企业在东北亚投资，应确保符合税收协定规定的受益所有人资格，防止享受税收协定不当的风险；此外，应主动开具中国税收居民的身份证明，并准备相应的受益所有人证明材料，主动申请享受税收协定待遇。

三、利润汇回或退出阶段的税务风险防范

中国企业在东北亚各国经营期满或进行破产清算时，应提前列出清算过程涉及的税种及风险点，根据税务风险清单做好税法风险防范；与当地税务机关及时沟通，尽快履行相应的税务注销手续，避免因涉税条款和税法更新造成清算纠纷。税务机关需要审核并结清税款，中国企业应提前准备好税务清算所需的账务资料、发票凭证等，以备税务核算；对清算涉及的税务事项把握不准的，及时交由税务机关审核。根据税务当局的核定情况，尽快完成补缴或退税手续；对存在税收争议的事项，应积极与东道国协商解决。

中国企业在日本从事国际通用工程总承包产业（ECP 项目），一般由业主履行代扣代缴义务，在项目结算清算时，中国企业应多关注代扣代缴的税款是否能顺利返还。韩国规定，在韩国享受了外商投资税收优惠、行业税务优惠或经济自由区的税收优惠，在清算退出时除特殊情况可豁免外，将追缴企业丧失税收减免资格之前 5 年（除关税之外的主要国税和地方税）或 3 年内关税的税收优惠。中国企业在退出时，应主动将企业的真实情况报告给税务机关，按规定退还或补缴税款，减少税务检查次数，降低税务处罚风险。俄罗斯对清算所得超过原始投资的收益计征公司所得税，中国企业在俄罗斯设置的分公司或代表处清算时，应主动在收益来源地缴税，以减少被追缴税款和罚款的风险。中国企业在朝鲜获取的利润，应做好利润汇回计划，在经营期间就应分次、按规定额度将利润汇回中国，避免在清算时因单次利润汇回额度较大，引起外汇管制的风险。

第七章

税务风险防范案例

一、案例背景

M 集团是一家总部在中国北京的民营企业，成立于 2010 年。佩翎公司的主营业务为女士服装饰品，近年开始开发其他产品线，包括箱包、鞋和护肤品，逐渐成为深受年轻女性喜爱的轻奢品牌。M 集团在中国境内拥有自己的生产工厂、销售公司和研发中心。同时，为了扩大规模，M 集团在南方的主要城市严格筛选了三家代工工厂，并和某知名经销商建立了战略合作关系，从而更加快速高效地提高南方市场的占有率。

目前，M 集团在中国国内的公司架构如图 7-1 所示：

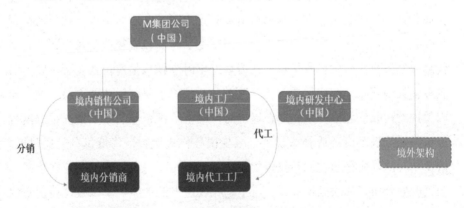

图 7-1　M 集团在中国国内的公司架构

随着业务版图的不断扩展和中国经济的快速发展，M 集团逐渐开拓海外市场，以获得更低廉的原材料和劳动力，同时将品牌打入海外市场。截至

2017年年底，M集团已成功搭建起在亚太地区的跨境架构，包括海外销售网络以及通过C国投资平台C2设立的一支投资基金。该基金投资于亚太区高成长性的上市和非上市公司。具体架构如图7-2所示。

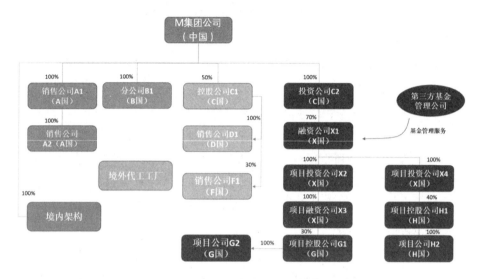

图7-2 M集团在亚太地区的跨境架构

二、案例内容

在进行2017年的汇算清缴时，M集团发现如下情况：

（1）M集团公司2017年来自中国境内的税前利润为4500万元，其中4000万元为来自境内子公司（非上市公司）的股息分红；企业所得税税率为25%，已按季预缴所得税100万元。

（2）A国的企业所得税税率为30%，居民企业间股息分配免税，向非居民企业支付股息的预提税税率为10%。当年，A2取得税前利润折合人民币800万元，将其税后利润的50%分配给A1；A1当年自身税前利润折合人民币1500万元，将其全部税后利润（包含A2向其派发的股息）派发给M集团公司。

（3）B国的企业所得税税率为22%，适用于分公司且对分公司利润分回境外征收分公司利润税，税率为10%。当年B1税前亏损折合人民币180万元。

（4）C国的企业所得税税率为10%，对于来源于境外的所得不征税，对于向非居民企业支付的股息不征收预提所得税。

（5）D 国的企业所得税税率为 20%，向非居民企业支付股息的预提所得税税率为 10%，某些协定下可以享受 5% 的优惠税率。当年，D1 取得税前利润折合人民币 500 万元，将税后利润的 80% 分配给 C1，并按照协定待遇自行享受 5% 优惠税率。D 国与 C 国的协定与经合组织协定范本一致。

（6）F 国的企业所得税税率为 18%，向非居民企业支付股息的预提所得税税率为 10%，某些协定下可以享受 5% 的优惠税率。当年，F1 取得税前利润折合人民币 1000 万元，将税后利润全部进行分配，并按照协定待遇自行享受 5% 优惠税率。C 国与 F 国的协定与经合组织协定范本一致。

（7）C1 在取得股息后的 30 日内将股息全部分配并支付给 M 集团公司。

（8）X 国的企业所得税税率为 10%，对股权转让所得不征企业所得税，对居民企业间的股息支付不征企业所得税，对于来源于境外的所得不征企业所得税，对于向非居民企业支付的股息不征收预提所得税。X 国基本没有与其他国家或地区签订税收协定。

（9）G 国的企业所得税税率为 28%，居民企业间股息分配免税，向非居民企业支付股息的预提所得税税率为 10%。当年，G2 取得税前利润折合人民币 1500 万元，将税后利润的 80% 分配给 G1；G1 当年亏损折合人民币 200 万元，用 G2 的股息弥补亏损后剩余部分全额向上逐层分配至 C2。

（10）H 国的企业所得税税率为 25%，向非居民企业支付股息的预提所得税税率为 10%，非居民企业转让居民企业股权的所得在 H 国应税，税率为 10%。H 国税法下有一般反避税条款，类似于中国企业所得税法下的对应条款。X1 于 2017 年 8 月转让 X4，取得所得折合人民币 6200 万元，该项所得在 X 国不征税，全额向其投资人进行分配。

（11）C2 从被投资企业取得的全部所得被全额向上分配。

（12）C1、C2、X1、X2、X3 和 X4 均为投融资平台，没有其他经营行为，也没有雇员。

（13）上述提及的境外所得税税款都已实际缴纳。

三、案例问题

基于 2017 年的上述海外业务及利润分回的情况，M 集团请你协助完成以下事项：

（1）请协助 M 集团完成 2017 年境外所得税抵免的计算。

（2）部分股东提议将 C2 取得的利润保留在 C 国，无须汇回中国。M 集团请你分析这一建议是否可行，是否存在任何潜在税务风险。

（3）请分析 M 集团海外业务税务处理中的潜在风险点。

四、案例分析

（一）M 集团 2017 年境外所得税抵免的计算

1. 适用间接抵免的境外企业范围——持股比例和层数要求

根据财政部、国家税务总局《关于完善企业境外所得税收抵免政策问题的通知》（财税〔2017〕84 号）第二条规定，企业在境外取得的股息所得，在按规定计算该企业境外股息所得的可抵免所得税额和抵免限额时，由该企业直接或者间接持有 20%以上股份的外国企业，限于按照财税〔2009〕125号文件第六条规定的持股方式确定的五层外国企业，表述如下：

第一层：企业直接持有 20%以上股份的外国企业；

第二层至第五层：单一上一层外国企业直接持有 20%以上股份且由该企业直接持有或通过一个或多个符合财税〔2009〕125 号文件第六条规定持股方式的外国企业间接持有总和达到 20%以上股份的外国企业。

根据资料内容分析可知，M 集团直接持股 C1 公司 50%，间接持股 F1 公司＝50%×30%＝15%＜20%，不符合间接抵免持股条件。M 集团持股层级：C2 属于第一层，X1 属于第二层，X2 属于第三层，X3 属于第四层，G1 属于第五层，G2 属于第六层，故 G2 不能纳入间接抵免范围。

2. 多层持股结构下，境外所得间接负担税额的计算

根据财政部、国家税务总局《关于企业境外所得税收抵免有关问题的通知》（财税〔2009〕125 号）第五条规定，居民企业在用境外所得间接负担的税额进行税收抵免时，其取得的境外投资收益实际间接负担的税额是指根据直接或者间接持股方式合计持股 20%以上（含 20%，下同）的规定层级的外国企业股份，由此应分得的股息、红利等权益性投资收益中，从最低一层外国企业起逐层计算的属于由上一层企业负担的税额，其计算公式如下：

本层企业所纳税额属于由一家上一层企业负担的税额＝（本层企业就利润和投资收益所实际缴纳的税额+符合本通知规定的由本层企业间接负担的

税额）×本层企业向一家上一层企业分配的股息（红利）÷本层企业所得税后利润额：

（1）A1 及其持股公司（M 集团 $\xrightarrow{100\%}$ A1 $\xrightarrow{100\%}$ A2）

A 国的企业所得税税率为 30%，居民企业间股息分配免税，向非居民企业支付股息的预提所得税税率为 10%。当年，A2 取得税前利润折合人民币 800 万元，将其税后利润的 50% 分配给 A1；A1 当年自身税前利润折合人民币 1500 万元，将其全部税后利润（包含 A2 向其派发的股息）派发给 M 集团公司。

A2：缴纳所得税 800×30%＝240（万元），税后利润为 800－240＝560（万元）

将其税后利润的 50% 分配给 A1，即 560×50%＝280（万元）

已纳所得税中由 A1 负担的税额为 240×50%＝120（万元）

A1：缴纳所得税 1500×30%＝450（万元），税后利润为 1500－450＝1050（万元）

从 A2 取得股息 280 万元，税后利润合计 1050＋280＝1330（万元）

全部派发给 M 集团公司，缴纳预提税 1330×10%＝133（万元）

M 集团公司从 A1 取得的股息＝1330－133＝1197（万元）

A 国已纳所得税＝120＋450＋133＝703（万元）

A 国应纳税所得额＝1197＋703＝1900（万元）

（2）B1 分公司

B 国的企业所得税税率为 22%，适用于分公司且对分公司利润分回境外征收分公司利润税，税率为 10%。当年 B1 税前亏损折合人民币 180 万元。

B1：当年无须缴纳企业所得税。抵免限额＝0

（3）C1 及其持股公司 $\left\{ M \text{ 集团} \xrightarrow{50\%} \boxed{C1} \begin{array}{c} \xrightarrow{100\%} D1 \\ \xrightarrow{30\%} F1 \end{array} \right\}$

D 国的企业所得税税率为 20%，向非居民企业支付股息的预提所得税税率为 10%，某些协定下可以享受 5% 的优惠税率。当年，D1 取得税前利润折合人民币 500 万元，将税后利润的 80% 分配给 C1，并按照协定待遇自行享受 5% 优惠税率。D 国与 C 国的协定与经合组织协定范本一致。

F 国的企业所得税税率为 18%，向非居民企业支付股息的预提所得税税率为 10%，某些协定下可以享受 5% 的优惠税率。当年，F1 取得税前利润折合人民币 1000 万元，将税后利润全部进行分配，并按照协定待遇自行享受 5% 优惠税率。C 国与 F 国的协定与经合组织协定范本一致。

D1：缴纳所得税 $500 \times 20\% = 100$（万元），税后利润为 $500 - 100 = 400$（万元）

80% 分配给 C1，即 $400 \times 80\% = 320$（万元）

协定预提税率为 5%，故缴纳预提税 $5\% \times 320 = 16$（万元）

C1 从 D1 取得股息为 $320 - 16 = 304$（万元）

由 C1 间接负担的税额为 $100 \times 80\% = 80$（万元）

在 D 国已纳税 $= 16 + 80 = 96$（万元）

F1：缴纳所得税 $1000 \times 18\% = 180$（万元），税后利润为 $1000 - 180 = 820$（万元）

30% 派发给 C1，即 $820 \times 30\% = 246$（万元）

协定预提税率为 5%，在 F 国缴纳预提税 $5\% \times 246 = 12.3$（万元）

C1 从 F1 取得的股息为 $246 - 12.3 = 233.7$（万元）

因 F1 不符合间接抵免的持股条件，故在 F 国缴纳的公司所得税（$180 \times 30\% = 54$ 万元）不得抵免，但 C1 已纳预提税 12.3 万元可以抵免。

题中所述：C 国的企业所得税税率为 10%，对于来源于境外的所得不征税，对于向非居民企业支付的股息不征收预提所得税。C1 在取得股息后的 30 日内将股息全部分配并支付给 M 集团公司。

M 集团公司从 C1（持股 50%）取得的股息 $=（304 + 233.7）\times 50\% = 268.85$（万元）

已纳所得税 $=（96 + 12.3）\times 50\% = 54.15$（万元）

（4）C2 及其持股公司

G 国的企业所得税税率为 28%，居民企业间股息分配免税，向非居民企业支付股息的预提所得税税率为 10%。当年，G2 取得税前利润折合人民币 1500 万元，将税后利润的 80% 分配给 G1；G1 当年亏损折合人民币 200 万元，用 G2 的股息弥补亏损后剩余部分全额向上逐层分配至 C2。

G2：缴纳企业所得税 $1500 \times 28\% = 420$（万元），税后利润 $= 1500 - 420 = 1080$（万元）

80% 分配给 G1，即 $1080 \times 80\% = 864$（万元）

由于 G2 超过了五层持股层级，不纳入抵免范围，所以 420 万元的企业所得税不得抵免。

G1：从 G2 取得股息 864 万元，无须缴纳企业所得税。

G1 当年亏损折合人民币 200 万元，用 G2 的股息弥补亏损后剩余部分为 $864-200=664$（万元）

归属于 X3 的股息 $=664\times30\%=199.2$（万元）

缴纳预提税 $=10\%\times199.2=19.92$（万元）

最终分派给 X3 的股息 $=199.2-19.92=179.28$（万元）

X 国的企业所得税税率为 10%，对股权转让所得不征企业所得税，对居民企业间的股息支付不征企业所得税，对于来源于境外的所得不征企业所得税，对于向非居民企业支付的股息不征收预提所得税。X 国基本没有与其他国家或地区签订税收协定。X1、X2、X3 和 X4 均为投融资平台，没有其他经营行为，也没有雇员。

X3：X3 取得 G1 分派的股息 179.28 万元。无须缴纳企业所得税。

X2：X2 取得 X3 分派的股息 179.28 万元。无须缴纳企业所得税。

X1：X1 取得 X2 分派的股息 179.28 万元。无须缴纳企业所得税。

X1 于 2017 年 8 月转让 X4，取得所得折合人民币 6200 万元，该项所得在 X 国不征税，全额向其投资人进行分配且不征收预提所得税，所以 X1 按 70% 的比例向 C2 分配股利，无须缴纳预提税。

因此，C2 从 X1 取得股息 $(6200+179.28)\times70\%=4465.50$（万元）。由 C2 间接负担的税额为 $19.92\times70\%=13.94$（万元），即已纳所得税为 13.94 万元。

C2：C 国对于来源于境外的所得不征税，对于向非居民企业支付的股息不征收预提所得税。

M 集团公司从 C2 取得股息 4465.50 万元。

已纳所得税总额为 13.94 万元。

应纳税所得额 $=4465.50+13.94=4479.44$ 万元。

C 国合计：

M 集团公司从 C 国取得股息合计 $=268.85+4465.50=4734.35$（万元）

已纳所得税总额 $=54.15+13.94=68.09$（万元）

应纳税所得额 $=4734.35+68.09=4802.44$（万元）

按中国税法应纳税 $=4802.44\times25\%=1200.61$（万元）

表 7-1　2017 年 M 集团境外所得汇总

单位：万元

国家	股息	已纳税	应纳税所得额
A	1197	703	1900
B	—	—	−180
C	4734.35	68.09	4802.44

3. 年终汇算清缴所得税

M 集团公司 2017 年来自中国境内的税前利润为 4500 万元，其中 4000 万元为来自境内子公司（非上市公司）的股息分红；企业所得税税率为 25%，已按季预缴所得税 100 万元。

按照企业所得税法规定：符合条件的居民企业之间的股息、红利等权益性投资所得免征企业所得税。这里的"符合条件"指居民企业直接投资于其他居民企业取得的投资所得，不包括连续持有居民企业公开发行并上市流通的不足 12 个月取得的股票投资所得。故 4000 万元来自境内子公司（非上市公司）的股息分红，属于免税收入。

M 集团公司的境内应纳税所得额 = 4500−4000 = 500（万元）

财政部、国家税务总局《关于完善企业境外所得税收抵免政策问题的通知》（财税〔2017〕84 号）第一条规定：企业可以选择"分国不分项"或"不分国不分项"计算来源于境外的应纳税所得额，并分别计算其可抵免境外所得税税额和抵免限额。

选择不分国别原则计算：

境外已纳所得税总额 = 703+68.09 = 771.09（万元）

因企业的境外分支机构亏损不得由该企业境内所得弥补，也不得由该企业来源于其他国家（地区）分支机构的所得弥补，即境外亏损不得跨国（地区）弥补，因此，B1 分公司当年亏损的 180 万元不得抵减 M 集团或其他境外分支机构的应纳税所得额。

境外应纳税所得总额 = 1900+4802.44 = 6702.44（万元）

按中国税法应纳所得税总额 = 6702.44×25% = 1675.61（万元）

境外已纳税<中国应纳税，抵免限额 = 771.09（万元）

境内外应纳税所得额 = 500+1900+4802.44 = 7202.44（万元）

应纳所得税 = 7202.44×25% = 1800.61（万元）

应补税额 = 1800.61 - 100 - 771.09 = 929.52（万元）

（二）部分股东提议将 C2 取得的利润保留在 C 国，无须汇回中国。M 集团请你分析这一建议是否可行，是否存在任何潜在税务风险

答案：不可行！

根据《中华人民共和国企业所得税法》第四十五条，由居民企业，或者由居民企业和中国居民控制的设立在实际税负明显低于本法第四条第一款规定税率水平的国家（地区）的企业，并非由于合理的经营需要而对利润不做分配或者减少分配的，上述利润中应归属于该居民企业的部分，应当计入该居民企业的当期收入。

"控制"包括（1）居民企业或者中国居民直接或者间接单一持有外国企业 10% 以上的有表决权股份，并且由其共同持有该外国企业 50% 以上股份；（2）居民企业，或者居民企业和中国居民持股比例没有达到（1）项规定的标准，但在股份、资金、经营、购销等方面对该外国企业构成实质控制。

实际税负明显低于本法第四条第一款规定税率水平是指低于《企业所得税法》第四条第一款规定税率的 50%，即一般来说是 25%×50% = 12.5%，在境内适用 15% 税率的企业为 15%×50% = 7.5%。

2009 年"2 号文件"中规定，中国居民企业股东能够提供资料证明其控制的外国企业满足以下条件之一的，可免于将外国企业不做分配或减少分配的利润视同股息分配额，计入中国居民企业股东的当期所得：（1）设立在国家税务总局指定的非低税率国家（地区），即大于 12.5%；（2）主要取得积极经营活动所得；（3）年度利润总额低于 500 万元人民币。

结论：C2 如果不进行股息分配，则有较高风险会被视为受控外国公司，仍然可能产生中国所得税纳税义务。

（三）请分析 M 集团海外业务税务处理中的潜在风险点

1. "受益所有人"身份认定风险

受益所有人是指对所得或所得据以产生的权利或财产具有所有权和支配权的人。

不利于"受益所有人"身份判定的 6 个因素：（1）有义务在收到所得 12 个月内将所得 50% 以上支付给第三国/地区居民；（2）从事的经营活动不

构成实质性经营活动；（3）实质性经营活动包括具有实质性的制造、经销、管理等活动；（4）缔约对方国家/地区对有关所得不征税或免税，或征税但实际税率极低；（5）在贷款合同之外，存在与第三人之间在数额、利率和签订时间等方面相近的其他贷款或存款合同；（6）在特许权使用费转让合同之外，存在与第三人之间在有关版权、专利、技术等的使用权或所有权方面的转让合同。

D1 将税后利润的 80% 分配给 C1，并按照协定待遇自行享受 5% 优惠税率；F1 将税后利润全部分配给 C1，并同样按照协定待遇自行享受 5% 优惠税率。而 C1 为投融资平台，没有其他经营行为，也没有雇员，在取得股息后的 30 日内将股息全部分配并支付给 M 集团公司。因此，存在不利于 C1 "受益所有人"身份判定的因素，可能不会被认定为"受益所有人"，存在不能享有协定待遇风险。

2. 间接转让股权征税风险

H 国有一般反避税条款，类似于中国企业所得税法下的对应条款。按照中国的一般反避税规定，间接转让股权应在中国征税。

直接由 X1 转让 X4 造成股权转让产生的资本利得在 X 国不征税，很可能会被 H 国税务机关认定为其目的是避免 H 国预提所得税，如果运用一般反避税条款，很可能会对其征税 10%。

五、境外税收抵免的税务风险及其防范

境外税收抵扣主要财税规定有财政部、国家税务总局《关于企业境外所得税抵免有关问题的通知》（财税〔2009〕125 号）、国家税务总局《企业境外所得税收抵免操作指南》（国家税务总局公告 2010 年第 1 号）、国家税务总局《关于企业境外承包工程税收抵免凭证有关问题的公告》（国家税务总局公告 2017 年第 41 号）。

（一）海外投资企业遇到的困惑或问题

1. 境外企业所得税——不看名称看实质

在境外不同国家或地区具有可抵扣的企业所得税性质的税款往往有多种不同名称，如法人所得税、利得税、工业税等。有些税款没有直接命名为企业所得税，给企业境外税收抵免带来困惑，甚至由于不能抵扣而造成损失。例如，哈萨克斯坦针对签订地下资源使用合同的企业，除征收企业所得税外，还征收超额利润税。由于超额利润税未直接命名为所得税，给中国一些石油开采企业申请境外税收抵扣带来困难。随后，相关中国企业向国家税务总局反映情况。国家税务总局专门公布《关于哈萨克斯坦超额利润税税收抵免有关问题的公告》（国家税务总局公告 2019 年第 1 号），该公告明确：哈萨克斯坦的超额利润税属于企业在境外缴纳的企业所得税性质的税款，可以按规定纳入可抵免境外所得税税额范围，计算境外税收抵免，从而彻底解决了中资企业在哈萨克斯坦超额利润税的抵扣问题。然而，在其他国家或地区还有不少类似的税费尚待明确，是否可以抵免需要与主管税务机关沟通。

2. 境外缴税凭证——不看形式看实缴

企业抵免境外已缴纳企业所得税税款的前提是需要提供境外已经缴纳企业所得税税款的证明凭据，类似我国税务部门出具的完税凭证。但在很多"一带一路"沿线国家，只有扣款凭证，没有类似我国的完税凭证，部分国家税款作为当地财政部的预算扣款直接从业主（或企业）的银行账户中划拨。在这种情况下，企业就无法取得当地税务机关开具的完税证明，只能取得东道国财政部的扣款凭证或者业主从银行账户直接划拨款项的流水记录。这也需要与税务机关沟通。

3. 境外分红决议——可依据总部文件

按照我国税务机关的要求，企业要享受股息、红利的境外税收抵免，须提供境外企业有权决定利润分配的机构做出的决定书，通常为当地公司董事会的分配决议。但是，在很多情况下，企业难以提供当地公司的董事会分配决议。很多企业设在当地的中间层控股公司大多仅是个空壳公司，有的甚至连管理人员都很少在场，其董事会往往仅在形式上符合当地的公司法和相关法律的要求，但是其决策和控制权仍然在中国境内的集团总部。

（二）应对措施及建议

企业集团总部财税专家需要给予境外企业一定的专业指导和分析判断，只要是以企业利润或应纳税所得额为税基征收的税种，无论其名称如何，企业可以在先行给税务机关提供一定保证或担保的前提下，申请按照企业所得税性质的税款抵扣。同时，企业如果拿不准东道国的相关税费是否具有所得税的性质，可以主动向主管税务机关反映，求助国家税务总局帮助其最终判断。鉴于中国税务对境外完税凭证"实质重于形式"的原则，企业要重点证明在境外已经缴纳企业所得税的事实，无论形式是当地税务机关已经确认的所得税申报表、银行划款流水，还是当地财政部入库证明等，企业主动为这些境外缴税凭证及明细情况提供保证或担保，以便及时申请境外税收抵扣。企业在无法或很难提供其境外企业董事会利润分配决议的情况下，可用其中国集团总部的分红文件作为股利分配的法律依据，向税务机关备案和说明，以便取得税务机关对相关法律文件形式的简化和务实要求。另外，相关抵扣税法规定企业可以选择境外税收抵扣的"综合抵免法"，即可以不分国不分项，其与原来"分国不分项"方法只能二选一，5 年内不能改变。在企业境外投资国别比较多且当地东道国的所得税税率与中国所得税税率相比有高有低的情况下，"综合抵免法"可以使境外总体税负最低且节省现金流。因此，企业集团总部需要统一协调和管理，指导集团内部的境外各个企业克服本位主义和超越眼前利益，不能以其自身"分割单"的形式来抵扣相应国别的境外所得税，而是要以企业集团总部的法律身份来汇总抵扣境外所得税，采用"综合抵免法"，以便获取最大境外税收抵扣的收益。

企业还应制定《境外税收抵扣资料归集和传送管理办法》，要求东道国当地公司及时收集准备完整、合法、合规的境外税收抵扣资料，并要限时报送到总部，以便总部在中国能够及时、合规地申请境外税收的抵扣或饶让，节省现金流，降低全球税负。该办法的主要内容包括：提前准备并留存通用的资料（如集团组织架构图、被投资公司章程复印件、年度审计报告、当地财税部门的相关税收优惠批复或免税函等）；平时要定期及时向业主及相关支付方索要所得税代扣凭证，同时及时归集所得税预缴完税凭证。年度税收汇算清缴后，要及时索要相关清税报告或证明（完税凭证）；重要文件（如董事会分红决议）需翻译及公证，有的还要到驻东道国的中国经商处盖章证明；东道国当地公司应于限定日期前（如每年 3 月 15 日）将相关资料汇总传送回中国集团总部税务管理部门，以便中国总部及时、合规地用于国内所得税汇算时抵扣或饶让。

参考文献

［1］王素荣. 税务筹划与国际税务［M］. 北京：机械工业出版社，2013.

［2］王素荣. 海外投资税务筹划［M］. 北京：机械工业出版社，2018.

［3］付树林. 中国非居民企业所得税政策与管理研究［M］. 北京：中国税务出版社，2014.

［4］梁红星."走出去"企业境外税收风险及防范措施（上）［J］. 国际商务财会，2021（15）：3-7.

［5］梁红星."走出去"企业境外税收风险及防范措施（中）［J］. 国际商务财会，2021（16）：18-23.

［6］梁红星."走出去"企业境外税收风险及防范措施（下）［J］. 国际商务财会，2021（17）：3-7.

［7］中国对外投资合作发展报告，2018［EB/OL］. 中华人民共和国商务部，2018-09-10

［8］中国对外投资合作发展报告，2019［EB/OL］. 中华人民共和国商务部，2020-06-12.

［9］中国对外投资合作发展报告，2020［EB/OL］. 中华人民共和国商务部，2021-02-02.